环球时报社 ◎ 著

真话中国

A TRUTH-SPEAKING CHINA

环球时报社评 2012·上

人民日报出版社

图书在版编目(CIP)数据

真话中国:环球时报社评.2012.上/环球时报社著.
—北京:人民日报出版社,2012.8
ISBN 978-7-5115-1280-2

Ⅰ.①真… Ⅱ.①环… Ⅲ.①时事评论－中国－文集
Ⅳ.①D609.9-53

中国版本图书馆 CIP 数据核字(2012)第 173378 号

书　　名:真话中国:环球时报社评.2012.上
作　　者:环球时报社

出 版 人:董　伟
责任编辑:鞠天相　韩　莹
封面设计:阮全勇

出版发行:人民日报出版社
社　　址:北京金台西路2号
邮政编码:100733
发行热线:(010)65369527　65369512　65369509　65369510
邮购热线:(010)65369530
编辑热线:(010)65369514
网　　址:www.peopledailypress.com
经　　销:新华书店
印　　刷:北京鑫海达印刷有限公司

开　　本:710mm×1000mm　1/16
字　　数:300 千字
印　　张:26.25
印　　次:2012年8月第1版　2012年8月第1次印刷

书　　号:ISBN 978-7-5115-1280-2
定　　价:58.00元

编辑说明

作为环球时报的重要特色,环球时报社评的核心竞争力优势突出,品牌价值日益凸显。一直以来,在环球时报"解读复杂中国,报道多元世界"的办报理念指引下,环球时报社评以明辨是非为原则,用对应现实、对应心灵的"真话",触及敏感话题,解读复杂中国,表达主流观点,阐释中国立场。其独树一帜的评论风格,被誉为中国民间舆论的代表性声音。

环球时报2010至2011年4月的部分社评曾由科学出版社以主题分类的方式出版成书《讲真话的中国:环球时报社评精选(2010-2011)》。为了突出环球时报社评的史料价值,现将自2009年4月创办环球时报社评以来的社评文章一并按年份为序,重新由人民日报出版社编辑、出版。在此对科学出版社的大力支持,深表谢意。

为增加一个了解环球时报社评的视角,本次出版收入了科学出版社出版的《讲真话的中国》一书中人民日报社副总编辑米博华的文章《聚众人智慧,成一家之言》和环球时报总编辑胡锡进的文章《环球时报社评是怎么写出来的》。此外,胡锡进还为此次出版再次写序《微博时代的环球时报社评》,相信会给读者朋友阅读、理解环球时报社评以参考。

人民日报出版社
2012年8月

聚众人智慧,成一家之言

人民日报副总编辑　米博华

作为一个新闻评论工作者,对报纸上的楷体字往往有特殊的敏感。近一年,开始注意《环球时报》(下称时报)刊发的楷体字——"社评"。一家报纸能够不间断地发表社评,没有足够的办报经验和高度职业化的团队,是很难做到的。

也许是因为职业关系,对评论作品比较挑剔。正如经常鉴赏佳茗,一般茶品很难得到首肯。往往从那些"不容置疑"的论点中看出大可置疑的破绽,从那些高头讲章中发现跑风走气的漏洞。有时,会拿出笔来,在已见报的言论作品中,删去多余的废话。当然,在看到好作品时,不禁两眼发亮,脉动加速,含玩不已;甚至剪贴下来,学习观摩。

时报的社评在一定程度上改变了人们对社论的看法,这与时报反映民间声音的定位有关。时报是有影响力的报纸,但不是机关报;是解读世界和中国对外行为的媒体,但不是外交机构。它是以民间声音反映主流意识形态的一张报纸。这样的定位赢得了游走于官方和民间的广阔空间。它可以着正装,也可以穿短衫;它可以很"外交",也可以免去客套。嬉笑怒骂,多是聊备参酌的意见;咳唾成文,又未必不是政策的宣示。这恰好弥补了中国报纸长久以来的一个缺位,也因之获得滋生发荣的机会。这里说的改变了人们对社评文体的看法,是指从话题的设置到内容的拓展,从体裁的选择到语言的表达,完全可以不拘一格。时报的社评,没有多少自缚手脚的约束,没有多少瞻前顾后的顾虑,没有多少抄袭成例的拘谨。当然,时报的立场始终以维护中国的国家利益为责任,不在舆论场上随波逐流,这一点从不含糊。它是以特殊方式和极富个性的表达,反映中国人的立场,传播中国声音。

从新闻业务角度讲,时报的社评有不少值得学习之处。

在很多情况下,政论家和政治家看问题的角度不同,处理问题的方式迥异。政论家重说理,是非曲直必呈现于文章;政治家重实务,趋利避害中必计较得失损益。因而,也就有了"只做不说,多做少说,不说不做,少做大说"等等的选择。面对复杂多变的国际形势,实务的思维方式也许并不为政论家所理解;反之,激扬文字也未必能够解决棘手的问题。这是办报的难处。时报总编辑胡锡进与我多次探讨舆论导向等等问题,比如,这样的选题是否太过敏感,那样的表达是不是犯忌。其实,许多专业话题非我知识所及,提不出太好的意见。但从以往的实践来看,似乎没有什么话题是绝对禁区,问题在于说些什么,怎样去说。作者的立场决定选题的方向和分析问题的角度,这不能回避也无法隐藏。无论多么复杂的情况,无论多么敏感的话题,我们必须郑重回答:讨论这样的话题,阐明这样的立场,是否有利于国家的利益,是否有利于发展的大局。如果"是",那就不应该有什么不安。领导和读者都会看明白作者立论的出发点。立场不对,即使最精妙的"春秋笔法"也站不住脚。时报的社评并非篇篇完善,但是它的立场是明确和坚定的,那就是热爱祖国、维护正义、追求进步。光靠这个未必都能干得漂亮,但没有这个,绝对难以立足。

聚众人智慧,成一家之言,是所有有成就政论家的独特本领。即使是李普曼这样的奇才,旗下也少不了庞大的智囊团队。时报的社评之所以能在策划和见识方面高出一筹,有赖于开门办报的运作方式。锡进同志和我说,社评创作依靠两个资源,一是编辑们讨论,二是听取专家意见。之后,改写定稿。这和我们习惯的领导出题,编辑撰稿,主任改稿,总编定稿的创作流程有很大不同。显然,"发散式"比"直线式",更符合思想产品创作的规律。人民日报"任仲平"文章的创作机制也大体如此。有人说,评论家应该很专业,擅长理论思维;评论家有时也很业余,因为评论所涉及的知识和内容,评论家未必了解。"一切都评"的评论家很为读者所诟病。经验告诉我们,评论家必须广泛收集各类信息,尤其重视向专家学习请教。评论家不必也不大可能掌握从天体物理到对冲基金,从税制改革到动物保护等多学科多方面知识,但评论家必须从政治的视角辨析是非，阐明立场，纠弹谬误，宣示观点，给出科学的思想方法，给出解读新闻的正确思路。

没有立场的对峙，没有观点的交锋，也就没有评论的魅力。时报的评论大多与国际舆论斗争有关，尤其是本书"大国博弈"篇里的"文攻"，多有精彩的对局。大国博弈不会停止，也不可回避，在国际大家庭中我们不会永远是默不作声的一员。时报在这方面担当了重要的角色，几乎在所有涉华问题上都直面论辩对手，直击谬误的观点。虽然在情势峻急之下，不计辞色的尖厉，不掩郁闷的心情，直率地道出中国人的心声。这在很大程度上拓展了外交工作折冲甚至转寰的空间。从评论业务角度讲，驳论也是最富激情、最具挑战的一种工作状态。寥寥数语，揭破骗局；短短数行，是非立现，不亦快哉！时报应保持发扬这种风格。当然，在和平发展的历史进程中，中国会面临更多复杂的国际舆论环境，我们应该表现出足够的从容、理性和谦虚，充分展示维护世界和平，促进和谐发展的善意，展示负责任的新兴大国的形象。

美国前助理国防部长约瑟夫·奈说，"传统观念认为那些拥有最强大军事力量的国家将夺取优势。但在信息时代，真正的赢家是那些最会讲故事的国家（或非国家组织）。"这显然有些夸张，但也不无道理。中东和北非一些国家被弄得狼烟四起，固然有内在原因，但也确实有西媒的"忽悠"能量。从这个意义上说，国际话语权这个话筒要抢，国际舆论这场舆论仗我们要应。时报社评初试已见锋芒，日后亦必大有可为。

是所望焉，谨序。

2011年4月

《环球时报》社评是怎么写出来的

胡锡进

（一）

总编辑长期做报纸社评的主笔,这种情况很少见,我就成了这样的特例之一。我为此挺惭愧的,我这样每天做评论员应该做的事,说明我不是个好领导,丢了该做的"正业"。

形成这个局面很偶然,也很无奈,是被"逼"出来的。我是大约从2010年春季开始参与环球时报社评直接写作的。在此之前,我只敲定题目,审读最后的成稿,但主管社评的丁刚同志离开环球时报,打乱了我们的工作。丁在环球时报广受尊重,所有人都叫他"丁老师",他要出国另有重任,大家都慌了。没有人能接替他,我作为总编辑只好咬牙亲自上阵,详细修改每一篇文章,由于起草社评的同志都很年轻,修改的文字量很大,逐渐我们形成了一套新的操作机制,也意外形成了新的思辨角度和语言风格。

时至今日,社评的操作模式大致定型。每天上午,社评编辑与我共同协商形成社评题目和文章的基本思路,之后,负责社评的编辑开始打电话,向一些专家询问他们就社评话题的观点和看法,到了晚上,编辑将各种看法归纳在一起交给我,有时编辑还写成文章草稿。我会阅读编辑准备的各种材料,包括专家的意见,然后我本人和这名编辑一起撰写社评,我口述,编辑在电脑上记录。他们不是一般的记录,而是一边记录我的话,一边根据他们白天围绕这个话题掌握的各种信息,修正我的看法,指出我的话和专家的意见有什么冲突,或者与他们了解的情况有什么别的出入。由于这名编辑经常要换,他是否对这个话题准备得更充分,是否能对我的口述做出有说服力的修正,对社评的质量会产生一定影响。

社评写出后,这名编辑要立即把成稿传给几名专家,征求他们对社评观点直到文字的具体意见。这样能给我们做第一读者的专家,至今已发展到近百名,每天参加进来的不少于2名,他们包括王缉思、房宁、汪晖、丁刚、潘维、崔之元、张维为、金灿荣、张颐武、楚树龙、王逸舟、彭光谦、杨恕、李希光、喻国明、殷罡、陶文钊、贾庆国、傅梦孜、袁鹏、吴心伯、孙哲、杨伯江、吴怀中、冯昭奎、李伟、宿景祥、丁一凡、何辉、唐岚、蔡佳禾、倪峰、喻晓秋、张胜军、陈先奎、朱锋、周立、李国祥、王林昌、吕超、张链瑰、易宪容、张召忠、戴旭、沈丁立、徐以骅、胡岩、庚欣、张军、何伟文、何茂春、周世俭、刘江永、王帆、余万里、杨帆、闻一、杨承军、王少普、张祖谦、高祖贵、李伟建、江时学、吴白乙、黄大慧、高洪、李彬、李绍先、刘军红、梅新育、倪乐雄、朴键一、王小东、宋晓军、时殷弘、郑风田、郭浩、寒竹、贺文萍、樊吉社、翟崑、谭亚玲、间小波、刘冲、曹黎明、刘洪玉、雷家骕、张燕生、张立平、雷少华、达巍、赵可金、沈逸、吴冰冰,等等。

看看这些专家的名字,就会发现,他们来自中国思想界的各个领域,所处的地方也遍及中国的大江南北,他们的研究面几乎涉及中国改革开放的各个方面,以及这个世界的各个层面。他们给我们提出大量意见,编辑记录下这些意见,我会认真看。这些意见我们虽没有全部采纳,但每天都会采纳一部分,有时甚至根据反馈意见对文章做重大修改。因此,环球时报社评虽然由我和编辑部的同志们撰写,但它的每一篇都容纳了来自全社会的大量思想,他们具有广泛的社会认同度,甚至可以说,环球时报社评在相当程度上反映了中国主流社会的声音。

(二)

一些知识分子喜欢用"左派",甚至用"民族主义"的标签来概括环球时报以及社评的倾向。我个人觉着中国现在对"左"、"右"的划分是混乱的,通常被称为"右"的那些人,很多言行非常"左",有很强的"革命者心态"。如果硬要贴个标签,我们愿意称自己为"实事求是派"。我们愿意为中国的主流社会、为这个社会的大多数人代言,我们一直在努力这样做,态度很真诚,我们反对哗众取宠,将少数人的意见硬说成社会公众的意见。环球时报的发行量和实际影响力这些年不断上升,它已是中国发行量最大的报纸之一,它印证了我们的价值观与社会的主流价值观是一致的,我们为中国社会代言不是一句口号。

环球时报的写作风格是逐渐形成的,它的形成动力就是我们对实事求是的追求,是我们讲真话的愿望。我们想说什么样的真话呢?我想,最大的一句真话是:中国是个复杂的国家。如果把环球时报所有社评加在一起当成一篇文章来读,这句话可以做这篇文章的标题。我认为这的确是一句真话,而且是被舆论场常常忽略的一句真话。我们经常读一些评论,很多写得非常精彩,观点也很鲜明,价值观尤其鲜明。其中一些广泛流传互联网的文章,包括一些报纸的社论,时效很快,针对的事情非常具体,论点很尖锐。在拜读这些评论的同时,我们也感觉到它们同我们带着世界观感回望中国时的感受,有不一致的地方。

我们提出要"站得更高些",而所谓"站得更高",就是能从更多的角度来看同一个问题,发现其中被忽略的事实,以及从单一角度不可能感受到的别样情绪。我喜欢打一个比喻,我们写一条河,这条河的真实是什么呢?一个船夫驾船激流勇进时,看到了惊涛骇浪的河。一个人坐在山头,看到了大河在山间的蜿蜒东去。现在很多人喜欢写河上浪花滚滚的断面,写不同渔夫的独特感受。他们没有错,这些写作呈现了生活的丰富多彩,以及各种痛苦和纠结。但环球时报挂"环球"之名,就要站得更高,它天然地要求我们要把广泛和凝练结合在一起,于是我们的写作这样展开了:我们既写渔夫看到的河的激流,也要写坐在山头看到的河的蜿蜒东去,我们要写一条立体、完整的河。

站在这样的"全景"视角上,看到的东西的确挺多也挺特别的,会产生一些对"中国复杂"的理解。我承认,"全景"也有局限,它有时会带着我们掉入对复杂角度的刻意追求,造成写一些文章时会有类似之感。正是为了解决这个问题,我们尽可能广泛地听取专家们的意见,打破自己的思维定式,力争让文章常写常新。

（三）

环球时报社评的一大特点，是我们经常触碰"敏感话题"。有人说我们"胆大"，其实所有人的胆子都差不多大，重要的是我们如何看这些"敏感话题"，或者说，它们是否真的"很敏感"。通常来说，一个话题之所以敏感，大概是因为这个话题用以往的报道和评论方式不太好说，或者无法说透，会对公众造成误导。比如人权话题，一直有两套话语，一套是西方的话语，跟着这种话语跑，媒体就成了西方价值观的传声筒。另一套话语是中国官方的声明语言，它很严正、标准，但由于是官方语言，话语总量有限，很难展开，无法为大量日常的文章提供充分材料。由于西方对中国官方表述已经很熟悉，用它们作为媒体评论的骨干部分也很难收到效果。为在这个领域有所作为，我们尝试跳出官方话语体系，采取说"大实话"的方式，表达中国主流社会的观点，传达民间的态度，从而逐渐做到在"敏感事件"发生的第一时间撰写社评，用发声，而不是沉默的方式维护国家和人民的利益。

在谷歌事件、朝韩冲突事件、诺贝尔和平奖事件、中东"革命"、中国"茉莉花革命"，以及艾未未事件中，我们都做到了第一时间撰写社评。这些社评不少是当时中国媒体上唯一的评论，因此很"抢眼"，有的还引起争议。但我们认为，这些评论有多"正确"或"不正确"，今天的人无法对它下结论。现在能够说的是，这些评论大多是中国主流社会藏在心里一直没有公开说的话，能把它们写出来，公开发表，不管我们写得是否准确，都算得上是一点"突破"，也是在中国新闻事业不断进步的大潮中，我们做了一份自己的微薄贡献。

环球时报社评开始写的都是国际评论，由于围绕着发展模式，中国与西方不断发生摩擦，中国互联网上就这一问题的争议也逐渐升温，我们把一部分社评的题目给了这一领域。这并非我们刻意做的，而是由于环球时报的报道领域正被这个时代强迫着不断扩大，我们无法回避以前我们可以轻松绕开的话题，我们只能面对它们。

触及各类"敏感话题"，使我们在国内媒体中逐渐显得有点与众不同,加上所有社评中英文版同时刊登,国际上对环球时报社评的关注度迅速增高,每周世界媒体都对环球时报的报道做大量转引,其中对环球时报社评的转引率最高。这让我们在难免有些欣喜的同时,也感到压力,我们知道如果我们写出荒谬的东西,会在多大范围内引起世界舆论的误解。这样的压力转化成了我们更加严谨工作的动力。

(四)

说真话,不仅要求我们能够做到真正从多个角度看问题,还要求我们在行文中避免假话和空话,使每一句话都对应现实,也对应我们自己的心灵。我们的原则是,社评的每一句话,既要有前后的逻辑,又要和现实相对应。所以写一两句话,我就问编辑一句:是这样吗?你同意吗?我们非常警惕不要按照逻辑一直陈述下去,因为有时会出现这样的情况,一句陈述在上下文中很合理,但和现实一对照,就会发现这句话"飞了起来",脱离了实际。另外,开始时我们发现很容易说一些逻辑上看似正确,但却不是我们真心想说的话。比如,有一次写下"一个团结、强大的欧盟符合中国的利益",回过头来问自己,这是我们的真心话吗?它更像是官员们说的外交辞令,那么还是让外交官去说吧。

由于所有文章都是仓促之作,初稿一般要在一个半小时内写成,每天晚上我要看环球时报的几个重要版面,因此细磨社评的时间很少,只能利用零头碎脑的"小时间"。因此要非常感谢前文所述的阵容豪华的"第一读者群"。他们的意见反馈回来后,我们会根据这些意见修正文章的观点,如果还有时间,我就会在文字上磨一磨,争取想出来一两个形象、贴切的比喻,增加文章的"文眼",但不是每一次都能做得让自己满意。

回过头来看这些社评,我们发现有的文章还是有雷同之处,比如,"视距"、"不确定性"这两个词都不只在一篇文章中用过,"复杂"这个词出现的频率尤其高。这表明我们的思想和语言仍远远不够丰富。另外,不同的文章之间也有观点不一致的、甚至看上去像是相反的情况。这有两个原因,一是不同文章的侧重点不同,二是我们的思想确有困惑、矛盾之处。我想,在社会转型期的中国,这种困惑和矛盾或许是整个中国的真实思想状态,犹豫和坚定同时存在绝大多数人的判断和选择中。那些看上去永远"很坚定",永远"特别左"或者"特别右"的人,或者是为了某种利益装出来的,或者是一些偏激者。

(五)

环球时报的社评引来一些好评和鼓励,也招来一些批评甚至谩骂。根本原因还是我们写了别人不去碰的东西,在一些人希望我们沉默的时候,我们没有那样做。尽管我们自己努力保持视角的多样化,让文章远离偏激,但一些人对我们的批评态度是已经预设好了的,与我们的文章是否做到了"平衡"没什么关系。

我想这是中国社会政治上不成熟的表现。现在的舆论环境很不适合思想争论,一争论就变成尖锐对立,很多人用口号代替争论,试图一说话就压倒对方。不仅网民这样,一些知识精英也有这种倾向,大家往往把价值判断放在求真之上,实事求是的精神就这样被打了折扣。

不管别人怎么看,我们把求真作为写社评的第一原则。这个真一是与现实的对应,二是与人心的对应。除了我们自己的看法,我们把代表中国社会大多数人的看法作为自己的写作目标,有时所有人都对我们的社评不完全满意,这并不一定就意味着我们远离了公共意见,因为我们寻找的不是某一个人群的意见,我们在寻找社会的"最大公约数"。

环球时报的社评,有一部分是批评美国或西方国家,也有在具体冲突中批评日本和韩国的。国内外都有人就此批评我们"民族主义",但这是一个价值判断色彩很强的词汇,并无助于对环球时报新闻业务的客观分析。其实环球时报同日本、韩国以及美国外交当局都保持着良好的关系。我本人这两年曾受邀率环球时报采访团赴日本、韩国访问,受到非常热情的接待和很细致的采访配合。对方对我们回国后所写文章的客观性给予很高评价。外国媒体这两年与环球时报接触很多,很多驻华大使造访环球时报,他们虽与我们存在意见分歧,但都同意我的这样一个总结:环球时报真实反映了中国民间在一些对外敏感问题上的态度,这可以减少外界对中国的误判,这种实事求是的表达对中外发展可持续的关系是有益的。

总的来说，环球时报设社评栏目仅2年，我本人长期做一线记者，堪称写评论的新手，和我一起写社评的几位同志都很年轻，大家只能摸索着干。我深知，出一些差错是我们很难避免的，但好在社会比过去宽容多了，我们修正错误的机会，总是比犯错误的机会更多。所以，这次结集出版环球时报社评集，我们也没有对当时发表的原文做任何改动，就让他们原汁原味地呈现出来吧。这是我们的一段经历，也是这个国家这一年多极不寻常经历的一段原声记录。

2011年4月

《真话中国:环球时报社评》再序

微博时代的环球时报社评

胡锡进

《环球时报》新的社评集出版,我期待社会的批评和接纳。

2011年2月份我开了微博,这次重新结集出版的社评,很多都是在那之后写成的。微博上的互动像是打开了一扇窗,让我看到了中国最活跃、也最复杂的一些部位。这些信息经常很强烈,对我和同事们观察、思考世界的角度会产生一定影响。

《环球时报》社评触及国内话题的时候越来越多,与我每天上微博不能说没有关系。我本人经常把社评的内容摘几句放到微博上,或者以一条微博为基础,将它扩展成一篇社评。《环球时报》与互联网舆论场扭得很紧,微博是个重要原因。

《环球时报》社评同我的微博因此形成了较大程度的一致性。然而,我们不会让自己的工作被微博主导,尤其是,我们不会为了在微博上获得大量转发和好评,就刻意设计社评的话题和写作方向。在大多数情况下,这种关系是反过来的。微博的内容服从社评,即使那条微博受冷落,或者受到一些网民的批评。

我对《环球时报》社评受到大多数读者的欢迎很有信心。事实上,最近两年社评已经成了《环球时报》新的核心竞争力,社评吸引的关注开始与《环球时报》头版的内容并驾齐驱,社会上的大量反馈都是关于《环球时报》社评的,外电转引《环球时报》的内容,有相当一部分是摘引我们的社评,从影响力的角度看,《环球时报》社评已经成功。

就社评的内容来说,我也很有信心。我本人是《环球时报》社评的主笔,但每一篇社评都吸纳了中国一流专家学者的意见,有《环球时报》团队的精心操作,很极端、荒谬的观点不可能走进《环球时报》社评。在很多时候,我们的社评反映了社会主流情绪及各种其他情绪的"最大公约数"。

微博上有人攻击我和《环球时报》"自相矛盾",是"墙头草"。我在微博上的自定义就是"复杂中国的报道者","报道多元世界,解读复杂中国"写在每天《环球时报》的报头下面。我想说,矛盾性是认识今日中国的基础。我不认为一些人只选择批评或只选择赞扬这个国家是不可以的,但我认为他们那样做肯定是不全面的。他们那样做有他们的道理,但我们揭示中国真实的复杂性,这样做的道德理由和依据至少不比他们那样更少。

有人认为中国社会在分裂,能不能这样下结论另说,但舆论的分裂的确相当明显。在这种情况下,《环球时报》的社评总是触及尖锐问题,反过来这些社评引起争议就十分自然了。我们并不愿意坐到被争议的风口浪尖上,但如果我们说自己的真心话,并且把实事求是放在写作社评的首要原则上,还是会引起一些争议的话,那也只能随它去了。

最近一两年,国内新闻的受关注度持续上升,国际新闻影响力下降。这是中国国内新闻越来越开放的必然结果。然而中国所处的国际竞争大环境没有变,其严峻性反而越来越紧迫。中国国内的事态环境与世界大格局只能越来越息息相关。这要求中国公众在沉浸于身边事的同时,一定要有抬起头来的时间和兴趣,"重新"看这个世界。否则我们好像把国内的事情越掰越清楚,实际上我们却可能在陷入大的迷失。

站在世界第二位置上的中国,未来的战略环境有可能变得很凶险。这些凶险将通过互联网及各种渠道"润物细无声"般融化在中国社会最较劲的那些节点上。《环球时报》首先要原汁原味地呈现世界的复杂和各种战略雄心之间的竞争,我们还试图抚着自己的良心,以自己未必全面的见识,对这场关涉中华民族命运的复杂博弈,做力所能及的疏理。

我相信中国的前进是由合力推动的。希望中国走向光明的未来,回放舆论的交响乐时,其中有《环球时报》的那声呐喊。我总是对同事们说:让我们与中国崛起共荣辱。

2012 年 8 月

目录
CONTENTS

001 / 2012,中国千万别自我误读
003 / 党代会年,勿忘基层是根
005 / 印度外交部不应是狭隘民族主义的
007 / 提防美国蛮横打断亚太的"势"
009 / 别让"立场"成为造假者的保护伞
011 / 春运是艰难的,但不应是痛苦的
013 / 应公开拆美国战争威胁伊朗的台
015 / 中韩关系该"探底回升"了
017 / 藏区僧人被境外"政治GPS"锁定
019 / 别被美中"价值观之争"蒙住眼
021 / 大陆的胸怀不会被台湾问题占满
023 / 中国应设计对美国公司的反制裁
025 / 未来4年两岸应有新的破局
027 / "大中国"不是免费午餐
029 / 缓和伊朗局势,中俄要立即行动
031 / 纪念"南巡讲话",加速各项改革
033 / 不可对经济增速放缓患得患失
035 / 美追求"绝对安全"是在逼中俄
037 / 关心钱的多少,也关心钱的"内涵"
039 / 死刑正在中国被历史性再审视
041 / 中国是什么样的"龙"
043 / 冲击派出所扰乱藏区不得人心
045 / 把菲律宾当"出头鸟"惩罚
047 / 中国当不了伊朗危机的局外人

049 / 保护境外公民，中国的超级课题

051 / 21世纪的中美，莫硬钻回20世纪

053 / "软顶"世贸裁决，中国不必做乖孩子

055 / 欢迎默克尔兜个大圈后回归稳健

057 / 别用"蝗虫"与"狗"清算彼此感觉

059 / 中国怎么想，就该怎么投票

061 / "春"规：西方只管推倒不管扶起

063 / "流氓"大了就是霸主，希望美国不是

065 / 向叙利亚局势打入中国楔子

067 / 增加确定感，中国社会的长期需求

069 / 握一手好牌，中国决不能打输

071 / 亚太和平之责应由各国分摊

073 / 把"政治解决"从嘴上移到手上

075 / 中美在21世纪不期而遇

077 / 希腊危机应带给欧洲理性

079 / 透过纷乱，看清中国的舆论主流

081 / 中国必须是有容乃大的平衡手

083 / 中美心有多大，太平洋就多大

085 / 亚洲没有谁愿意做别人的棋子

087 / 宣扬和平，即使失败也不丢脸

089 / 面对西方话语权，中国应自信从容

091 / 中国电影界需要新的雄心和梦想

093 / 民间情绪会牵制中国对欧政策

095 / 反腐败应跟上舆论倒逼的节奏

097 / 南京代表团的"谨慎"不是孤立的

099 / 欧盟想坐"道德高地"上收钱，难

101 / 制裁名古屋市长，迫其道歉或辞职

103 / 韩国莫在"脱北者"问题上逼中国

105 / 不必纠结是否加入"叙利亚之友"

107 / 对改革的共识是什么，争议是什么

109 / 户籍改革,中国有序变化的缩影

111 / 西方要巴沙尔下台,民主次之

113 / 中美都医改,一个落实一个扯皮

115 / 19年跨入"高收入社会"?别吊高胃口

117 / 中国军费增幅不必看西方脸色

119 / 雷锋是温暖最持久的符号

121 / 谁给了美国对世界"执法"的权力

123 / 能容外部献策的中国才是自信的

125 / 中国应在半岛问题上举重若轻

127 / 两会,中国政治民主有规模的探索

129 / 普京当选,无悬念却值得细说

131 / 摆脱西方舆论影响,客观看俄罗斯

133 / 调GDP,同时调社会心理预期

135 / 民族复兴,今天的中国离它最近

137 / "旁观者轻"得有,但千万别太多

139 / 现在就应构筑社会健康的福利观

141 / 刑诉法大修是政改的一个细节

143 / 衷心祝愿中国军费最终"打水漂"

145 / 调人大代表构成,政改的精彩一笔

147 / 真诚祝愿日本早日走出地震阴影

149 / 居住证改革再驳"改革停滞不前"

151 / 士兵频频犯案,驻阿美军的迷失

153 / 中韩各自记住:尊重对方是自重

155 / 稀土官司,多动智慧少动情绪

157 / 别把明星当"反爱国主义"噱头

159 / 总理记者会,中国政改的新细节

161 / 中国必须吃透世界金融的诡谲

163 / 党保持纯洁性,中国政治的"纲"

165 / 劝朝鲜难,因为劝韩美日也难

167 / "亚太军备竞赛"非中国之过

169 / 围绕涨油价的沟通需锲而不舍
171 / 不妨在伊朗摸一把美国老虎屁股
173 / 重庆调整后的中国社会理性
175 / 西方兜了个大圈子,还得回安理会
177 / 中国改革和崛起同时走入深水区
179 / 厘清台海现实,顺应历史大势
181 / 坚守社会对谣言的抵御防线
183 / 内地真心愿意香港继续"独特"
185 / 核安全重如山,但别用其他风险换
187 / 舆论不应鼓动超现实的福利目标
189 / 金砖国家不需要价值观的粘合
191 / 用升级战略反击力量应对反导
193 / 莫让"非对称"信息博弈影响中国
195 / 半岛局势再次逆转令人惋惜
197 / 中国无惧朝鲜半岛任何事变
199 / 菲律宾扭动不了东亚大方向
201 / 装不懂的人,你永远无法给他讲懂
203 / 咋咋呼呼的"围攻"奈何不了中国
205 / 中国人是无法分割的命运共同体
207 / 开发西沙旅游,中国没什么可犹豫
209 / 顺历史而行,个人力量才能激活
211 / 中国社会需摆脱网络带来的错觉
213 / 俄罗斯应避免向南海发模糊信号
215 / 对薄立案调查显示中国的确定性
217 / 一次在南沙海域维权的成功之举
219 / 只要中美不对抗,谁都不是输家
221 / 立威是中国在南海的当务之急
223 / 团结是中国前进路上的空气和水
225 / 莫让展示强硬的竞赛主导东北亚
227 / 朝鲜的细微变化也应受到鼓励

229 / 美菲军演让华盛顿更不可信
231 / 希望平壤不搞新的莽撞之举
233 / 东京花钱买不到钓鱼岛主权
235 / 改革在接近塑造公平的核心位置
237 / 试射远程导弹的印度更需清醒
239 / 用严惩食药造假为现代治理祭旗
241 / 菲律宾痛了，其背后力量才会沮丧
243 / 在西太平洋，中俄用不着向谁报到
245 / 西方式选举在异化，失去方向
247 / 中国有力量应对海上争端并发
249 / 不让菲律宾控制南海摩擦的节奏
251 / 从朝鲜到巴基斯坦，沟通的困局
253 / 依法、理性对待谢亚龙的指控
255 / 中俄的握手更清晰，也更有魅力
257 / 挟洋能自重的时代早已过去
259 / 中美需展示两国有能力避免敌对
261 / 中欧应为21世纪签一份保险单
263 / 中美建立军事互信应从南海做起
265 / 别从价值观轴心看中国基层纠纷
267 / 大选无法帮法国摆脱迷惘
269 / 中俄关系要珍惜普京执政这些年
271 / 捍卫爱国主义，知识精英最关键
273 / 常此摩擦，中菲不动武将是奇迹
275 / 菲律宾调门越高，脸面将摔得越重
277 / 新兴舆论场，需要化解的纠结点
279 / 从容应对冲突是大国才有的气度
281 / 中国互联网不可能"开倒车"
283 / 周边民族主义比中国的厉害多了
285 / 中日韩，莫在历史过渡期犹豫
287 / 美核武器重回韩国将是蠢招

289 / 清理"三非",全国城市盯着北京
291 / 日本对华强硬其实露出了软弱
293 / 英国应为卡梅伦见达赖埋单
295 / 舆论应回到国企民企的中间位置
297 / 中朝须快速解决我船员被绑案
299 / 中国应继续保持对菲律宾严厉
301 / 准备几枚报复美国的"贸易炮弹"
303 / 中朝友谊应当看得见摸得着
305 / 陈的"奇遇"是一次性大气泡
307 / 中国应扩大对"睦邻"的理解
309 / 当前更要"把朋友搞得多多的"
311 / 脸谱上市留给中国人的回味
313 / 孔院教师若走人,美国学校最伤心
315 / 中国外援应堂堂正正地做
317 / 美国对华谈"人权"为何总是怪怪的
319 / 绵阳紫荆民族中学是否拆得太快了
321 / 唯联合国有权确认叙惨案元凶
323 / 知识分子应敢于在舆论场说真话
325 / 中印争夺缅甸之说让人啼笑皆非
327 / 反腐败是中国社会发展的攻坚战
329 / 西方才是叙乱局的主要责任方
331 / 坚定不移走人民币国际化道路
333 / 美国若趟乱亚洲,累的不只中国
335 / 中国经济转型的决心需要很坚定
337 / 中国应反对朝鲜将拥核"宪法化"
339 / 不同美国斗力,要斗智慧斗胸怀
341 / 中俄协作应超越"盟友"或"非盟友"
343 / 美馆应积极回应环保部的呼吁
345 / 上合组织不会做北约的"陪练"
347 / 高考表现了整个国家的复杂性

349 / 打击阿基诺执政应成对菲斗争核心
351 / 钓鱼岛，与日本斗不能被气着
353 / 中国当前的对叙政策应坚持下去
355 / 延迟退休，一个捂不住的现实难题
357 / 美国人说制裁，中国人听烦了
359 / 大月份堕胎应当坚决制止
361 / "全面内战"是叙利亚人民之不幸
363 / 敲打英国挪威是中国的"规定动作"
365 / 中国需要加强在外太空的存在
367 / 埃及刚开启走向未来的漫长过渡
369 / 中国发展离不开前沿项目的拉动
371 / 成功多了，中国人才能逐渐自信
373 / 世界金融"重切蛋糕"，再难也要推动
375 / 希望美国彻底改变百年前的心态
377 / 逐政治强人易，铲强人政治根基难
379 / 三沙市锻炼全中国的意志和胆略
381 / 阿拉伯世界不会做任何"亚文明"
383 / 中国在南海上既要坚决又不焦躁
385 / 社会公平和发展必须是"亲兄弟"
387 / 用敷衍了事回应美国"最后期限"
389 / 安康引产事件新波折令人深思
391 / 有点"孤独"是中国崛起的正常境遇
393 / 美对华"豁免"验证中国实力增长

2012，中国千万别自我误读

新年前后，宁夏、河南各发生一起规模不等的群体性事件，西方媒体报道很多。两起事件都有十分明确的利益诉求。对 2012 年，我们大概不该抱中国社会将四处风平浪静的期望。中国各地以往的群体事件，很多诉求是合理的，也有些是过激的，很难一概而论。但 2012 年中国的大貌是：改革在继续，民生改善的动力很强大，公众对未来的预期总体上积极、正面。

在国际上，中国相对有利的发展位置没有受到实质性挑战。各种力量以及各种问题都在塑造中国 2012 年社会面貌的一部分。中国当前很重要的一件事是，让所有的人和所有的事都回归各自的本位，谁也不该获得与自己不相称的影响力。比如本来是个枝节，却能够主导全社会的关注方向。

中国仍处于适应群体性事件的早期，对这类抗议活动的社会后果，中国社会还不太清楚，也没有形成解决它们的娴熟模板。抗议活动在中国带来的不安仍大于其他国家。

国家必须为减少群体性事件做出有实在内容的努力，最大限度地消除群众不满，疏浚沟通渠道，促进良好社会情绪始终处于支配地位。这是社会保持稳定与和谐的基础。

但与此同时，中国不应习惯性把基层的群体事件拔高到国家政治层面，把国家的过多注意力变成这类事件的稳定待遇。在十八大将召开的 2012 年，强调这一点尤其重要。

中国民间普遍有党代会之年国家"怕出事"的印象，在基层矛盾确实很多，抗议的成本又在下降时，官方对这种印象的印证，会反过来鼓励一些人把抗议当成解决问题，或者实现利益最大化的捷径，造成抗议活动的动机比常年更加活跃。

正确判断中国的形势，长期以来在中国就不是简单的事。误判在中共党史和社会思想史中都曾反复出现。互联网及其制造的自由意见表达形式，使这个问题再次变得混乱。

至少在舆论场上，中国公众对国家现行发展道路的支持，体制与群众不满的互动能力，以及社会秩序对非理性抗议的承受力，都被大大低估了。"阿拉伯之春"带来了一些人将那些全球化中"失败小国"与中国的错误比较，认为中国的一个具体抗议，也有可能获得"阿拉伯之春"中的奇特力量。

中国必须戳破这个气泡，当前社会与政治相关的各种争议才不会变形，公众对国家前途的信心才会真正变得坚定不移。

这么大的国家，处在近代以来前所未有的黄金发展期，而发展带来的某些具体不协调，或者官方的一些具体改进速度不够快，这个国家就因此失去了希望？民意不会这么蠢。

理性看群体事件的发生，与重视解决问题绝非是对立的。两个态度的融合是现实复杂性对中国的强制性要求。重视问题是必须的，但中国就是这么怪，任何一种态度被无限放大时，都会走向它的反面。没有什么在中国是不重要的，但没有一个细节能够压倒中国的全局。

带着这样的平常心去过2012年，迎接十八大的召开，并把这种心态转化成社会应对各种问题及冲突的能力，这个过程是中国前途不断展开时必不可少的。

(2012.01.04)

党代会年，勿忘基层是根

今年是世界范围内的"换届年"，中共十八大也将带来中国最高决策层的换届。但我们切不可忘记，基层是中国社会进步以及国家政治稳定的根。实现基层权力运行的现代化，改革的任务量最大，实际效果也容易打折扣。

十八大对中国权力最高层的影响，以及对全党和全国的影响都不言而喻。它吸引全国上下、甚至全世界的目光非常正常。但中国基层的进步容不得等待，基层的具体问题也不太可能自我克制，为党和国家的盛事让路。

2011年的情况显示，中国的绝大多数纠纷和冲突都发生在基层，它们当中有不少形成了全国影响，在一定程度上损害了国家稳定的质量。其中不少基层群体事件是由官员处置不当引起或激化的。

中国基层组成了承载国家改革开放的庞大载体，基层官员们总体上劳苦功高。没有他们的参与，国家再好的政策也落不到民间，中共最多只能扮演中国上层的"精英党"。

但另一方面，中国社会整体进入现代化的时间太短，基层在这个过程中受到的历练和优化也比较浅。而互联网却在最近几年把中国基层突然拔高到世界高水平的要求线上，这带来了基层实际情况与社会期待之间越来越明显的冲突。

毋庸讳言，用互联网上最严苛的要求来衡量中国基层政权的表现，它们很多都能被揪住不少小辫。这完全不是因为中国基层官员都"不是好人"，而是因为中国公权力的完善本身就是一个过程，不可能一步到位。

如果中国基层政权都只能被打低分，那么中国这些年的巨大进步就是不可解释的。因为党和政府这些年取得的成绩，只能是中国所有基层政权工作业绩的总和。

然而舆论揭露的基层问题又大多是真实的，人们对基层政府的各种意见也通常不是不合理的。基层政权受到的压力很可能长期处在高水平上，这个现实是基层的再大成绩也抵扣不了的。

无论合理还是不合理，中国基层官员都面临全面提高工作能力和作风的硬仗。这既是党的要求，也是现实带来的强制。中国社会经过几十年的改革积累，官民关系正在经历深刻的变化，"父母官"们正在变成服务者和被监督者，这不是一句口号，而是中国政治新的本质。

中国改革是自上而下推动的，但社会对权力的感受却是自下而上发生的。其实中共原本崛起于基层，至今扎根基层，对基层情绪彼此串联和向上运动的能力十分熟悉。基层稳则国家安。

在十八大即将召开的时候，国家上下不应把眼睛都盯在高层人事安排上，而应同时关注基层政权的进步，为此提供关心和支持，也注入更多资源。这是今年过好"党代会年"应当着重使力，也是很多人都能使得上力的关键所在。

中国有句老话说：天高皇帝远。但现在，互联网把舆论这个"皇帝"带到每一名基层官员的身边。一个基层官员的拙劣表现，也可以被当成整个公权力"脱离人民"的象征。

所有官员都应有紧迫感，基层官员谁也不要以为自己可以是例外。当官都是不容易的，今天的中国正在完全意义上印证这个道理。基层官员们没有别的选择，他们唯一能做的就是尽快成为严格意义上的合格者。

(2012.01.05)

印度外交部不应是狭隘民族主义的

一名印度外交官在浙江义乌"昏厥"的新闻，被印度媒体炒成了"大事"。连印度外长都出面回应此事，新德里还出现小规模针对中国的抗议活动。

事情的细节至今有矛盾说法，大体情节是两名印度商人欠了义乌人的钱，被法院协助追讨。那名印度外交官前来义乌"解救"二人。据说他患有糖尿病，印媒称他在法庭里7个小时无法进食、服药，导致昏厥。但中方对这个说法的细节不予认同。

印度驻华使馆3日警告所有印度商人不要与浙江省义乌市做生意，因为一旦发生了纠纷，有受到"非法拘留与虐待"的危险。印度媒体对这项公告一片叫好声，他们或许认为这可以为义乌人带来教训。

很显然这是一起偶然事件。即使印度外交官真的"昏厥"了，也不自然等同于他在义乌受到了"虐待"。印度舆论的炒作完全是起哄式的，印度外交部的做法，则是对印度舆论压力的短线屈从。

义乌已是东亚最有影响的小商品集散地，在世界上也颇为有名。在义乌的印度商人，显然是自愿来的，不是被绑来的。义乌以及中国各地都欢迎印度人来做生意，但他们做事得遵循商业道德。如果他们有欠账不还的坏毛病，用不着印度使馆劝他们远离义乌，义乌的中外商人们大概自会远离他们。因为义乌的国际贸易是教人改掉坏毛病，而不是惯出坏毛病的行当。

印度官方的公告，将义乌描绘成一个可怕的地方。但义乌的外国人比例相当高，它的安全与否世人有目共睹。倒是印度商人的诚信水平，真正了解的人并不多。这次冲突是印度人以民族主义的情绪，对抗义乌已经相当稳定的市场规则。把这件事情炒大，信誉损失究竟是义乌的，还是印度商人的，这个问题倒是蛮有趣。

中国社会没兴趣与印度舆论就这件事进行纠缠。事实上，如果不是印度舆论和印度使馆各种信息的一再刺激，此事将作为一个小消息在中国舆论场上一划而过。

中国社会对印度没有特殊的成见，印度媒体炒作中印之间的个别纠纷，搞些民族主义的噱头，我们也大多可以理解。但我们看不惯印度外交部官员和其他官员针对中印的具体问题装腔作势。他们总是认为，印度舆论是自由的，中国舆论应当克制。但对于这个明显的个案，印度外交部的一系列举动同样是狭隘民族主义的，我们看不出那些外交官比印度媒体的编辑们有什么高明之处。

中印友好需要双方的共同维护，请印度外交部记住这个道理。

(2012.01.05)

提防美国蛮横打断亚太的"势"

美国五角大楼公布新军事战略评估报告，今后 10 年的国防开支将缩减，从"同时打赢两场战争"，转变为打赢一场战争并干扰对付一个潜在敌人。这是一个总体上的收缩性战略，但亚太的地位更加突出。五角大楼官员称，这次战略调整的主要针对目标是伊朗和中国。

美国的这种战略调整应让我们有更多清醒。美国对中国的战略锁定已经无法更改，中国为发展中美关系的细节努力，已不可能抵消中国崛起带给美国的巨大不安。今后美国的对华友好，只能是我们用实力"逼"出来的，而不可能是"哄"来"求"来的。

中美博弈超越了历史上的任何经验，全球化的发展和中美经济关系的紧密缠绕，使美国做不到对中国实行真正意义上的战略围堵。中国破解美国的遏制也更容易。中国需应势而变，将应对美国的战略遏制设定为外交战略的最重要目标之一，对外尽可能团结可以团结的力量，确保至少一定程度上的对美战略主动。

由于中国国力和利益面都增长很快，我们没必要让对美防范变成中国外交工作的全部，但其他方向的合作或角力，不该对我们应对美国的大战略造成实质干扰。这一点不仅中国的外交官们要铭记于心，中国公众也须有全面的看透和领会。

美国的这次战略调整再次提醒我们，伊朗对中国是重要的。无论我们喜欢或不喜欢那个国家，它的存在和对当前外交战略姿态的保持，都对美国形成重要牵制。中国社会切不可顺着美国对文化及社会政治的价值判断，确定对伊朗的好恶。

美国把遏制中国发展近海的反介入能力，作为此次战略调整的一个重点。中国没必要针锋相对也搞一个战略，但确应有所行动，不断加大美国做这种遏制的难度。此外，中国要润物细无声地把对美博弈圈不断向外推，加强远程军事打击能力，发展更多威慑美国本土军事目标的能力。中国要用事实让美国认识到，中国崛起是它的巴掌捂不住的，对华友好对于实现美国利益最有效，也最划算。

对美战略系关中国的前途和命运，对一般国家的政策出些偏差是有机会调整的，但对美政策的重大偏差，就意味着中国走上错路。因此中国对美决不可冲动，也不可死守陈规，用幻想代替现实。

在对美做全面未雨绸缪的同时，我们应看到，中国经济的快速崛起是迄今中美实力对比变化的最大推力，它是美国最担心也最难以招架的，而从这里能够直接找茬的点也最少。不像中国发展军事力量，外界压制我们的借口很多。让中美博弈在经济领域停留的时间越长，面越广，对中国就越有利。

经济实力的消长反映了中美各自的"势"，它既是现代大国竞争的出发点，也是最后归宿。但军事和政治，永远都是打断或扭转"势"的强有力工具。我们今后要提防的，就是美国做这种打断或扭转。当然了，我们要防止中美出现新冷战，但同时要避免以中国放弃周边安全换取美国在亚洲的安心做代价。它和新冷战对中国来说同样坏。

(2012.01.06)

别让"立场"成为造假者的保护伞

微博上的@老榕因去年利比亚"战地报道"走红中国互联网,然而近日,该微博博主被揭"从未去过利比亚",他的那些"战地报道"被指都是对各种信息的编辑品。滑稽的是,去年底,那位博主获得多家媒体颁发的"年度魅力人物"奖等。此事近日引起网上舆论哗然。

令人深思的是,那位被揭"造假"的博主一直态度强硬,拒绝正面回应是否在战争期间去了利比亚,一些倾向于认为他确实没去利比亚的人,则在微博上分成了两派。一派从新闻道德的角度谴责那位博主,另一派则为他辩护,认为他批判卡扎菲政权的出发点是对的,其他都不重要。

为了宣扬一种价值观,为了坚守一个立场,你可以不择手段,你在你的支持者眼里永远是对的。围绕"战地报道"的争论显示,这种"立场决定对错"的评判倾向在中国互联网、甚至整个舆论场上仍有相当大的市场。对一些最简单的对错,中国社会并非都能达成共识。

这是危险的。这种倾向如果发展下去,会引导全社会将价值判断放在高于一切的位置,求真和求实成为价值判断的附庸。当社会的分歧越来越多也越来越细致时,实事求是就不再有超越派别的纠错和校正力量,社会至少在舆论层面上就会陷入混乱。

互联网、特别是微博的发展带来了舆论的多元化,为中国的民主建设开辟了全新空间。与此同时,谣言此起彼伏,口号代替争论,情绪淹没理性,这些问题也都一股脑涌来。从理论上说,开放的舆论空间最终会产生自净能力,但这个过程的发生并非不需要任何条件。

一个重要的条件是，互联网上的意见领袖中要有一批人敢于打破"站队为先"潜规则，在一些重要争论中恪守实事求是原则，做说真话的表率。当前这样做，对很多人来说显然有压力，但历史的经验是，假的最后站不住，能够顶着压力说真话的人，终将立于不败之地。

各互联网站应对造假者做公开的处罚，并形成机制。互联网主管部门应督促各网站朝这个方向迈进。建议各大型网站探索成立类似"道德委员会"的机构，对一些不负责任的发言作出甄别，给予相应惩处，针对意见领袖的应公之于众。

微博等现代交流平台冲破了以往垄断性信息发布格局，带来了无限可能性。对此我们理应倍加珍惜。珍惜就意味着不滥用互联网上的言论自由，并与出于政治或商业目的的网络造假行为做斗争。

由于社会对网络言论环境的不熟悉，有些看似造假的言行未必都是恶意的，网络舆论应鼓励自我改正，反对对错误的一味坚持。比如在@老榕的问题上，我们欢迎他证明自己确实去了利比亚，也欢迎他在没去的情况下拿出道德勇气，公开道歉。

互联网舆论的体量越来越大，但必须看到，传统媒体及其从业者仍是互联网信息的最大创作群体。传统媒体人应对促进实现互联网舆论的健康化做出贡献。当前有些传统媒体及其从业者跟着网上情绪随波逐流，或成为网上极端情绪的制造者，这绝非中国传统媒体的职业荣耀。

个人要有道德底线，媒体要有专业操守，如此，舆论场上的"奇怪故事"就会越来越少。

(2012.01.07)

春运是艰难的,但不应是痛苦的

全世界最密集、最令人叹为观止的旅行高峰昨天又在中国拉开了帷幕。我们管它叫"春运"。据说要有31亿人次在40天里乘坐中国交通工具回家或出远门,其中大多数人是在工作或学习地与故乡之间打一个往返。让所有人都满意的可能性是零。

把春运作为交通问题解决的努力已经用到极致,中国对大规模人员运输的组织能力大概世界第一了。那些无法被消除的旅行痛苦就像是中国社会巨大需求永恒的溢出量,它在告诉我们中国多么与众不同,标准、亮丽的现代化,拿到13亿人口的中国来,总会节外生枝。

没有春运之难大概就不会有中国大兴高铁的冲动,没有大量票贩子出现,没有解决民工回家过年的急迫,社会的底层法制和草根关怀就会少几轮全国性辩论。舆论每年都大谈春运,老抱怨总是带来新感觉,民生、公平、官僚主义等种种与春运本身有关或无关的话题,都在这个时间更容易获得热度。

春运除了运人,还"运"些什么?政府要把车站和车厢装满对民众的关怀,媒体要把到处都装上批评政府的靶子。全社会平地突起一个大热闹,仿佛要把春节和对春节的谈论拉长。由于参与的人太多,春运在制造文化信息的新堆积,也必将引来各种奇特的开采。铁路在变成中国各种情绪和主张最有人气的T型台,掌声和倒彩不断。

"7·23"动车事故成为2011年最轰动的公共事件似乎不是偶然的,无数中国人都对铁路有一肚子需要倒出来的倾诉。铁路让他们排过长队买票,遭遇过黄牛党,还在火车上站过一整夜,火车也带他们第一次走向外面的世界，在火车站他们第一次懂得了离别。

春运几乎驮上了全中国，我们完全可以严厉地对待它，让中国社会每年都围着铁路做一次大思考。但我们也可以在对它的态度中掺一些丰富的元素，比如自嘲，怀旧，或者大大咧咧。

除非中国再多修一倍的铁路，或者把全世界大多数的飞机都调过来帮忙，否则中国春运的梗阻不可能根本消除。给农民工讲留在城市里过年有多么"新潮"，这很假也很损。就交通本身来说，春运的难题是无解的。

但难未必真是痛苦的。特别容易回的家，和很难回的家，感受是不一样的。中国大城市里每年春节前，很多公司的员工都在谈论火车票，很费劲地回家了，又很费劲地回来了。他们真的为此怨天尤人的并不多，这一切就是他们未来关于这一段家的记忆。

中国社会需要一点豁达甚至阿Q，而不应经历了小的艰难，就伤感、悲壮，长叹"活着很苦"。中国就是挺大挺粗糙的，至少现在还有不少破破烂烂的地方。我们得知不足而奋进，但我们实在没必要拿做不到的事情逼自己，我们应留给自己一点从容。

关于春运，媒体得使劲说，否则说什么？政府应认真听，否则怎么联系群众？但社会的这股认真劲儿又得是可以溶解的，紧张是可以释放的。春运应朝着大多数人满意的目标去做，因为它是工作。但真没做到就没做到，因为它是一个比中国人口还多，31亿人次的大派对。

(2012.01.09)

应公开拆美国战争威胁伊朗的台

美国五角大楼近日为伊朗划出不得发展核武器和封锁霍尔木兹海峡的"红线",称否则美国将"作出回应"。美国显然将战争威胁当成了它最终制服伊朗的钥匙。

"伊朗战争"的赌局有个困难的出牌者,那就是中国。伊朗有中国的巨大石油利益,伊朗还是缓解中国战略压力的重要牵制力量。但中国不可能与伊朗结盟,与美国为敌。中国必须在阻止"伊朗战争"上有所作为,同时不对中美关系造成致命伤害。

由于维护外交价值原则和其他利益的任务很重,中国往后躲不是办法。有人认为俄罗斯在伊朗的利益比中国更重,应继续让莫斯科为阻止美国开战打头阵。但这很可能是一厢情愿。因为无论从对伊朗石油的需求,还是从地缘政治的利害看,伊朗对中国的重要性,都在逐渐超过它对俄罗斯的战略价值。指望莫斯科为我们的利益遮风挡雨,这既是自私的,也不现实。

中国应在伊朗问题上做出与我们利益相应的担当,坚持明确的是非原则。对莫斯科,我们的目标应是别让它在关键时刻"临阵脱逃",保持中俄的战略协作,不计较谁的阵地更靠前,坚决相互支撑。

中国已明确了自己反对进一步制裁伊朗的态度,无论美欧的压力有多大,中国都应不予理睬,大大方方地坚持对伊朗的正常贸易。据悉中国已有个别公司因害怕遭美国制裁,减少了在伊朗的投资和业务。但这不应是整个中国的态度。相反,如果中国公司因在伊朗的合法贸易受到美方制裁,中国应进行反制。

在有确凿证据显示伊朗正在发展核武器之前，中国还应在外交上帮助伊朗，避免伊朗在世界舆论中被提前定罪。北京有必要与德黑兰保持高层互访，公开抵制美欧把伊朗打成另类。

美国尚未做好发动伊朗战争的准备，美国经济对支撑一场新战争尤其将很吃力。今年又是美国大选年，新战争会让奥巴马的连任梦节外生枝，这些都意味着，打伊朗将是新世纪以来美国最难下的战争决心。中国的作为就是要加大美国开战的实际困难和精神顾虑，这些对阻止战争未必是无效的。

我们不应惯性地认为，在向伊朗施压上公开拆西方的台，会导致中美敌对。中国要有勇气、也有能力推高美国对中国不予合作的容忍度，中美关系不能长期以中国的利益得向美国的利益让路做代价。

伊朗是中国这样迈步的一个恰当落脚点。因为首先，美国对伊朗的战争威胁没有联合国授权，是非法的。第二，中国在伊朗的利益受到威胁，中国维护自己的利益在道义上是正当的。中国反的不是美国，而是战争。这是中国作为大国对世界应尽的义务，还是中国立信立威的机会。美国若以此与中国摊牌，既不利于它对伊朗采取行动，也不会得道义上的便宜。

我们需看到，打伊朗战争，美国的风险无论如何都比中国大得多，我们至少用不着比华盛顿更紧张。在中国外交需要有更多作为的时候，掺和海湾角力，既是我们练智慧，也是练胆量的机会。其实即使做得不够好，我们也输不了什么。

只要中国有力量，与中国作对就不是件有趣好玩的事情。我们不应被美国主张对华强硬的声音吓住，就像我们发出一些威胁其实也吓不住美国一样。

(2012.01.10)

中韩关系该"探底回升"了

韩国总统李明博昨天开始访问中国。他是在任期间访问中国次数最多的韩国总统，但中韩关系也是这期间波折最多的。今年是中韩建交20周年，两国外交部门大概都想让两国关系在今年热络一些，但两国民间的热情都不高。

两国麻烦不断，超2000亿美元贸易总额带给两国的好处，看上去抵扣不了两国舆论为一些小摩擦动的大气。两国在对方公众眼里的形象都不怎么样，两国"战略合作伙伴关系"经常显得名不副实。

两国都有加强彼此战略关系的意愿，但这样的过程又总是被意外搅乱。半岛局势、中韩民间摩擦都会牵制北京和首尔的态度，美国重返亚太也会直接或拐弯抹角地制造压力。

中国的对韩态度相对稳定些，但在韩国眼里，北京与平壤之间的温度，构成了对中韩温度的"实际调动"。韩国人不喜欢换位思考，韩国对中朝关系的敏感度，远超过中国对美韩军事同盟的在意。他们希望中国在朝韩的所有争议中，都无条件支持首尔。这当然不现实。

这种态度给中韩关系带来的不稳定性是直接的，而且经常闹到外交沟通的可控之外。韩国舆论一点就着，一个中国渔民失手刺死一韩国海警，就被韩国舆论认为是受了整个中国的欺负。

韩朝发生摩擦，韩国舆论要求中国"中立"的位置，实际是偏向韩国的。中国不照着办，就成了中国对韩国战略伙伴的"背叛"。

朝鲜最高领导人变动，韩国着急，这种焦虑感也会加重韩国官方和舆论对中国的猜疑。

韩国用韩美关系向中国施压的意识越来越明显,至少韩国舆论对此不再掩饰。他们好像要以此牵制、报复北京与平壤的走近。其实,中朝关系的意义远超朝鲜半岛,韩国人未必不理解,但有"统一朝鲜"雄心的韩国,很容易对中国的影响患得患失。

尽管有这么多困难,中韩关系目前很可能已大致"探底",两国有找回一些好感觉的空间和可能。

最重要的是,韩国对中国该"失望"的都失望过了,他们逐渐变得清楚,一些对中国的要求是过分的。在几轮摩擦过后,中国社会也了解了,我们没本事让韩国处处"对中国表现理性"。两国民间的互视虽然不太友好,但误判被挤得差不多了。

同样重要的是,中韩没有大的利害冲突,对方的繁荣对自己都没有任何坏处。只要两国把心态放平,给对方应有的尊重,而且中国不指望韩国用损害韩美同盟向中国献礼,韩国不指望中国用疏远朝鲜对韩国示好,两国就会在各种小摩擦的缝隙中看到对方的亲切。

祝愿李明博总统访华成功。

(2012.01.10)

藏区僧人被境外"政治GPS"锁定

西方媒体近日大量报道本月中国境内发生的3起藏人自焚事件,自焚者或是僧人,或已经还俗。不难想象,达赖集团和一些西方媒体会如何用这些自焚论证中国的"宗教迫害"。

藏区僧人自焚事件从去年至今已达十几起,受到伤害的绝大多数都是年轻的生命。这对中国佛教史和藏传佛教史都是意外。达赖集团在境外为死者立碑、开法会,称他们是"英雄",这样的情形和佛教传统无论如何对不上号。

藏区的一些寺院以及僧侣,被互联网、卫星电话等现代工具与外部世界连在了一起。那个世界是他们完全不熟悉的,但那里有一个达赖活佛,一些僧侣将自己的判断力虔诚地交给他处置。

达赖集团已是在中国境外自成一体的利益集团。他们的身份是流亡者,自身没有多少生产能力。但他们需要生存。于是他们只能在世界政治的夹缝中,将自己当成对付中华人民共和国的筹码卖给西方。如果他们只在国外专心念佛讲经,他们会活得比现在悲惨得多。

于是一个无耻的政治链条,以宗教的名义伸向了中国藏区。巨大的政治重荷通过这个链条,被输送到不谙世事的无辜僧侣身上。它既有达赖集团的利益,又套着西方更大的利益,它们释放的力量足以扭曲藏传佛教的温和传统,把少数僧人推向杀戮自己生命的极端。

达赖集团的自私和无情被西方集团小心翼翼地包裹了起来。其实他们追求的"西藏独立"或所谓"高度自治"都是没影的事。达赖最清楚那是骗人的。但那个口号在帮西方制作一个可以搅动中国内部的触角。有没有结果并不重要，他们要的是这个过程。这个口号帮达赖获得了诺贝尔和平奖，帮他获得大笔西方资助，以及任何佛教领袖在西方都不曾有的荣誉。

有人注意到，达赖集团称自焚者是"勇敢的"，是"英雄"，但达兰萨拉的高级僧侣们只是用嘴表彰，从不以同样的自焚方式做声援。他们当然不会这样。在旧西藏，人们也没有见到享受着政教合一封建特权的高级僧侣们有几个人去磕长头。中国藏区的自焚僧人越多，达兰萨拉的达赖集团的日子就越好过。所以这些自焚总能让达赖集团和不少西方人兴奋。

把国际大政治压在藏区年轻僧人们的头上，是不公平，也是残酷的。他们没能力分辨善恶在国际政治引力场中被乔装打扮的面孔。他们念经的还是原来的老地方，他们想象不出他们已被遥远的政治GPS定位瞄准。

请达赖集团放过那些信任了他们的年轻僧人，他们的生命比"英雄"的称号更宝贵。请别把他们的鲜血当成你们延长在西方政治生命的补养品。

中国境内上一轮自焚事件发生在法轮功信众之间，即使在西方，它也被很多人看成是邪教。希望达赖集团别另立一支，堕落成法轮功一样的邪教派。随着时间制造视距，广大藏传佛教的信徒们终会看清达赖喇嘛今天演的究竟是什么戏。他的确是历史上最不务正业的一个达赖。

(2012.01.11)

别被美中"价值观之争"蒙住眼

中美两大国的竞争和互动正沿着大国关系熟悉的各个层面展开，但中国舆论中，一些人把中美的意识形态之争放到了统领位置，仿佛价值观之争反映了中美关系的全貌。美国的一些精英也很愿意这样的看法在中国普及，因为现在正是中国社会在价值观上比较困惑的时候，这有助于美国巩固优势。

美国与苏联当年的竞争，其实也是多层面的，其中意识形态层面和地缘政治层面都很突出。但后来美苏的这两大竞争面变得高度重合，并随着苏联的解体，美国一并得到了胜利。

今天的中美完全不是美苏当年那回事。中美有竞争，合作面也出奇的大。双方的竞争表现因合作及全球化的牵制，变得更复杂：不那么张扬，有时只做不说，或者只由媒体或智库说，政府不说。

价值观差异对中美的渗透并非无所不在，其破坏性也本应很有限。中美在经济、环保、地缘政治、发展模式等其他领域的摩擦和竞争往往触动更现实的利益。然而美国在其他领域令其自信的资源快速流失，它现在越来越惯用价值观竞争的优势，补其他资源之不足。

回顾这几年，美国对华"发难"效果最好的，都是用意识形态打头阵，但后面往往跟着从经济到地缘政治等美国最想要的各种利益。由于中国一些人同美国的价值观已有共鸣，在谷歌退出中国市场、要求中国"尊重少数民族权利"等对华摩擦中，美国对非意识形态利益的隐藏得到一定成功，中国社会团结受到了干扰。

中国社会必须找回并巩固一个清醒：中美之间最大的结构性紧张点

是中国崛起这个事实，美国对中国的绝大部分担心和防范都是围绕这个事实展开的，而中国最要保卫的也是这个事实的继续扩大。我们试图把中国崛起变成全人类的共同受益过程，但即使这样，美国人对它的感受肯定也跟中国人不一样。

未来真正受威胁的，正是中国崛起得以继续的各种环境。中美的绝大多数摩擦，深层的缘由都将出自这里。或许美国人也觉得世界保持政治的多样性没什么不好，他们未必喜欢千篇一律，但在意识形态上攻击中国可以带来丰富的后果，而且可以事半功倍。

中国崛起是中国人在现实世界中实现各种利益的国家级打包，内部利益细分的困难自然存在，但内部的纷争不应导致国家对外竞争环境的恶化，中国应尽量避免某支内部力量为了改善在国内竞争中的地位，而与外部力量相互借重。

但这不是谁发出个号召就能做到的，言论自由的扩大必将对中国社会的团结造成某些挑战，中国不可能再用"统一思想"的老一套来应对。有意或者无意配合西方对华意识形态攻击的情况，在中国早已层出不穷。中国社会的团结必须在这样的新现实之上构筑。

这是很重要的构筑，它的成功可以帮中国在外界压力下敢于坚持，在被动中逐渐积累优势。

（2012.01.12）

大陆的胸怀不会被台湾问题占满

台湾"总统"选举明天投票，这是亚太地区 2012 年的第一个重要选举。

从 1996 年开始，台湾"大选"就是威胁西太平洋稳定的雷管，但大趋势是，它能摧毁全局的预期在降低。一是因为民主在台湾确实在成长，民主制造理性在部分生效，极端主义受到的压制在增多，台湾今后政党轮替带动的政策摆幅空间也将逐渐萎缩。

二是 2012 年的亚太，已与 1996 年迥然不同。当时美国两艘航母来台海转一圈，就可影响地缘政治的感受。现在美国宣布将其全部 1/3 战舰都要部署到西太平洋来，但它制造的轰动并不比 16 年前更高。现在在西太平洋撒野，即使美国也有很多不得不顾及的其他牵挂。

中国大陆之所以关心台湾选举，是担心"台独"不断被选举放大。曾经有一段时间，它的确是这样。但大陆舆论中逐渐形成这样的信念："台独"不太可能仅靠台湾内部以及国际力量做持久、稳定的抑制，这项艰难的工作，归根到底要由大陆提供动力。

只要"台独"的旗帜在台湾仍有政治价值，就一定会有政治力量举它。如果实际推行它不意味着不可承受的代价，就不排除它在某个时刻成为台湾执政当局的冒险。由于选举政治必然意味着台湾不定期的政党轮换，大陆必须致力于与"台独"本身作斗争，将它最终逐出台湾的大选辩论。

本次选举，是否承认"九二共识"仍是马蔡的核心辩题，但由于"台独"越来越违背岛内主流民意，民进党不得不对它做更复杂的包装。大陆应努力让这个变化继续下去。

台湾问题仍涉及中国大陆的核心利益，但中国的层层战略关切已经越过了它，形成对它的环绕。大陆现在可以对付台海新危机的资源有了质的增长。大陆的GDP已是台湾的十几倍，几个单独省份的GDP走在台湾的前面。对"台独"来说，大陆已是不怒自威的力量。

无论今后台湾出现什么情况，大陆大概都不会在台海一个点上逗留。大陆的地缘政治坐标也不会以台海做轴心，中国全社会都应清楚，只要中国崛起的事实不断得到扩大，谁也把台湾带不走。中国需要有更大的胸怀，它在任何时候都不应被台海地区的具体曲折占满。

可以肯定地说，无论明天的台湾选举谁当"总统"，它对中国大陆都不应是今年最重要的换届。我们甚至可以认为，今年全世界的换届，真实意义都是有限的。对中国最重要的，是开好中共自己的十八大。中国改革开放以及中国崛起的确定性，能够克服世界政治带给我们的各种扰乱。

中国社会有一段时间显得很焦虑，一些我们无法控制的进程，带来了持续的威胁感。回过头来看，只要我们真正掌握了自己的前进方向和节奏，我们就掌握了其他。我们看起来无法控制别人不做一个挑衅，但我们完全可以不断增加让这个挑衅付出代价的能力。

台湾今后还会出一些问题的。我们需要解决它，同时不被它牵制。只要我们坚持，善作为，时间在大陆一边，这句话只要针对亚太地区更大的挑战是有效的，它针对台海问题就一定更加有效。

(2012.01.13)

中国应设计对美国公司的反制裁

美国宣布制裁中国的珠海振戎公司，理由是该公司与伊朗有油品贸易。同时被制裁的还有新加坡和阿联酋的各一家公司。分析认为，美国此举是在盖特纳游说中国制裁伊朗失败后，向中国发出的重要信号，是在"警告"中石油、中石化等中国石油巨头。

中国决不可屈服。北京应认真研究、设计报复性对策，并适时推出，震慑美国对中国以及中国公司的傲慢态度。

美国对中国公司的单方面制裁没有联合国安理会决议的依据，援引的完全是美国国内法。美一直将其国内法在全世界随意套用，并吓唬住了不少弱者。

中国公司有同伊朗开展合法贸易的自由，这是值得中国惹些麻烦，甚至付出一定代价捍卫的原则。伊朗不是利比亚也不是叙利亚，它的石油和地缘政治价值都对中国至关重要，因此中国针对伊朗局势的付出，是事半功倍的。

中国要有信心：面临大选而经济又很吃紧的美国，根本没有同中国打贸易战的资本。它也没有为制裁伊朗而同中国摊牌的思想准备。中国拒绝配合它，美国舆论早有这样的预期。中国针对美国的制裁来些硬的，也说不上是什么意外。中国对美国反制裁早已有过。

由于伊朗核问题在美国全球战略中的位置很高，华盛顿自然会对中国的顶撞"很生气"，但我们不妨让它真生一回气好了，看看这到底能带来什么吓人的后果。中国是美国最大的外债持有国，双方贸易量大得惊人，如果美国证明了有充足的办法和手段逼中国让步，那中国到时候再让步不迟。

这并非北京的挑衅,在美国把军事基地扩展到澳大利亚,并宣布把1/3战舰都要调到西太平洋的时候,中国的不配合,尤其说不上是对华盛顿的故意冒犯。如果中国在伊朗问题上对美处处顺着来,那才是奇怪的。

很多人担心,在中美关系十分敏感的今天,中国的一个不慎或"出位"举动,会点燃美国对中国的全面敌对。决不可让这种担心主导对中美关系的思考。中国必须把对美的各种不满,以及对自己利益的必要捍卫逐步——释放出来,因为越"憋着",未来一旦"憋不住",释放的能量就越大,中美关系的风险不能积成"堰塞湖"。

中国在伊朗问题上的自我坚持,不是找上门去对美国伊朗政策的"踢馆",而是中国坐着不动,美国找上门来要求中国改变。中国的坚持不是与美国的对抗,而是对自己利益的坚守。如果美国对二者的差别"想不通",那就随它去。

美国舆论纷纷批评中国的伊朗政策是损人利己,坑害美国的利益。这只能说美国的利益面太宽了,而且精细得要求中国这样的大国也与其严格步调一致。中国得告诉它我们做不到。

在不配合美国制裁伊朗的同时,中国也应反复重申反对任何国家发展核武器。我们可尝试仿照朝鲜问题的缓和方式,在伊朗和西方间扮演更积极的斡旋角色。如果美国对发动伊朗战争确有顾虑,那么这样的斡旋空间或许比眼下看到的要大。

希望伊朗问题成为中国2012年展现更多外交智慧和作为的舞台。

(2012.01.14)

未来4年两岸应有新的破局

坚持"九二共识"的马英九连续第二次击败否认"九二共识"的民进党对手，巩固了一个事实：把台湾分离出中国完全不现实。岛内政党无法用这个目标充分动员选民，国际上的力量也很难用这个目标做诱饵，挟持台湾社会向其效忠。

但马英九竞选时与大陆充分"划清界限"的小心谨慎也显示出，现阶段大陆亦无力量将台湾"和平统一"过来。"反台独"和"促统一"既有联系，又是差距遥远的两回事。

大陆需坚定遏制"台独"的信心，同时又对统一大业的艰难和曲折保持足够清醒。

在过去的4年里，两岸之间"三通"、ECFA等容易与政治切割的合作，很多都开展了起来。今后4年两岸议题应有新的"破局"性进展，使两岸关系当前既非"独"又非"统"的现实，从敏感、诡谲变得内涵丰富，而且外延宽大。

两岸关系迟早得碰政治，但在条件尚不成熟的时候，巩固并扩大中间地带，是构建双方互信，减少对政治议题警惕的关键性过渡。

两岸应首先为签署和平协议创造条件。这个协议对台湾社会的积极意义很大，而协议包含的政治内涵多少，是可以通过两岸谈判调控的。马英九只有在第二任期中迈出这一步，他的历史定位才不虚，两岸和平也才会有不惧小乱的强大根基。

两岸都应悟懂马英九不久前主动提两岸签和平协议，之后又往后缩所传递出的多重信息，既不失创造历史的时机，也不对现实局势做过多的勉强。

台海是大陆力量逐年增长收获政治效果最突出的地区，大陆不妨让这样的渐变保持下去，而不追求自己对两岸政治的主导毕其功于一役。

建议大陆把未来4年的目标确定为以下几点：一，为签署两岸都能接受的和平协议创造充分条件，如能在这期间签署最好。二，继续扩大两岸交流，使与大陆无所不在的联系不断修正台湾人的自我认识。三，促成台湾社会对"统独"议题的争议继续下降，最终使台湾政党轮替不再是两岸政策的轮替。

否定"九二共识"的民进党连败两届，他们除了败给马英九，在很大程度上他们还败给了大陆的力量。台湾选举从一定意义上说，是中国崛起的镜子。如果过去8年中国大陆走的是下坡路，那么本次台湾选举中的议题和结果都会与我们现在看到的有很大不同。

但我们切不可高估中国崛起现阶段可以向周边释放的政治影响力。对台政策的成功，同时还在于我们设定的阶段性目标是合理的，是大陆的力量可以支撑并达到的。如果目标过了头，我们就会入不敷出，虽有主动之势，却陷被动之境。

台湾是中国的核心利益之一，但决非中国的唯一战略关切。作为崛起中的大国，中国要同时应对来自不同方向的挑战。台湾问题要朝着我们设定的方向往前推，前进是防止后退的最好方式。同时我们要在台海给自己制造一定的战略宽松，不把自己逼得太紧。

解决台湾问题需要大智慧，大心胸，它的成果测量工具决非互联网上的几个帖子，它需要历史的论证和验算。

(2012.01.16)

"大中国"不是免费午餐

刚结束的台湾"总统"选举连带了大陆的紧张，如果是民进党上台，大陆今天的气氛会迥然不同。台海今年的"这一劫"躲过去了，有人称这是天佑中华。但南海今年能否风平浪静？境外的"藏独"、"疆独"势力会不会闹新把戏？还有东北亚方向、南亚方向以及越来越微妙的中美博弈，中国的烦恼无处不在。

中国内部的差异和麻烦本已多得让人透不过气，现在内外的问题和压力正逐渐搭起了手。比如台湾选马英九连任有利台海稳定，但大陆互联网上的质问一点不比高兴少，这些提问是：为何同样的选举不能在大陆举行？

类似天真的提问可以无穷多，围绕民主、公平，还有赤裸裸的利益，都可以问得听上去颇有道理。在中国，这样的材料和角度一抓一大把。

现代国家的"运行图"，从一定意义上说，根本就不像是为中国这样的超大型国家设计的。中国的物理规模太大了，除了地域大，最重要的是人口总量太大。此外历史太大，当代的行为和心理活动总量太大，它们在撑破中国大一统传统对国家凝聚力的塑造。

历史给中国留下文化的根，但也留下了台湾问题、诸多岛屿争端以及达赖喇嘛等剪不断理还乱的麻烦。历史还留给中国人一个民族复兴的潜意识，为了它，我们不得不面对世界最强大力量的遏制，中国越发展，我们越觉得紧巴巴的。

经常有人在互联网上说：国家大不大、强不强与我何干？我只要过我自己的好日子。有人公开说，只要生活得好，即使被殖民也干。

这些或是气话，或是说话的人根本就不知道自己在说什么。

其实"大中国"就像个模具，是我们所有人命运都必须经历一道的"底坯"。由于太大，中国随时都有"散掉"的隐忧，维护国家统一，以及维护全社会的大体稳定，因此成了中华社会永远卸不掉的使命。它会给我们每一个人的生活打上烙印。

"大中国"当然有很多好处。大国国民的人生平均活动半径都比小国国民长，同等发达条件下，在人口大国改善个人人生的机会更多。一方有难八方支援，大河的上下游和左右岸居民不会在水患面前以自私为中心。中国的悠久历史和多民族文化，还使普通中国人很容易在困境中搭建自己的文化境界。

但"大中国"不是可以免费享用的午餐，它的维护费用也实际分摊到了我们每一个人的身上。它不仅意味着军费和中央政府的费用，还包括我们的社区及群体权利向大一统做出的一定让渡。

"大中国"和大一统就是我们中国人的命。小国寡民想做大国公民做不到，反过来同样变通不了。说"神圣使命"也好，抱怨我们"摊上了"也好，我们必须保卫南海诸岛，必须击退台湾岛上的分离主义势力，即使被迫战争，我们也得上。

"大中国"注定不会"特别好"，但每一个地方的进步都可以带来全局的触动，外部的经验亦更容易被接纳和升华。然而中国是唯一的，我们变不成任何国家，也变不成一个局部。做一个中国人，懂不懂这些道理，我们都注定生活在其中。

(2012.01.17)

缓和伊朗局势，中俄要立即行动

美欧对伊朗实施石油禁运的决心已下，但这个绞锁不仅是套在伊朗的脖子上的，它将勒住世界未来一两年对经济复苏的希望，东亚、欧盟都可能受到打击。

现在的问题是，美国以及欧洲几个大国对伊朗的敌视，完全左右了整个西方对伊朗的态度。西方反伊朗统一战线已经成型，俄、中及亚洲国家都无力对局势发展做出有实质意义的影响。这些国家总体上比较分散，形不成合力，它们各自对西方的配合与否，只会一定程度上影响西方"绞杀"伊朗的顺利程度。

现在需要亚洲几个大国同俄罗斯联合起来，反对对伊朗的极端行动。但推动这件事很难，而且没有一个国家愿意挑这个头。

但如果俄、中等大国都任局势在美欧的控制下发展，它们最后尝到的苦果，肯定比它们现在与美欧争辩导致的麻烦要多得多。而鉴于中国目前是伊朗的最大石油出口国，我们从中受到的损失，有可能是大国中最高的。

因此尽管艰难，中国仍有必要争取与俄罗斯在伊朗问题上高度合作，动员各种外交资源，尽可能促成伊朗问题出现转机。现在看来它只有一种可能，那就是伊朗做出一些让步，以更清楚的方式证明其没有搞核武，美欧也做出让步，放弃对伊朗的"最高等级制裁"。

美以主动大规模攻击伊朗的可能性至少目前仍很大，但在伊朗不做任何让步的情况下，美欧松动单方面制裁的可能性同样不大。一旦对伊朗的石油禁运全面形成，伊朗坐以待毙也很不符合这个世界的政治情理。

如果伊朗做出一些让步，那么让步的程度和内容，是有谈判空间的。今年是美国的总统大选年，发动与伊朗的全面对抗，直至打响伊朗战争，对奥巴马政府的风险比让局势在合理借口下拖延下去显然更大。这就是外交斡旋的空间。

中俄等国应一方面动员尽可能多的国际力量反对全面制裁伊朗，一方面在局势缝隙中淘出机会，增加外交解决伊朗核问题的吸引力。

按照美欧制裁伊朗的时间表，局势到打响战争之前还有一段时间。中俄两国不应放弃努力，不应被美欧的反伊朗统一战线唬住。局势紧张导致高油价虽对俄罗斯有利，但伊朗溃败会压缩俄罗斯的战略空间，中俄在伊朗问题上联手的政治基础总体上是稳固的。

中俄的立场在亚洲国家中有相当多共鸣，欧美国家也并非铁板一块。伊朗局势远非针插不进、水泼不入。因此重要的是，中俄等国要有行动。

（2012.01.17）

纪念"南巡讲话",加速各项改革

1992年1月18日至2月21日,邓小平南巡武昌、深圳、珠海、上海等地,发表了系列"南巡讲话"。这些讲话为中国进一步改革开放定下主基调,结束了中国围绕姓资姓社的长期争论,实现了改革路线的确定,并推动了改革路线的执行。

有了明确改革方向的中国在之后20年取得丰硕成果,社会主义市场经济基本形成。改革还触及了国家管理体系,逐渐调整公权力与社会之间的关系,促进了活力在国家各个层面的不断释放。

但当前的中国又在出现新一轮围绕国家道路的争论,由于互联网多元声音的参与,这些争论对国家体制的涉入既深又尖锐。

中国社会需要不分内外,围绕改革路径强化新的共识,否则即使开始新的重大改革,也形不成可靠的执行力。那样的改革会导致一系列社会冲突的后遗症。

今天舆论中争议最多的是政治改革。对它的目标和路径,社会的看法相对分散。主流观点认为国家不断推进的行政体系改革就是政治改革,政治改革的目标应当是对权力的监督和促使权力不断追求民意的高满意度。但也有一些人认为,政治改革的核心应是改变权力的生成办法,它的目标是在中国实现西方式的竞争性选举。

在两种看法高度对立的情况下,贸然发动仿效西方的激进政治改革缺少最起码安全系数,因此它不可能成为十八大之后中国的选择。对这个判断的客观性,社会的共识相当高,即使批评中国"不改革"的那些人,其实在心里也是这样想的。

中国主流认同的政治改革肯定会继续。整体而言，政治改革必将循序渐进，这里循的所谓"序"，就是通过国家政治动员能够形成的社会共识。

此外，中国改革有一大块现已形成共识、但此前又没太用力的领域，那就是社会改革。社会改革的目标是建立市场经济条件下的各种保障体系，把个人从应对生老病死的无穷无尽准备中最大限度解放出来，帮中国向消费社会转变，为个人的真正自由和人生幸福提供来自国家和社会的物质保障。

民粹主义上升或许是中国的大势所趋。中国草根阶层人数众多，但价值观方向并不明确。改革必须争取草根的支持，而不可在总体设计中忽略他们的利益。这是中国农村及城市改革的共同经验，也是当前思想争鸣中，决策者辨别正确与否和轻重缓急的关键坐标。

知识分子阶层一个多世纪以来一直是中国变革的主要推动力量，但中国的知识分子也总是处于分裂状态。各种诉求与中国草根的需求错综交织。其实中国政治和思想上的复杂，首先是知识分子内部的复杂。

然而历史的经验是：多数知识分子支持的事，未必办得成。但多数知识分子反对的事，肯定顺利不了。争取多数知识分子支持，是改革减少舆论阻力的另一个关键。

中国改革难，不改革更难，改革而且改得稳，最显执政者的魄力和智慧。这听上去挺悬乎，但只要执政者和中国社会都坚定奉行实事求是原则，该改的不拖，不该改的不硬改，改错了的及时调整，中国这么大，这20年已经证明，它总是能给我们提供足够的回旋余地。

(2012.01.18)

不可对经济增速放缓患得患失

国家统计局 17 日公布的最新数据显示，中国经济在减速。这是好事吗？我们的心态是犹豫的。从理论上说，这至少不是什么坏事。但很多人对"告别两位数增长时代"还是有点依依不舍。高增长带来了通货膨胀和生态压力等诸多问题，但也正是高增长把中国带到了今天。

中国"十二五"规划把经济年增长目标确定为 7%，但社会舆论的普遍估计是：这是个底数，是政府留有余地的"对外数字"。如果"十二五"期间中国经济真的每年增长 7%，舆论的适应过程大概不会很顺利。

围绕 GDP 增速的争论这些年很热烈，但它们反映的社会情绪并不完全真实。舆论经常批判经济高增长的负面因素，但在现实中无论中国哪个地方的人，他们谈论本地区高增长时都是带着骄傲的，而谈本地区增长落后时则显得有些沮丧。

我们其实对高增长已经有了依赖，它不仅是现实经济上的，甚至是精神上的。高增长实际成了中国发展模式的一个标志，是我们身处时代的标志。它还是我们回应外界各种批评并保持自信的重要源泉。高增长不仅是经济数据，它已经成了"政治"。

但高增长又确实有很大的危险性。首先是它会导致通胀等社会不安和紧张，还会在我们对经济规划和预期性不足时过量消耗资源。过快的增长率中，会有一部分无法转化为我们生活质量的提高，而变成经济过程的彼此消耗和浪费。

第二，高增长正因为在一定程度上变成了"政治"，一旦失去高增长,就意味着被放大的政治风险。而中国永远保持高增长是不现实的。中国的增长率有一天被印度超过,或被摆脱了危机的西方国家在某个阶段反超,都是有可能的。

因此让经济增长率在合理范围内适当回落,这不仅是经济上的软着陆,从长远看,它也是政治上的"软着陆"。

现在是推动中国社会对经济增长率形成理性认识的最佳时期。一是中国国内对过高增长率的批评的确是大量的。二是多数国家深陷经济危机,中国的增长率再降,在世界上也是最高的之一。因此现在放缓经济增速,社会的接受意愿是相对最强的。

适当调低增长率的好处的确有很多,中国应用几年时间把这些好处充分展现出来,切断社会心态对两位数增长仍有的眷恋。而现在稍有下降,对继续下降的不安就已浮上水面,这样的患得患失如果主导社会情绪,将很不利于中国为社会转型开展的各项改革。

我们需要结束粗放型经济增长,要追求经济增长的质量,这些口号都是对的。中国社会今后需要为明摆着的正确选择多一些坚定。2012年或许就是一个这样的关口。

(2012.01.18)

美追求"绝对安全"是在逼中俄

伊朗问题正接近摊牌，美国的三艘航母已进入或正在接近那一带海域。如果战争爆发，它将是美国为追求"绝对安全"搞出来的又一作品。华盛顿的主流精英们在向美国社会灌输一个观点：清除中东的那些安全隐患，值得美国人付出财力甚至一些生命。

其实这是荒唐的。它早已不是冷静的分析，而成了美国政治中宗教信仰般的一个信条。美国对安全的追求已经变得贪婪，它的强大超过历史上的任何强国，但还是不放心。它对各种潜在挑战的排除越来越细致。

美国已经拆除了阿富汗和伊拉克两个雷管，它还灭了米洛舍维奇的南斯拉夫联盟。现在它又来拆除更大的伊朗。它看上去对重演空中打击制胜充满自信。

美国没有节制地展示和使用力量，增加了俄罗斯和中国这样大国的不安。美国似乎无意尊重俄中的态度，更不会尊重对美国有疑虑小国的意见。

一个简单的道理是，这个世界没有绝对安全，增加对手的不安全感，实际上就增加了自己的潜在不安全。美国做不到让所有针对它的敌意都自生自灭。

美国的"安全癖"带来了它的自我强迫，以及对世界局势的强迫。萨达姆搞点小鬼，再威胁美国，造成的伤害也不会比死在伊拉克战场的数千美国士兵更多。如果伊朗战争爆发，伊朗发展核力量的潜在威胁，与战争带来的实际损失也未必就是同一量级的。

也许美国真的习惯了用战争来解决地缘政治的一揽子问题，华盛顿或许认为，它的军事实力是最强的，使用起来最有把握。战争带来的恐吓，可以强化世界对美国意志和利益的顺从。

但很多人担心，这样搞下去美国早晚会与俄中的力量对撞，导致世界很久没有经历的全球性紧张。迄今为止，北约在欧洲东扩，挤压俄战略空间。在亚洲加强针对中国的军事同盟，俄中的反应都相对克制。但两国渐渐有了"再也不能后退"的焦虑。

美国和西方真的在把俄中往"结盟"的方向逼。两国本来都把同美国的关系看得最重，不愿意因俄中关系过热而带来外界的疑虑。但现在俄中内部主张把对方当成"盟友"的人越来越多。

绝对安全是没有任何国家能消费得起的奢侈品，美国对它的追求就像中国古代"炼丹"以求长生不老的君主。美国的政治精英们在失去清醒，他们在"美国是谁"的问题上似乎误入歧途。

俄中可以反制美国的手段并非没有，这两个国家如果真要"绝地反击"，显然都非赤手空拳。俄中也完全有力量让美国的一些盟友惶恐不安。总之，只要俄中真的下决心像"盟友"一样联手做事，很多事情上的力量对比就会改变。

美国如果无节制地强推自己的意志，甚至逼迫中俄，世界就有可能重回混乱。美国没有能力驾驭这一切。历史的经验是，任何大国高估自己都是世界的不幸。

（2012.01.19）

关心钱的多少，也关心钱的"内涵"

连续多年的两位数经济增长影响了绝大多数中国人的生活。它是无处不在的建筑工地，是高房价带来的业主们财富的激增，以及无房者的望房兴叹。它使忙碌和拥挤变得在中国司空见惯。中国人总体上更有钱了，但生活的不安全感反而增加了。

经济增速回落到8%左右同样会影响大量中国人的生活。中国人赚钱的机会会相对少一些，但钱的"含金量"会发生微妙变化。

支撑前些年两位数增长率的当家产业是房地产，以及政府主导的基础设施建设。它们从根本上改变了中国的面貌。但它们的过热也制造了一些几乎无人居住的"鬼城"，以及客人很少的"鬼店"。在一些二线城市豪华的"CBD"里，办公者似乎没有参观者多。此外几乎每个县城都有宽阔的"迎宾大道"，都有"功能区"，它们构成了基础建设的严重超前。

GDP回落到8%左右，挤掉的那两三个百分点，有相当一部分对应的就是被金钱欲和政绩欲、而非被民生需求带动的大型工地。为建设而建设的惯性会受到克制，GDP会被"精选"。

中国城市化和民众改善生活质量的内在需求是压不住的，它们对应的GDP实在增长，想削也削不掉。由于中国追赶世界高生活品质的台阶还有很多，中国GDP增速在剔除一些杂质后，再降也降不到哪去。8%、甚至7%也是发达国家久违的"梦幻速度"。

如果中国GDP增速真能稳定在8%左右，就有望长时间告别高通货膨胀。各地强制拆迁的压力将锐减。目前各地的书记、市长最擅长城改造，而少一些工程，他们就会有精力、也有压力探索更贴近民生的经济增长方式，致力于营造辖区民众的日常幸福。

中国没有能力消费迅速聚集的财富。即使出口创造的外汇，我们也只好回借给外国政府和银行。国内财富也都存到银行里，形不成老百姓日常生活的改善。中国人拼命挣钱，但这些钱对应的很多是超前的基础设施和境外金融账目，我们自己仍过得抠抠缩缩。

希望GDP的回落能推动中国人对社会财富和个人财富的全面反思。我们都想多挣钱，但我们的确到了应当更关心钱的"内涵"的时候了。我们希望挣到的钱"不变质"，比如当用它消费水和空气时，它们都更纯净。当用它们去旅游时，景点更古朴，而非到处都是新修的仿古街。

中国的高速度发展带来了今天的繁荣，但我们切不可患上"速度强迫症"，甚至要用一些"人造繁荣"维持我们自己也不知道究竟是什么的目标。中国社会这些年过于忙碌了，全国都在加班，一半多成年人亚健康，数不清的人被迫喝酒，这一切都跟被人为推高的增长率不无关系。

告别两位数增长绝非告别高增长。让我们别太贪婪，别逼自己一口吃个胖子，我们会发现有一种更从容的增长，它意味着创造更多的社会公平和人生幸福。

(2012.01.19)

死刑正在中国被历史性再审视

浙江省高院二审维持对犯集资诈骗罪的"女富豪"吴英死刑判决。该判决在互联网上引起很大争议。我们认为司法独立应当受到尊重,但舆论的态度反映了一个动向:中国社会对严重经济犯罪适用死刑正在经历历史性的再审视。

反对处死吴英的人,理由大体是一个:这是一起经济犯罪,没有命案。由于案犯是31岁的年轻女性,不排除这个身份帮她赢得了一定同情。去年几起舆论高度参与的涉死刑案件,如药家鑫案,主导性意见都是要求判处案犯死刑。其中云南邵通案,舆论是在终审未判死刑之后强烈要求改判死刑。吴英案是近年舆论对死刑犯要求改判非死刑的少有例子。

但看上去混乱的舆论,似乎甄别了这几个死刑之间的不同点。药家鑫和邵通案都是命案,故意杀人证据确凿,舆论的要求是对"杀人偿命"原则的捍卫。而吴英案是没有直接伤害生命的集资诈骗案,舆论在此案上发出的,是对"不杀人也偿命"的质疑。

尽管互联网上的声音总是复杂的,但围绕吴英案的舆论动向仍很不寻常。它是中国公众要求缩小死刑范围的一次态度宣示,如果将前几次舆论对死刑的介入连起来观察,那么可以看到一个趋势:中国公众要求将死刑的适用范围局限在故意杀人罪上。

当然这是不稳固的,杭州市前副市长许迈永因贪污罪被执行死刑,舆论中鲜有人质疑。当"仇官心态"和"保护生命"相撞时,后者仍然处于劣势。

虽然这次舆论的参与会再次对司法独立形成干扰，但中国公众对死刑态度的温和转变，他们对"不杀人不偿命"的首次集体呼吁，却与人道主义对待重犯的世界司法潮流形成了契合。

长期以来，"钱"和"命"在中国人的集体意识中是连在一起的。部分原因是中国人太穷了。经济犯罪如果涉案金额巨大，"以命抵债"天经地义。这样的观念已同世界上很多国家的司法精神相去甚远。

中国减少死刑应坚决从经济犯罪领域起步。这次围绕吴英死刑的争议表明，社会已对"不杀人不偿命"有了一些思考和最初的共识，中国立法和司法机构应抓住这个机遇，使减少死刑在中国获得突破。

"不杀人不偿命"应适用于所有经济犯罪者，包括民愤巨大的贪官。要帮助对生命的尊重战胜盲目的仇官情绪。这是法律面前人人平等原则在舆论权力面前的坚持，这与它在权贵面前的坚持具有同样的意义。

任何国家的法律都与社会的思想和道德面貌是大的契合关系，社会观念的重大变化必然会对司法产生影响。希望最高法院在是否核准吴英死刑的问题上，对中国社会死刑观念的变化做出准确的评估。

公众都有权利表达自己对吴英案宣判的看法，但司法独立最终是硬道理。从这个意义上说，无论最高法院最终是否核准吴英的死刑，只要在程序上是合法的，它都是对的。

（2012.01.20）

中国是什么样的"龙"

龙年这就到了,中国逐渐在变成一条"消费的巨龙"。但春节的消费总量仍远不及西方的圣诞节,中国处在对世界经济贡献很大,但仍摆不了"上帝谱"的尴尬状态。

中国是条什么样的龙?这个问题是忧虑的,甚至不怀好意的。"龙"(dragon)在中国和西方都出于臆想,但西方"dragon"的形象比中国"龙"差多了。看来只有中国未来的繁荣和民主进步,才有可能改变"dragon"在西语里的词义,使它受到中文里"龙"一样的尊敬。

"不透明"这顶帽子被中国戴得太久了。有人幸灾乐祸地说,今年的伊朗局势、叙利亚局势,还有世界经济的新风险,都会逼中国明确表态。中国已经无处躲了。

这在一定程度上是实情,世界第二大经济体很难明哲保身。但从站在边上到立在中央,很难说是坏事。只有拒绝对变化的适应才是糟糕的,它会造成位置和表现的错乱。只要中国全社会抱定随遇而安,我们会很快发现在世界中心做玩家的乐趣和好处。

中国不能对自己要求过高,怕自己在台上说错一句话,打错一个手势。错就错了,坐台上的人通常都有犯点小错而不受惩罚的资本。

我们尤其要记住,我们的确是大国俱乐部中的"暴发户",被人瞧不起,受人奚落都是我们现阶段命中注定的。我们最不应在意的就是自己的面子。

但我们必须有坚定不移的原则,它是我们在全世界面前的清晰象征。为了这个原则,我们可以蒙受经济损失,也要勇于面对强者。我们甚至可以为了原则而采取非和平手段。只有这样，在我们融入世界的同时，世界也会针对我们的原则作出妥协和改变。

龙年初，中国在大国中的可预测性是最强的。中国经济增长虽可能小幅下行，但GDP增幅仍将是世界最高的之一。中国的换届也将平稳有序。世界对2012年中国出"惊人消息"的期待最低。

美国、俄罗斯，以及欧洲今年会闹出什么，是更有趣的问题。今年的好戏究竟是"海观龙"还是"龙观海"，其实很难说。

中国应从我们自己心里的神坛走下来。我们不可追求事事做好，因为这个目标总会导致一些细节的化妆和摆拍。其实中国最突出的力量源泉就是国家的大，各种问题的头号渊薮同样是中国的大。无论中国"有多好"还是"有多坏"，说多了都是假的。

电视台多一份中国的成就，互联网上就多一条丑闻或谣言，中国国内舆论的这种奇怪平衡很值得深思和回味。

世界对中国的认同，也不太取决于中国的自我表达。中国的发言人是否伶牙俐齿，中国是否出个对外差错，西方主流媒体上是否多篇反华文章，跟中国总体境遇的关系都没我们想象得大。

中国被世界接受必将是漫长的过程。或许只有中国GDP是西方的总和时，我们才可能获得真正的尊敬。想想那有多遥远，我们就会安心下来，宁静致远。我们也别相信中美全面冲突的预言，因为美国人对它的担心一点不比我们少。

好好过这个春节吧。这是几个世纪以来中国最繁荣的龙年春节。让我们把烦心事都暂且忘却，勇敢地放松并恢复身心。春节过后还会有很多新麻烦找上来，让我们把这当常态来接受。

(2012.01.21)

冲击派出所扰乱藏区不得人心

农历大年初一和初二，四川甘孜藏族自治州的两个县发生了公安派出所遭不法分子冲击的事件。警察被迫开枪自卫。事件导致至少一名不法分子死亡，多人受伤，受伤者中包括警员。有西方政府官员对此表示"高度关注"，境外流亡藏人组织借机高调指责中央政府。

这件事对藏区的氛围带来了新纷扰，它会让达赖集团感觉多了一个与中央政府对抗的筹码，亦可帮助他们维持自己对西方支持者的战略利用价值。达赖集团确实需要藏区不断出些事情，否则他们就会在西方与中国的地缘政治博弈中贬值，甚至"什么也不是"。

当前是几个世纪以来藏区发展最顺利的时候，在参与现代化的同时，藏文化的相对损失率或许是世界上最低的。藏区发生冲突不符合当地各族群众的利益，对提高他们的物质、文化生活水平，以及对推动区域发展，都无任何好处。在国家对藏区发展高度重视的今天，很难想象极端主义能得到藏区普通百姓的认同。

《环球时报》记者在深入藏区的反复采访中发现，求祥和、求发展是藏百姓最普遍的愿望。"西藏独立"、"高度自治"等极端政治主张毫无社会根基，老百姓关心的是过好日子，个别自焚者以及政治极端分子的诉求都与当地实际缺少贴近性，是从外部移植进来的，是"空降"的。

全球化时代的中国开放必然触动藏区，这为流亡藏人集团扩大政治阵地提供了机会。通过藏区内外的交流以及通过现代通信工具，他们对藏区一少部分人的影响有所加强。藏区逐渐有了个别的"小圈子"，并有了境内少数人与流亡藏人集团的利益结盟。

这一点也不奇怪，中国内地现在也有一些人视自己为西方利益和价值观的同盟军，这个过程几乎挡不住。有少数境内藏人把自己的行为与达赖集团相配合，这是藏区开放必然伴随的副产品。

现在的问题是，由于达赖在藏区仍有较大的宗教影响，藏区的内外政治串通出现"政教合一"危险倾向。它会加剧一些极端事件的残忍性和破坏性，也会增加事件性质的欺骗性。

制造破坏永远比维护秩序和从事建设更容易。当今世界，少数几个极端分子都能触动一个地区甚至一个国家，更何况由十四世达赖这名"宗教领袖"牵头、西方为之提供财政和舆论支持的集团。他们显然可以做到经常给藏区制造一些"麻烦"。

但这与他们在藏区"得人心"完全不相干。得人心的前提是给人们带来利益，而达赖集团制造极端事件损害了藏区的发展环境，他们带来的不安削弱了出事地区的竞争力。

十四世达赖喇嘛在滥用自己在藏区的宗教威望。他和身边人的所作所为是以流亡藏人集团之小利益，绑架国内藏区广大民众之大利益，这样的政治自私在藏区不得人心是注定的。

一个明显的问题是：为什么藏区一出事，达赖集团就很兴奋；为什么藏区的发展成就，从没有给他们带来过快乐？

屁股决定脑袋和感情，这话对达赖喇嘛同样很准。他现在就是流亡藏人的利益代表者，国内藏区只是他们实现自己利益的"材料供应地"。对国内藏区，多狠的事情他们都干得出来。

(2012.01.29)

把菲律宾当"出头鸟"惩罚

菲律宾与美国日前举行"战略防务对话",菲称对话涉及扩大美国在南海的军事存在,菲将因此加强"威慑力",从此"不受欺负"。菲律宾正在大步滑向美国在亚太重新战略布局的棋子。

由于涉及美国军舰和侦察机在菲律宾"轮流部署",中国必须就此做出反应。除了对其"关注"和"不赞同",我们还应有具体的反制措施。

美国在中国周边的战略布点十分活跃,中国不做反应是错误的,事事都做强有力的反应是困难的。在周边国家中不均匀用力,围绕具体事情重点惩罚一两个挑头的,很有必要。

菲律宾是中国"枪打出头鸟"的合适对象,中国应有理、有力、有节地对其进行制裁,让菲自身感觉到痛,让南海地区乃至整个中国周边都看到,拉美制华甚至在中美之间选边和美国站到一起,决非好的选择。

与中国有海上领土争端的国家很多,南海主要是菲、越。但越南有在政治上需要中国支撑的钳制,它与美国的"结盟"有一条跨不过去的红线。菲律宾则不同,它做美国对付中国的棋子要容易得多。

但菲律宾也不可能像美国的一个州那样,与美不分你我。至少目前,曾是美国殖民地的那段历史带给菲律宾社会更多的是警惕,另外中国的经济繁荣对菲很有吸引力。

中国应把菲律宾做一个"典型",展示中国"惩罚"的力量和分寸。通过对菲制裁,我们不应进一步推动它成为美国的"完全盟友",

而是让它感到丢了中国这个朋友的可惜,以及做美国对付中国棋子的华而不实。

为此中国应减少与菲律宾的经济联系,对其实施长期冷淡。它与美国的军事合作进一步,中国与它的经济合作就退一步。逐渐地,中国还应运用自身经济影响,促使东盟国家减少与菲律宾公司的合作。中国完全有能力在这个方向上所有作为。

美国有可能加大对菲律宾的援助,弥补其从中国那里受到的损失。就让美国那样做好了。这将成为美国的长期经济负担,在制裁菲和援助菲之间,只要中国经济能力不断扩大,美国拼不过中国。

在经济上尽可能孤立菲律宾的同时,中国应在军事上继续在南海保持克制,使周边国家相信中国和平解决争端的诚意,逐渐打消它们对中国崛起的恐惧。

这样的惩罚显然算不上痛快,但中国人必须清楚,我们没有力量满足自己的"痛快",南海问题以及周边很多问题我们只能用恒心和定力慢慢积累主动,把一个强烈动作拉长成一个过程。中国的力量就在于我们代表了这个世界最庞大的成长过程,别人有可能在一个环节上击败我们,但成心与中国作对的国家和势力都赢不了这个过程。

中国不是帝国,所以不会随意对周边在军事上兴师问罪。但中国是有原则的大国,决不接受小国拉域外大国增加本地区军事紧张,甚至以小欺大。谁触犯中国的原则,谁就必须付出相应的代价。

菲律宾尤其不应是例外。

(2012.01.29)

中国当不了伊朗危机的局外人

伊朗放风将主动对欧盟国家"断油",但 29 日伊朗议会又把这个决定推迟了。伊朗局势的诡谲活灵活现,中国在伊朗问题上的应变难度相当高。

伊朗局势的枝枝杈杈很多,但大方向很难改变:美欧对伊朗核能力的铲除逐渐演变成对伊朗现政权的铲除。第一步断掉伊朗生路的石油禁运制裁不会收回。即使伊朗不先发制人对欧盟"断油",半年后西方对伊朗的全面石油禁运摊牌也将到来。

这个赌博涉及伊朗这个 6000 万人口中东石油大国政权的"生与死",涉及世界地缘政治演变的方向朝哪里去。中国注定将被卷进去,对此我们不应另存幻想。

美欧同伊朗的摊牌,终将部分转化为美欧同中国的摊牌,除非我们现在就主动后撤。即:中国是否应当甚至必须服从美欧的战略布局。以往对重大国际政治争执,中国都尽量回避了与美欧的直接顶撞,这给中国换来了美欧对华政策在一定程度上的温和。这一次美欧对中国有同样的期待。

但伊朗问题涉及中国利益程度之深,远非以往的其他国际冲突可以相比。如今中国的任何一个态度都意味着介入,石油进口 10% 来自伊朗的中国根本就不是局外人,因此无以置身事外。

既然必须介入,而且把控局势的细节不是中国的优势,中国应敢于忽略细致的分辨,专注于中国在伊朗问题上最大的现实利益,以及中国外交最需要保护的基本原则。

中国的最大现实利益就是继续从伊朗购买石油。中国最重要的外交基本原则是，反对外部通过压力强行改变一个国家的政权，尤其反对用战争威胁这样做。

这两个基本态度是同美欧的伊朗政策对立的。这个对立因为伊朗局势本身的重大而躲不过去。围绕伊朗的大摊牌会在某个时间点上集中到"逼中国"上。这是今天就应清晰预见到并认真研究对策的。

回避不了的冲突，就应坦然面对，这是中国必须有的心理准备。

中国应加紧与东亚及南亚国家协调，尽可能与它们结成继续从伊朗购买石油的临时同盟。在气候责任等国际争执中，"跨阵营"的临时同盟不止一次出现过，鉴于日印等对制裁伊朗的犹豫或反对态度，这样的临时同盟并非不值得任何尝试和努力的乌托邦。

不排除美国为阻止中国从伊朗购油，在关键时刻采取某种激进做法。中国应对局势的发展有足够估计，并能够在自己的权利受到蛮横侵犯时，拿出有力量的反制措施。这涉及为今后的中美摩擦定调。

面临经济困境的美欧是在错误的时间及地点发动制裁摊牌的，只要美欧不动武，它们的胜算并不高。美欧目前对战争的顾虑相当多，制裁流产不意味着战争必然打响。

伊朗冲突提供了中国锻炼胆量和施展谋略的大舞台，中国应建立一个自信：一旦我们按照自己的剧本去演，我们即使输了，也多输不了多少。中国不是一个什么都输不起，需要处处谨慎小心的国家。

现在为反对制裁伊朗多做一些，就是减少日后的压力。现在回避矛盾，躲过初一躲不过十五。中国应在伊朗问题上有更积极的表现。

(2012.01.30)

保护境外公民,中国的超级课题

在苏丹遇袭的中水电工人有的得到救援,有的仍处于被劫持中。他们的遭遇是中国"走出去"面临风险和不测的缩影。中国崛起有很多令人唏嘘的故事,其中有一些发生在境外非常遥远、落后的地方,主人公通常是默默无闻的中国工人和小商小贩。

每一个大国的崛起都经历了"走出去"的阶段。欧洲列强都有过海洋殖民的冒险,开拓过"荒蛮之地",但当时没有能够约束他们的规则,市场远未瓜分殆尽,也没有时刻紧盯他们一举一动的国际舆论。今天中国的"走出去",则是要在别人已经瓜分的市场中,寻找"被忽略的角落","淘出"自己的发展空间。

欧美国家当年对"新世界"的开拓,国家机器成为主体,军队扮演了重要角色。而中国小心翼翼的向外迈步,大都是企业打头阵,中国工人以及商贩站到了最前沿。尽管这当中有很多中国国企的参与,但近代大国的对外开拓中,企业和工人从没有像今天他们对中国这么重要。

中国人在非洲迈出的每一步,都靠一线基层人员的勤奋、吃苦和隐忍铺路。在几内亚等疟疾多发国,几乎每个中国工人体内都有疟原虫,很多人都打过摆子。很多人一两年不能回国,为了安全平时不能走出营地,他们生活的艰难、枯燥常常比国内农民工有过之而无不及。

对非洲人来说,中国工人和商贩经常是比"中国"大概念更清晰的存在。他们说不上处处给中国"长脸",他们展现了中国真实的复杂。他们促进了非洲各国的民生,为当地也为中国国内创造了就业。他们还增加了中国的能源供应,给中国资本和产业开辟了新出路。

中国离不开走在向外开拓的一线工人和商贩，但国家的力量却不足以在极其分散的地域中保护他们每一个人。

中国经济的低端不仅"低"在国内工业生产在世界经济链条中的位置，而且"低"在对外经济也常常摆脱不了"劳动密集"的层次。中国在境外落后及动荡地区的侨民，往往是大国中最多的。向他们每一个人提供保护，是中国国家安全碎片化的超级课题。

再难也得做。在国家使命与个人幸福和安全空前融合的今天，世界各地中国公民每个人遇险，都可能触动整个国家。而现在很多境外中国人的自我保护能力都不达标，与中国使领馆或华人组织没有联系，个别公司冒险经营的收益与安全比没有经过认真评估。

国家投向保护境外公民安全的资源在快速增加，境外公民和公司的安全投入必须增加更快。中国政府除了完善驻外使领馆的紧急应对机制外，还应根据高风险地区的实际情况，建立有效动员中国公民和中资公司增加安全投入的机制。

中国不是帝国，中国的"走出去"不是为了侵略和掠夺。中国政府和中国社会对境外公民安全的关心，也越来越与现代国家相称。中国崛起过程的公民生命代价应当是最低的，这一点我们必须做到。

（2012.01.31）

21 世纪的中美，莫硬钻回 20 世纪

美国《外交政策》杂志近日刊登一篇文章，中心意思就是中国崛起对美国"确实是件坏事"。这篇文章大概代表了相当多美国人的思想及感受。

对做惯了世界老大的美国来说，中国的快速崛起会让它感觉不舒服，这是很自然的事。没有人喜欢改变对自己有利的状态，它意味着不确定性和风险，应对它至少也是件挺麻烦的事。

然而必须指出，中国崛起不以美国意志为转移，甚至不以中国人的意志为转移。中国历史上落后的地缘原因以及政治原因在一一消除，它作为人口 4 倍多于美国的大国，只要能在未来保持基本的和平环境，所谓崛起就是不可避免的。

中国的科技竞争力远逊于美国，但已经不是隔世般的落后。只要中国人均生产能力达到美国的 1/4，经济总量就将超过美国。如果中国人均生产能力达到美国的 1/2，经济总量就会是美国的两倍。这些都并非不可预见的。

美国如果要遏制中国崛起，在亚洲拉个同盟，多开辟几个军事基地，都是小打小闹。阻止中国发展的唯一有效手段，就是中断中国的和平环境，使中国"天下大乱"。

但如果美国致力于这样做，它要承担的风险和代价，要比它顺应中国崛起的大势要大得多，也吃力得多。为搞乱中国，美国当前一两代人只会从中得到坏处，不会享受它的任何好处。

美国应该有一个基本的清醒：中国不是华盛顿使个眼色就会乱起来

的国家。中国互联网上异见纷呈，各地不断出群体事件，但如果美国据此判断中国政治体系将崩溃，就大错特错了。中国民众对以往动荡的集体记忆刻骨铭心，维护国家统一和基本稳定，将在很长时间里是中国社会压倒性的主流意愿。

美国完全有可能分享中国的崛起。《外交政策》的文章称，这个世界没有双赢。中国崛起或许带不来绝对意义上的"双赢"，但它更不是"你死我活"的零和赢输。除非21世纪的中美两国，一定要不顾一切钻回到20世纪。

世界早已过了帝国时代。中国崛起不是这个东方大国邪恶的国家目标，而是中国老百姓想过有尊严好日子必然导致的国际政治后果。至少在相当长的时期内，中国人不会有兴趣把我们的国力用于过去西方列强干过的那些事。中国崛起的政治指向不是追求世界霸权。

中国人真心希望，中国崛起会是全世界共同受益的过程，这种对外态度与中国社会根深蒂固的"和"文化一脉相承。它不是装出来的。中国人不希望自己"独吞"发展的好处，我们很愿意同周边国家，包括同美国分享利益。我们明白，中国无法通过损人利己实现崛起。

老地缘政治竞争给世界留下长长的阴影，走出它的确不容易。但全球化已经在深刻改变国家间竞争的规则和性质，这样的改变还将加速度进行。美国人的思维不应留在旧的时代。他们应当像中国一句流行语说的那样，不断"与时俱进"。

世界在旧地缘政治竞争中生活得太久了，我们应当共同给新世纪一个机会。让中国崛起真正成为和平的，不仅美国不是输家，我们的子孙很可能将摒弃今天的输赢概念。

(2012.01.31)

"软顶"世贸裁决，中国不必做乖孩子

世贸组织上诉机构支持裁定中国限制9种原材料出口不合理，西方舆论一片欢呼胜利声。这项在中国人看来完全不合理的裁定，对中国的国内资源利用和环保都构成了威胁。中国断然拒绝世贸的裁定讲不通，但中国完全可以消极执行这一决定，对它"软顶"。

以往中国执行世贸规定和裁决总体上比较"自觉"，西方舆论为此夸过中国。但我们不必把西方的"夸"当包袱背。中国应在遵守世贸规则和维护本国核心利益之间把握分寸，寻找平衡点。

加入世贸总体上推动了中国崛起，这一点有目共睹。但当年中国为加入世贸也被迫接受了一些不平等条款。本次裁决就是其中一些不平等条款的后遗症。中国当初接受那些条款不致影响大局，但今天它们的负面影响逐渐呈现，成了中国内外经济的隐患和地雷。

这次失利在提醒，现在到了我们为修订《中国入世议定书》中一些不平等条款做认真谋划和努力的时候。对世贸的这次裁决"消极执行"，就是表达我们的不满。这是为修订条款制造舆论和心理准备、对发达国家施加压力的必要过程。

世贸规则是世界各经济体全部诉求经谈判达成的妥协物，但西方利益一直是支配性的。美国等对华实行高技术出口限制，称得上"为所欲为"，西方国家通过各种壁垒和工具让世贸规则"靠边站"的事例比比皆是。

中国对执行世贸规则总体上老实巴交，原因之一是中国的国际政治环境不好，我们有点怕西方舆论，担心受围攻。此外我们对找漏洞钻空子不熟练，缺经验，对追究别人不知如何下手，怕麻烦。中国 20 多年来一直是国际贸易界最大的被告方，中国在国际贸易体系里几乎成了人人都捏一把的"软柿子"，经常被迫应战，很少主动出击。

但这一次中国很难再忍。中国的环境压力已经很大，因为做"世界工厂"，我们付出了高耗能、高污染的代价。中国国内矿产资源并不丰裕，贱卖矿产终将威胁国内的使用。对这一切的不可持续性中国已经觉醒，相应的出口限制势在必行。

一些国家这次强中国所难，但他们忘了一个基本的道理：贸易必须是互利的，对一方有利却严重损害另一方的事，或者达不成协议，或者即使达成了协议，也执行不下去。

为应对世贸裁决，中国可以将出口环节的关税和配额，转化成生产环节的各种市场壁垒。这样的办法可以无穷多。

中国无意搅乱世贸组织体系，但中国也的确不需要做该体系中的模范生。世界贸易体系就是在磕磕碰碰中发展演变的。所有缔约方都希望利益最大化，中国不捍卫自己的利益，该坚持时不坚持，绝不会有主动帮我们着想的"国际焦裕禄"或者"雷锋"。

中国要有信心，世贸不能没有中国，我们用不着低声下气。"中国是全球化最大受益者"这话是生造的，中国崛起首先是中国人辛苦干出来的，不是占世贸大便宜占出来的。一些国家也别总想钻世贸规则空子算计中国，找补一些好处。

(2012.02.01)

欢迎默克尔兜个大圈后回归稳健

德国总理默克尔正在中国做为期三天的访问。她此行的核心话题被认为是欧债，以及在伊朗、叙利亚问题上"劝中国"。此外她带来"成队的"企业家，对于德国舆论要求她公开在人权问题上向中国施压，她显得并不热心。

默克尔几年前初当德国总理时，是在人权及西藏问题上对华最强硬的欧洲"新生代"领导人。她带头会见达赖喇嘛，带头对中国展示强硬，完全颠覆了德国以往务实的对华政策。在兜了一个大圈子之后，她现在重拾德国传统的稳健对华态度，似乎回到了"原点"。

并非默克尔"觉悟提高了"，她的态度变化是中国经济对德国强大吸引力促成的。当年初任总理的默克尔意气风发，以为中国可以随便捏，但作为总理她终将要为德国人的现实利益负责，她逐渐发现用价值观外交对付中国，是价格太昂贵的作秀。

欧洲国家的对华政策这些年充满矛盾和摇摆，一会儿价值观主导，一会儿又务实至上。但趋势是，价值观逐渐变成了"皮"，务实更像"瓤"和"核"。

从默克尔的"转变"中，中国人应当找到可以用来加固自信的材料。欧洲人迄今未从对华优越感中跳出来，但中国人也未从"崇欧"心态中跳出来。有人说，当年是欧洲击碎了中国的天朝大国梦，这一击很重，中国人至今未能真正回过神来。

欧洲对中国很重要，但它的重要性并非无穷大，中国应重新客观定位欧洲对中国的战略价值，把省下来的注意力放到亚太或其他地方。我们不需跟着欧洲的反复无常坐过山车。

中国对日韩两国的贸易额,已经超过中国同欧盟27个成员国的贸易总和。中国有必要在对欧关系中主张更多的平等,如果欧洲哪个国家对华耍大牌,我们完全可以冷落它。它肯定比我们更难受。

但中国一定不能记仇,不能反过来用傲慢对待欧洲,这实际上是对自己过去自卑的报复。中国应遵循冷静和实事求是,不惧欧洲的对华强硬,也要珍惜欧洲抛过来的每一个绣球。

欧洲一旦大致摆脱对中国的政治及文化情绪,最有可能成为同中国建立稳定关系的发达国家,从而给中美、中日等更复杂的关系提供借鉴。现在看起来欧洲对中国崛起的"嫉妒心"最强,这是因为欧洲与中国在近年的世界格局中对比落差最明显,中国崛起"冲击波"与欧洲自尊心的碰撞正当其时。

如果说中日之争和中美之争都有复杂的现实利益搅进来,欧洲对华之争中的意气成分则显得更多。这些情绪性的东西既可能是国家关系中最容易克服的,也可能把一切都搅乱。它放下来就一身轻,放不下来就千斤重。

中国要驾驭欧洲的情绪,首先要驾驭自己。我们可以对欧洲国家热络,也可以冷淡之,但不可以跟欧洲国家置气,挑逗它们在欧洲衰落时的特殊斗志。对华友好我们欢迎,撒泼我们就晾它。我们很忙,愿意友好时欢迎回来。

欢迎默克尔总理成为龙年第一位访问中国的大国领导人,我们祝愿她获得成果,不虚此行。

(2012.02.03)

别用"蝗虫"与"狗"清算彼此感觉

香港一些人日前集资刊登侮辱内地人的广告，把内地人暗喻为"蝗虫"。此外，有少数港人围着内地赴港游客唱"蝗虫歌"。这些行为与香港开放包容的主流文化格格不入，公开侮辱内地人也决非香港主流意愿。

香港与内地的交流开始达到一个国家内部的正常频繁度，但很多摩擦也不期而至。内地人赴香港旅游、读书、购物甚至生子，既促进了香港的繁荣，也增加了香港市场和生活空间的拥挤。副作用总是能制造更强烈的印象，互联网对这样的印象尤其欢迎。

中国文化中有较强的地域歧视传统，东西南北中，来自不同地方的人很容易相互看不顺眼。在大一统的约束下，这样的地域歧视往往不成气候，自生自灭，最终都成了中华文化中可供插科打诨的笑料。

香港与内地少数人之间"蝗虫"和"狗"的相互攻击，沉淀到历史中或许同样就值一个段子。但今天的互骂，却非常刺耳，会让很多人忍不住往香港回归的前前后后联想。

"蝗虫"以往是西方种族主义者对所有中国人的贬称，包括对香港人。"狗"也差不多，上海租界就曾挂过"华人与狗"的牌子。两地有人在香港逐渐融入祖国的重要时期使出这等勾起不堪回忆的字眼，既骂了同胞，也贬了自己。

然而无论在香港，还是在内地，如今骂人话都传播得很快。三五个人一闹，三五十家媒体一传，很容易就变成至少三五百万人的事情。这个传播链是无论如何剪不断的。

中国当前没有大的危机，没有爱国主义等大感受可以凝聚人心，正是各地，以及各种人之间彼此清算小感觉的时候。类似"蝗虫"与"狗"的歧视最容易在这个时候泛滥。

现在给舆论场提供刺激话题的人，很多都不在内地及香港的主流圈子里。他们用不着承担责任，可以想说什么就说什么，媒体由于找不到具有吸引力的正经事，纷纷放低了"焦点新闻"的门槛，整个舆论场严重"娱乐化"。

尽管"娱乐"有可能演变成"真政治"，但对"蝗虫"和"狗"的互骂，两地不宜做强制性的政府介入。这个社会永远都会存在一些"不和谐"，压了这里会冒出那里。但社会的集体意识不会那么蠢，它会自然构筑保护大和谐的底线。

中国的大一统没那么脆弱，港人对国家的认同感，以及内地人对香港的认同感也不会不堪一击。内地和香港都有很多人立即站出来反对两地居民互用极端语言，几乎像条件反射一样快。

香港和内地都为对方的发展相互做出了贡献。尽管赌气时总会有人掏出"谁占了谁便宜"的小算盘，但它只是两地社会心胸的最狭窄处，并非两地人民的心胸本身。香港和内地都不是靠算小账对整个世界开放的。

摩擦挡不住香港与内地的进一步融合。在一个时期里，这些摩擦可能意味着更多戏剧性，但它们对两地感情的伤害力会随着两地民众承受力的加强而递减，直到见怪不怪。香港与内地地域歧视的特殊性，以及它所制造的轰动效应，都不会是永久的。把"蝗虫"和"狗"的对骂渲染得很严重，是从最坏预期看香港与内地融合的困难。它或许可以自圆其说，但它代表的是各种可能性中最小的那一个。

(2012.02.04)

中国怎么想，就该怎么投票

美国常驻联合国代表赖斯女士称中俄两国的投票"让人恶心"，这位高级外交官说话如此出位，很像某些人在中国微博上的表现。或许她这种连外交礼仪都不顾的表现，才是真正"让人恶心"的。

自 1971 年以来，中国在安理会一共投过八次反对票，是使用否决权最少的常任理事国。法国是行使否决权第二少的国家，但也投过近 20 次反对票。中国做大国做得如履薄冰，这些年经常表"反对"的态，却投"弃权"的票，为我们反对的事情开实际绿灯。中国全社会都对做这种"弃权大国"感到了厌倦。

这次中国显然是按事情本身的是非曲直，按照自己意志投下的这张反对票。这次投票离中俄"结盟"八竿子打不着。如果西方舆论硬要朝这个方向解读，就让他们说去吧。中俄是有各自利益和骄傲的国家，如果不愿意让中俄"总往一块凑"，美国和西方就别这样逼中俄。

大国在世界各冲突点的对立在加剧，西方总体上咄咄逼人在挤掉中国这种中庸大国的沉默空间。西方的外交攻势在同他们的意识形态攻势合二为一。

在以往中国人的感觉中，叙利亚很远。中国社会对中俄绑在一起与西方对立，一直很警惕。但现在这种警惕的确少了，主张中俄"结盟"的声音开始在中国学界可以听到。国际政治的新动向在迅速改变中国人的外交感受。

苏联刚解体时，西方曾经有过塑造一个温和俄罗斯的机会。但华盛顿带头蔑视这个机会，逼出一个强硬的俄罗斯。中国这些年来努力与西方做朋友，对西方的挤压总是低调回应。西方似乎在走当年逼俄罗斯的老路。中国发展了，但感觉战略空间却越来越小。

　　这次中国投的，首先是就事论事的"中东局势票"。如果西方想引申其他意义，就应从中国的"强硬"中，悟出中国社会情绪的那些变化。中国这两年的强硬，已不是"中国可以说不"那种简单的"民族主义"，它表现的更多是中国崛起的危机感。

　　美国参议员麦凯恩近日在慕尼黑说，"阿拉伯之春"应当进入中国。美国的这种声音越来越多，不断强化中国社会的一个巨大担心：搞垮中国最终将成为美国的头号国家目标和外交"总政策"。不管这种担心与美国的真实意图有多少对应性，它都在中国社会里很真实，而且在逐渐变得紧迫。

　　中国人普遍没有与西方对抗的意愿，对受到西方舆论的"孤立"，多数中国人感觉不舒服。但国际形势在迫使中国人习惯于有些"孤立"。中国人开始相信，西方舆论对中国经常怀有敌意，讨好他们根本没用。

　　中国在成长，成长在反过来推着中国走。中国的"弃权大国"做不下去了，各方在逼中国说话，中国自己也的确有话要说。只能顺其自然，心里怎么想，在国际舞台上就怎么说，在安理会就怎么投票，这样做未必就会比窝窝囊囊，有话憋着，制造的麻烦更多。

　　为中国这次投反对票鼓掌。如果它有什么负面效果，中国人民甘愿一起帮着扛。我们说这句话的根据是，环球网的投票者中，91%支持中国这次投的否决票。

（2012.02.06）

"春"规：西方只管推倒不管扶起

中俄联合否决了关于叙利亚问题的安理会决议草案，美国很生气，国务卿希拉里·克林顿又说出安理会"被阉割了"的重话。美欧很可能绕开安理会，在联合国框架外对叙利亚动手。

中俄是按联合国的游戏规则行事，美欧要按他们自己的意志来。中俄没有力量制约美国，但美欧也没有力量强迫中俄为他们的非法行为站台。美欧在一侧，中俄在另一侧，这越来越不像临时组合。2003年伊拉克战争时，法德等国与中俄站在一起；上世纪90年代的波黑战争中，英法与俄罗斯态度相近。那种情形现已远去。

价值观把欧洲同美国重新黏合在一起，因为它们发现，这是它们手中在当下国际竞争中最有力的武器之一。美国仍是世界霸主，美国有超强的科技实力，但在全球化条件下，技术领先度已不再可能是无限的。美国有超强军事实力，但平时又用不上。价值观攻势能帮美国和西方盘活综合优势，挖深它们与发展中国家之间的鸿沟。

美国最大的、可以称之为压倒性的优势，还是军事上的。它必须为美国的综合竞争派上用场。冷战时期美国以强大军力拖垮了苏联，冷战后它又敲碎了米洛舍维奇、萨达姆等几颗钉子。但面对新兴国家的经济竞争，美国的军事力量怎么用，却成了问题。

"阿拉伯之春"把独联体国家的"颜色革命"推向高潮。这种革命不彻底，一阵风，却为经济竞争力直线下滑的美欧送来机会。只要这股浪潮一轮又一轮地制造冲击，目前的世界发展格局就会被冲乱。美欧抵御这股洪水的能力最强。

在中国被"冲倒"之前,美欧会一直鼓励"革命"在世界的蔓延。美欧的军事力量将一直作为战略压力和保障,清除这种蔓延遭遇的障碍。

美欧进入西方财政自二战后最糟糕的时期。美欧没有财力在世界扶持新的民主样板,主导非西方国家的大型制度创新。马歇尔计划那样的大手笔已成旧梦。日本、韩国、台湾这样的亲美幸运儿,也都很难重现。

但美国搞乱一些国家的能力,还是绰绰有余的。价值观嫁接到互联网向全球大举进攻,一些小国迅速被冲垮,大国变得不平静,美国开始有了"不战而屈人"的期待。

这些未必是华盛顿精心策划到具体细节的国家计划,但"革命"从苗头发展成"潮流",每一个环节都加入了美欧的人工打造。阿拉伯国家现在哪个发生革命,西方负责发号。

今天的伊拉克和阿富汗,就是西方实力下降时只管推倒不管扶起的典型。两国命运与当年接受了西方制度的亚洲国家和地区出现天渊之别。

西方价值观是现代发达社会的精神果实,但把它们的核吐出来,重新播种到其他贫穷国家,谁能活,谁会结出恶果,都在未定之天。

现在又一颗新核吐到了叙利亚,西方的嘴里还有好几颗核。

这很可能是一场比冷战还要大,也更混乱的戏。中国崛起生不逢时,四处是雷,不可能一个都不踩响。看中华文明留下了多少抵御轻伤的内力吧。

(2012.02.07)

"流氓"大了就是霸主，希望美国不是

美国总统奥巴马近日宣布，冻结伊朗政府和包括伊朗央行等金融机构在美国的所有资产，理由是要应对伊朗各银行的"欺骗性行径"，他称伊朗对国际金融体系造成了"持续而不可接受"的风险。

美国随意冻结对立国家的资产，早已不是头一回。美国利用自己在国际金融体系中的绝对霸主地位，想教训谁就教训谁，很多人称美国这样做无异于"耍流氓"，但没有力量能制约它。"流氓"大了，就是霸主。它们之间的界限通常很模糊。

伊朗在美国的资产并不多，有人问：如果有一天中美翻脸，美国会不会宣布冻结中国的资产？或者美国出于国内法，冻结某家中国公司或银行的在美资产？要知道，中国的在美资产可是天文数字，光是美国发行的美元国债中国就买了上万亿。

得不到制约的权力很容易被滥用，天下如此。美国对世界的金融权力，以及政治、舆论权力都是霸主级的，稍作动员就能"整人"。世界处在美国权力不受制约的危险空当期。

世界的真正威胁并非有几个不守规矩的"小毛贼"，而是由于缺少平衡，美国的权威几乎变成了"老子就是王法"。如果美国是个高度自我克制的国家，是处处把国际公共利益奉为至高无上的国家，也就罢了。但美国不是。

最近几年的衰落气象搅乱了美国的心情，美国对做"国际道德表率"的兴趣大减。由于"按规矩来"降服对手的能力逐渐短缺，美国也开始对其他国家搞类似"超限战"的攻击，比如更频繁动用或威胁动用金融制裁等。在美国还有关掉别国国际互联网接口的讨论。总之只要在政治上成了美国的"异见国家",用美国的金融系统或 GPS,都不能放心。

美国完全有能力在各种竞争中都不输给别国,但它要的是绝对而轻松的赢,甚至不肯为赢别人而多淌几滴汗水。这让世界的运行规则高度"美国利益化"。

说到底,美国再强也不可能真正统治世界。现在美国这么热衷于强制别国的行为,正是它自己战略上衰败且越来越不自信的表现。如果美国信心满满,就会对世界的多元多一些宽容。正因为它感觉自己的权威在动摇,它开始不顾一切地追求自己在政治上被效忠。

朝鲜、伊朗带给世界的都是小麻烦,美国为巩固自己的统治而在世界上耍任性,甚至"胡来",则可能制造大得多、甚至全球级别的紧张。西方小国跟着美国跑,惯美国老大的坏脾气,迟早会让自己置身一团糟的世界中。

美国必须在自己拥有权力时学会自我克制,即使它真心认为自己的主张都是对的,它也应当考虑世界各地的实际接受能力,不硬推自己的意志,学一点中庸和"糊涂",不把 21 世纪逼成摊牌接着摊牌的时代。

这些年制裁别国最多的是美国,大国中打仗最多阵亡军人最多的也是美国。但同一时期美国的"总力量"还是相对萎缩了,它撑得很累。这足以说明,美国制裁优先、"打"字当头是错的。美国真的需要做一次彻底的思辨,搞清楚美国究竟是谁,它到底想要什么。

(2012.02.08)

向叙利亚局势打入中国楔子

中俄否决了叙利亚问题的提案,但事情却没完。西方的联合倒叙行动在加紧设计,俄罗斯也在快速出招,但整体形势与中国期待的发展方向差距很大。中国不可等闲视之,应积极行动。

以中国的力量影响叙利亚局势走向,难度很大。但中国如果认真参演,我们的角色也决非跑龙套的那样无足轻重。中国至少可在三个方面使力。

一是帮叙利亚政府同反对派沟通。西方对巴沙尔政权的打压,最大杠杆就是叙反对派。由于中俄使用否决权,西方暂时找不到直接军事干预叙利亚局势的合法理由,美欧不得不放缓步子,做得更迂回些。这使得叙利亚反对派难以像利比亚的班加西政权那样,快速得到全方位支持。巴沙尔政权的士气也和卡扎菲政权不一样。

加上叙利亚长期处在与以色列对抗的一线,政府军的整体实力高于卡扎菲军队,叙利亚反对派夺取全国政权的难度要高得多。这些都使反对派与巴沙尔政权开展对话变得更有可能。中国与俄罗斯应促使叙利亚的"革命"朝"改革"方向转变。至少这值得一试。

二是中国应积极劝说阿盟,特别是沙特、卡塔尔、埃及以及阿盟组织这三国四方,促相关国家缓和对巴沙尔政权的态度。阿盟内部的对叙态度本来就不一致,撬动点其实很多,尤其是外部干涉对所有阿拉伯国家都是潜在威胁,这与对巴沙尔政权的反感本是相互抵消的关系。阿拉伯国家对西方的警惕有被激活的可能。

三是西方从未铁板一块,即使在利比亚问题上,德国的态度也同英法不一致。围绕叙利亚，中国可主攻德法。中国应善于同它们做内部交易，促它们改变态度。

中国发展需要尽可能友善的国际战略环境。中国在叙利亚的直接利益虽远少于俄罗斯，但叙利亚的陷落将导致西方对中东核心区的完全左右，并使西方的压力圈推进到伊朗一线。伊朗战争一旦打响，中国对俄罗斯的石油依赖必将上升，中俄战略关系将因此节外生枝。

迟滞西方在中东的战略推进符合中国利益。中国值得为此付出一些资源。如果西方的压力迅速堆积到中国家门口，中国倾力对抗的投入只能更大，自伤的危险也更高。因此现在就未雨绸缪，把资源和力气都使到叙利亚、伊朗一线，对中国来说是明智的选择。

还没做的事就不说没有可能，中国同阿拉伯国家有友好的基础，中国有资金也有市场，局势有中国打入楔子的缝隙，只要中国用力，这个楔子就可能打得足够深。

中东局势已不允许中国"无为而治"了。那里的政治版图已经对中国很不利，中国驻利比亚大使馆已被扔了石头，形势还能对中国坏到哪去？放手一搏，总比随波逐流更有希望。

中国的中东外交需要更多自信。即使我们的作为不够精准，也没关系。中东外交出错的代价不会高得中国不可承受。因此，中国随时都可出发。

(2012.02.09)

增加确定感,中国社会的长期需求

不确定性是当今世界相当普遍的流行性感受,从全球经济到地缘政治冲突,再到很多国家的社会内部,人们的预期中都不断有变数在跳动。国家间特别是大国之间的竞争,是实力和国家自信的联合比拼。一个自信的国家,才能够平静时不自寻烦恼,遇到挑战时不致慌张。

中国的国家实力成长很快,自信的巩固必须跟上。只有这样,中国的发展才是根深叶茂的大树,而不是立在水泥地上的木头杆子,一推就倒。

国家自信除了经济自信、军事自信以及文化自信等,政治自信至关重要。政治自信的来源非常复杂,但总的来说,它是国民个人信心以及对社会环境确定性信任程度的总和。

中国加强国家自信,就是要源源不断为国民增强个人信心提供资源,以及加快公共环境透明,让政治进程的预期尽量少受个别事件的影响,也少受一两个"关键性人物"个人变故的扰乱。我国的制度建设一直相对不足,精英对公共事务的主导程度一直比较高,对确定性也远实现不了依靠制度的"自动化提供"。这将长期是重要、敏感的事务。

发展和变化剧烈的社会,个人命运的戏剧化概率同样就高。重要的是制定遭遇这种戏剧性的清晰原则,提高全社会对这些原则的共识和信任,最大限度降低其他解释和猜疑的入侵力量。

敏感信息的反复出现,根本原因是公开原则的共识度和受信任度不够高,影响了官方信息传播机构的公信力。有时官方出于策略考虑,对事件做过渡性的临时解释,这在互联网时代也是大忌。

中国是后发的落后大国,一抬头就满眼"榜样",而自己的国情又对接不上那些"佳境",这是中国在全球化时代的最大苦衷之一。你知道有些事挺好,但你就是做不到,个人的这种境遇常有,国家也是一样。

中国这些年在一步步朝着信息公开、依法治国前进。但也总会碰到一些时候,信息公开的必要性为一些临时的更大考量让路。这或许是国家前进路上不可避免的交叉,但这种交叉的逐渐减少,应当是中国变革的大方向。

以往中国遭遇负面新闻的处理过程显示,社会对负面信息的接受能力越来越强,对信息不充分性的容忍则越来越弱。中国官方的危机公关面临全新的社会心理和舆论环境。

人民需要信心,同时也能承受一定的信心短缺。这个承受区间是给政府做调整,为人民提供新的信心资源做回旋用的,它是备用舱,而非可以放任民间信心缺失的日常边界。

中国当前受到的外部挑战,"攻心"的比"攻身"的更多也更具破坏力。因此"强心",建立国家政治自信,或许是未来很长时期中国社会的头等大事。

(2012.02.09)

握一手好牌，中国决不能打输

中国的国运处于至少两个世纪以来最好的时期。举望世界，中国真称得上攥着一手好牌，没有一个国家的当前发展态势可与中国争锋。如果手握这把牌，中国还打输，那将是几代中国人的集体耻辱。我们对不起自己，而且愧对子孙。

新中国成立以后的60多年里，中国走了弯路，但也阴差阳错地抓住了国际政治及经济变化的几个重要机遇，从而渐渐由弱转强，直到崛起之势变得很难从外部遏制。我们今天的位置，是全世界、包括中国人自己都没有预料到的，这付好牌几乎就是"抓来的"。

稍微上点年纪的人都曾经以为，至少自己这一辈子，注定要在西方人面前穷得"像乞丐"。我们还曾以为，"言论自由"跟中国人毫不沾边。现在至少对中国经济发达地区的人来说，西方的神像在垮塌。

中国经济不仅积累了量的巨大，质的进步速度也很快。新的产业革命充满机遇，中国有很多"弯道超越"的机会。中国东西部仍有差距，这既是问题，也预示了中国未来发展的新纵深。这是完全发达国家和完全落后国家都不可能有的。

中国的政经体制更像是人类现代两大治理模式的混合品种。它既有集权主义体制的动员力，又形成了自由市场的资源配置活力。在最近20年世界各大阵营引发的动荡中，中国都实现了超乎外界想象的弹性应对，并借机扩充了实力。

中国崛起遭遇的遏制，是相对以往崛起大国比较低的。美国曾经很幸运，两大洋保护了它"静悄悄的崛起"。中国则是在全球化时代，在国际排斥的缝隙中"低调崛起"。今天美国回过神来，中国"已经坐大"。

但握着一手好牌，中国仍有可能打输。其中最大的危险是，中国从没有攥过好牌，既不了解自己也不了解别人，以至于不仅出错牌，甚至把牌都看错，自毁前程。

今天世界上的形势是奇怪的：西方强国的经济在萎缩，但它们却咄咄逼人地扩张政治及文化地盘。中国正相反，我们用全世界最快的速度在发展，却在国际上受口诛笔伐，连内部也有不少人觉着理亏。还记得当年的"红色苏联"吗？就那么点经济实力，却在意识形态上处于攻势。

中国在意识形态上陷入困惑。官方意识形态需要主流意识形态的扩充和丰富，但主流意识形态却不成型，这使得民间意识形态相当分裂，社会团结缺少钢筋的扎牢。

中国社会在国运顺风顺水时却常显不自信。有些人大国主义抬头，在国际政治领域目空一切。另一些人则战战兢兢，认为中国处处低西方一等，中国的每一个问题都会让他们认为是整个体制的错误。这些都是民族自卑心理的不同极端反应。

中国如果打输，最大的可能是输在不自信，输在自乱阵脚上。没有一个具体错误可以断送中国的国运，因为只要我们清醒和自信，中国"大"制造的回旋，完全可以帮我们消化它的影响和后果，转危为安。

中国人需要勇敢做一次自己的上帝，牢牢把握自己的牌运和前程。中国文明几次"死而复生"，世界其他大文明都是"一次性消费"。我们的行为和胆识应当与见过世面的文明相称。

(2012.02.10)

亚太和平之责应由各国分摊

新加坡外长尚穆根8日在美国的一个研讨会上提醒东道国要慎言"牵制中国",称这会引起亚洲的冲突。他还呼吁美国以"其他方式"介入亚洲。尚穆根此前曾大赞美国介入亚洲。他的这番讲话被很多人看成新加坡态度的一次回拽。

东南亚是美国"重返亚太"的核心着力点,南海又是重中之重。过去一段时间,东南亚出现大量欢迎美国"平衡中国"的声音,菲律宾走得最远,摆出要与美结盟对抗中国的姿态。

中国不应纵容东南亚国家的类似言行,而应公开表达我们的不悦和反对,对美国的过分之举,以及个别东南亚国家的出格言行,应针锋相对地回应甚至反制。

这会导致一些摩擦,但中国决不应独揽减少摩擦的责任,而只应承担自己应当承担的那一部分。亚太和平的福利以及亚太紧张的坏处都是公共消费,大家种瓜得瓜种豆得豆,好坏都不是中国一家的事。

当中国过于谦和忍让时,就会造成一些国家放任自己,比如它们配合美国以挑战性姿态"重回亚洲",挤压中国的战略空间,它们从中美"相互平衡"中捞取好处,却几乎不用付出任何代价。

中国坚持自己的合理利益,就会让美国介入南海的后果更加真实,也分摊得更合理。实际上正是因为中国前一段时间做了这种坚持,才促成新加坡、越南等国的态度回调。因为域内国家担心"做过了",它们不愿意东亚发生中美对抗,届时它们被迫选边站。

长期以来,一些国家在口头指责中国强硬的同时,却在心里认为无论它们做什么,中国都会忍让。中国一定要扳正亚太国家对中国的实际预期。

中国维护亚太和平与稳定的意愿是真实、一贯的。但无论为了什么,中国都不会一味退缩,中国同时愿意为维护自己的核心利益付出必要成本。这应是外界认识中国的边界之一。

中国是亚太地区承受摩擦能力最强的国家之一。中国很不愿意域内出问题,但实情是,一旦域内出事,中国如果被水淹了脚,其他国家就可能淹到腰,甚至脖子。这不是什么秘密,也一点不深奥。

当然,中国决不会主动惹事,不会破坏地区的公共利益,对一些国家对中国崛起的担心,我们也能理解。中国对立场的坚持与对周边的善意不矛盾,中国只是应当把责任线重新放回到合理的位置。

亚太地区各国减少误判,会让各自的言行都多一些克制,不自以为是,不强人所难。中国一方面要了解他国,同时也要更真实地对外展示自我,不为短期和眼前利益刻意朝某个方向打扮自己,比如刻意强调自己的谦和,或者刻意显示自己的强硬。

中国对本国利益的坚持度,其实大约就是亚太国家的平均值。中国作为大国,天然地会劝自己豁达些,但任何国家都有的"想不开"的那一面,中国不可能根本克服。各国应把中国看成"正常的国家",这样或许最接近真实。

(2012.02.10)

把"政治解决"从嘴上移到手上

中国政府宣布接待了叙利亚反对派代表团,对方走时看上去挺高兴。在欧美国家纷纷与巴沙尔政权断绝公开接触之后,中国与叙两派同时保持对话能力至关重要。这有可能进一步促成中国在叙利亚问题上的特殊角色。

中国一直主张政治解决叙利亚问题,只有中国既有力量,又占据相对中立的位置,才可能让自己的主张成为叙利亚现实的"第三条道路"。它既非武力颠覆巴沙尔政权,也非叙在政治上换汤不换药。"第三条道路"应是叙各派相互妥协后的实质性改革路线图。

让当前你死我活的叙两派握手言和当然不容易,联合政府在世界上的成功率从来就不高。特别是现在西方下了铲除巴沙尔政权的决心,叙反对派可以对西方支持做"无穷大"的预期,他们指望利比亚反对派从一无所有到赶走卡扎菲"变戏法般的胜利"在他们身上重现。

但巴沙尔政权此次得到俄罗斯的鼎力支持,此外还得到伊朗、伊拉克、黎巴嫩什叶派政权的广泛支持,并非像卡扎菲政权那样孤立无援。叙利亚有可能上演冷战后虽受西方围攻,但却得到俄罗斯"要什么给什么"支持的罕见顽强抵抗。俄罗斯舆论目前要求支持巴沙尔政权的呼声几乎一边倒。这在冷战后西方对小国动武前从未有过。

欧洲有媒体预言,叙利亚或发生后台分别是西方和俄罗斯的"代理人战争",这样的战争往往旷日持久,变数很多。特别是当前是俄罗斯国力快速恢复,俄对报复西方对它的蔑视憋着一股气的时候。

如果叙反对派彻底扮演西方利益的玩偶,那个滋味比加入联合政府好不了多少。在从亚洲到非洲的动荡带上，政权更迭的过程经常反复，充满凶险。它既鼓励野心，也常令人生畏。

因此未必叙利亚反对派对自己的目标不犹豫，不愿意尝试"见好就收"。另外从巴沙尔政权角度看，生死攸关的威胁将长期存在，做出一些关键性妥协，换取国家危机的软着陆，显然有吸引力。

中国常把"政治解决"挂在嘴上，中国需促成一两个国际冲突点在此通道上脱险，才能使这个原则在世界上产生信服力，使它成为至少有相当多人和力量愿意认真考虑的选项。

过去中国没这个力量，现在中国离"一言九鼎"也差得远，但中国显然已经不是坐在最后排的观众。看看那些国际上忙得不亦乐乎的调停者，有很多都"矮中国一头"。

俄罗斯可以成为中国推动叙利亚走"第三条路"的盟友。从目前看，中国上周在安理会投反对票，并没有影响我们同多数阿盟国家的关系。西方虽赶巴沙尔下台的决心很大，但美欧当前都有火烧眉毛的经济困难分心，在遭到强烈抵制的情况下，他们未必不会动摇。

值得指出的是：只要叙反对派、阿盟和西方这三方力量中有一方发生松动，情况就将改观，政治解决就将获得空间，不管成不成，都非隔靴搔痒。

把叙利亚作为中国外交"有所作为"的突破口，中国最多输点面子，甚至连面子也不会输。一个布道和平的人，即使最终没人听，也没什么可羞愧的。

(2012.02.11)

中美在 21 世纪不期而遇

中国国家副主席习近平今天启程访问美国。这次访问是对两国元首共识的落实。由于习近平在中国换届进程中的特殊位置，还决定了这次访问对中美关系的特殊意义。

上世纪 90 年代，中国外交界就形成中美关系"好也好不到哪去，坏也坏不到哪去"的判断。这一把握指导了中国的对美战略 20 多年。这期间世界发生了近乎颠覆性的变化，我们的感觉开始撞到过去的框架。

未来的中美关系依然会"好不到哪去也坏不到哪去"吗？我们不那么确定了。

中美之间出现一系列变量，但最根本的是中美力量对比的变化。2011 年中国 GDP 约占美国的 45%，但贸易总额和制造业总产值都超过美国。过去"世界老二"（俄罗斯、德国和日本）的贸易总额和制造业总产值从未超过美国，美国第一次遇到中国这样的竞争者。

美国的国内发展遇到了困难，美国最大的失望其实是对自己的失望。对中国崛起的不安感，成了这个阶段美国人宣泄心理焦虑的一个诱因。而给中美关系制造些麻烦，显然比解决美国国内的现实问题要容易得多。

中国对美关系的政策制定环境也在变化，其中很重要的一点是，中国的外交决策过程在复杂化。过去是绝对的精英主义，在对美战略上不管内部有多少分歧，最高层一旦定调，便相对稳定。但现在精英主义弱化，民粹主义强化，民众声音对外交形成牵制，中美的协调难度上升。

中美关系近年来的波动周期显然在缩短，中美具体摩擦说来就来。中美高层见面的机会增多了，但大量具体纠纷冲淡了两国高层对彼此战略重要性的重温和强调。中美关系常有在"十字路口"的感觉，这当然不是什么好事。

中美之间过去的一些共识在逐渐瓦解，新的共识有待形成。这期间，中美得能承受住彼此在新现实下的一番磨合，这对两国不仓促进入一个由小到大的"摊牌链"非常重要。

现在无论在美国，还是在中国，都有针对对方的冲动情绪在涌动。把这种情绪控制在非主流状态，对两国来说都不是很有把握的事，但美方的难度显然更高。

美国议会和舆论总是在放大或直接制造中美摩擦，它们煽动起美国人的对华负面情绪，又反过来刺激了中国社会对美方的愤怒。这几乎成了中美危机最常见的生产线。

中国社会舆论的崛起改变了中国政府 VS"美国全部"的局面，增加了中国外交的回旋余地，但也带来了新的复杂性。美国不仅面对了"更强大的"中国，也面对了一个"更复杂的"中国。

即使这样，这毕竟是全球化时代，中美谁想与对方为敌，身上都挂满了"你中有我我中有你"的坛坛罐罐。中美大量摩擦既可以在气头上看得"比天大"，也可以在中美巨大贸易及合作量的高峰"被小瞧"。中美之间的结构性矛盾谁都无从下手，愿意不愿意，大概都只能让自然的竞争结果帮两国做决定。

希望习近平访美成为两国围绕战略层面认真思考的契机。中美都应搞清自己是谁，对方是谁，以及两国有多大能力塑造彼此的关系。中美在 21 世纪不期而遇，它的戏剧性将越来越轰动。两国都得扛得起。

(2012.02.13)

希腊危机应带给欧洲理性

希腊议会13日通过该国与欧盟和国际货币基金组织达成的关于第二轮救援贷款的协议，希腊政府据此将实施新的紧缩措施。大批希腊人迅速上街抗议，形成骚乱。

希腊人抵制减支计划的态度总能令中国社会惊讶。意大利等其他欧洲国家公众的类似态度，同样令中国人不解。那些国家并没有创造可以令国民享受当前福利的财富，反对紧缩形同集体耍赖，但这样的任性能做得很理直气壮，如此情形在中国不可想象。

在东方人眼里，整个西方都是高福利社会。但直到现在我们才知道，他们的高福利不完全是自己挣出来的，至少有一部分是"借钱过的"，包括想从中印这样的穷国"借"过去。

欧洲领导人不断劝说中国协助他们渡过债务危机，从根本上说，就是让中国协助安抚类似在希腊首都闹事、要求继续过入不敷出好日子的人们。

希腊代表的并非只是欧洲"相对落后的一角"，它伸出的懒腰同时也像是整个欧洲的，只不过它打的哈欠最长。那个勤奋、富有冒险精神的欧洲大陆，变得有些让人认不出来。

为人类思想发展贡献了几乎所有"主义"的欧洲，至少有一部分人，在逐渐堕落成世界的"八旗子弟"。希腊很像其中的一旗。

我们担心，竞争力逐渐退化的欧洲，会对自己的"贵族出身"更加在意。除了借钱，他们会在意识形态上更有攻击性，刻意高高在上。这会增加新兴国家与欧洲打交道的难度。

除了向中国等新兴市场大力推销欧洲贵族们把玩腻了的奢侈品，欧洲在人权问题上的对华交涉已经到了做作的地步。比如一些欧洲人在"西藏问题"上过度纠缠，在中国人看来很可笑。好像他们只有通过这些指责，才能表明他们高中国人一等。

欧洲人需要集中精力清理自己的日子，适应这个迅速变化的世界。他们应克服从遗传中得来的傲慢，认真看自己也认真看别人，无论过去有多么辉煌，都不错估今天自己在世界上的角色。

新兴国家不会因为欧洲当前有一些困难，就把欧洲看扁。但他们显然不喜欢欧洲在自顾不暇时，还对新兴国家保持意识形态的攻势。这不服人。如果欧洲在政治上谦虚些，世界对它的尊敬会更持久。

我们理解欧洲舆论环境下各种批评的活跃，对中国是批评靶子之一，我们也不觉得有何不妥。但当欧洲舆论在对中国的指责出现一边倒现象时，当这些批评与我们自己的现实感受差距太远时，我们就会觉得不解和古怪。

希望希腊危机能够成为欧洲共同的反思点。他们能够因此确认有不及他人之处，并把这个认识带进他们对外界的态度。我们还希望今天开始的中欧峰会，就是欧洲人与中国人共同展现理智的地方。

（2012.02.14）

透过纷乱，看清中国的舆论主流

大多数中国人在想什么？他们对改革、民主这类根本性问题持什么态度？把这些搞清楚，对中国的精英们，特别是官员真正摸清社会心理，并以此为依据影响决策和做决策，是非常重要的。

当前中国社会舆论的表象大概是几十年来最乱的。但乱纷纷之中，一些新的轮廓在逐渐形成。根据环球舆情调查中心反复进行的公众意见抽样调查，以及根据对环球网及各新闻网站舆情的分析，我们得出以下看法。

第一，中国人有很多具体的不满，观念多元化发展得很快。围绕传统政治概念出现了很多思考甚至困惑，官方的政治口号大多失去了过去时代的凝聚力量。但与此同时，社会对国家现状有大的满意，对国家进步能力抱有信心。中国仍是总体上心态积极的社会。

第二，绝大多数中国人支持改革，"渐进式改革"逐步成为中国社会对改革的主流态度。主张激进变革的人在不断减少，主张"革命"的人就更是少之又少。

第三，"民主是好东西"作为基本价值判断，不再具有争议性。认为应建设民主，也已是共识。与此同时，很多人担心中国对民主进程把握不好，导致国家混乱。他们对民主的内涵有疑惑，比如他们不能确定民主是否只有西方通行的一种模式，以及不清楚民主如何与中国这样的社会接轨。他们希望国家在通往民主的路上走稳、走好。

第四，维护国家稳定在中国社会的支持率很高。在嘲弄"维稳"的人中，很多是反对以"维稳"当借口拖延必要的改革，反对把具体政府部门甚至具体官员的利益，伪装成"维稳"的条件来保护。对于把"阿拉伯之春"引入中国的类似企图，绝大多数老百姓都持反对态度。

各种调查显示，"腐败"是当下时局中最令老百姓不满的现象之一，它甚至超过了"不公平"。而且对国家能够抑制住官员腐败，社会缺少足够的信心。人们大多不认为一些腐败官员的落马，对震慑住这一痼疾的蔓延是足够的。

中国人普遍不认为自己国家的状态是"理想的"，大家都知道西方社会在很多方面都做得比我们好，值得中国学习。但中国人也越来越明白了，西方社会那些好的品质不是一夜成就的，中国学习它们也决非照搬那样简单。中国社会"迅速西化"的冲动早已过去。

与上述中国主流舆论对立的声音大多出现在中国互联网上，尤其是在微博上，有一些彻底否定中共执政的声音，仿佛中国处在一场新革命的前夜。必须指出，那些声音和情绪只是多元化中国的一些角落，它们决非中国公众意见的主流。中国官方和社会都应了解那些声音，但一定得清楚它们在中国舆论中的真实位置。

苏联解体留给中国社会的思想遗产非常深刻，至今仍在消化。"阿拉伯之春"以及独联体的几场颜色革命，都在加深中国公众对国家道路的思考。互联网刚开始流行时，极端主张往往先声夺人，但渐渐地，社会理性在一片混沌中开始回归，逐渐收复它失去的阵地。

所有关心中国前途的人，都应大致看清中国社会当前的思想状态，不被局部的现象迷惑，不被夸张的解读吓倒。官员们尤其不能看错中国，这是不"带错中国"的前提。

(2012.02.14)

中国必须是有容乃大的平衡手

2月14日是西方的情人节。大洋彼岸,习近平与奥巴马会晤。在北京,中欧峰会开幕。很可惜中美、中欧都不是情人,但要说这个日子的寓意与这两场会面一点不沾边,也把话说绝了。大国的战略关系装得下天下所有情人离奇故事的总和。

中国是大国外交领域的新手,不熟悉如何使用自己的力量,不知道怎样对付个别小国的挑衅和背信弃义。面对美欧这样的巨人,我们以往更习惯于谨小慎微。我们从不主动挑起危机,危机找上门来时,我们的第一个反应往往是如何大事化小。

对于什么是"好的"对外关系,我们的通常理解是中国与对方你好我好,相敬如宾。美欧的理解似乎不是这样。他们追求最有利于实现自己国家利益的对华关系,不太在乎与中国摩擦甚至翻脸。

由于中国高度重视对战略机遇期的维护,减少来自外部的干扰确实显得尤为重要。但如果外部的任何要挟都能搅乱中国内部的节奏,我们的脆弱真的就是不可救药了。

中国的战略机遇期也应当"经风雨见世面",弱不禁风的机遇期什么都不是。其实中国改革开放30多年来经历的风雨并不少,从边界战争,到一时的内部骚乱,再到西方的全面制裁,我们都见过了。

无论中美关系,还是中欧关系,"好"的坐标大概都需调整。这些关系越有利于实现中国国家利益的最大化,它们就越"好"。中国的国家利益包括中国的基本政治制度的稳定,包括中国的社会团结,当然也包括中国经济的可持续发展。

这样看来，中美及中欧关系未必需要总是风平浪静。至少中国没必要以牺牲自己的政治利益换取西方的笑脸。中国不会挑衅美欧，但中国是有原则、敢于坚持的国家。这样的信息中国官员们应通过各种场合不断向外传递。

中国外交官以及领导人们与美欧打交道的难度很高，使命艰巨。"纯合作"是乌托邦，但"对着干"也要不得。针锋相对的闭门会不能"打到门外"，"不欢而散"之后得有"重新修好"跟着。这样的波澜起伏似乎没什么不好。

有一句话叫做"外交无小事"，不仅中国外交界，普通老百姓知道它的人也很多。这话没有错，在技术层面指导了中国外交生活很多年。但从战略层面，今天的中国还应当说另一句话：外交无大事。中国不是小国，也非当年的弱国，再大的对外摩擦，也"没什么了不起"。这点应让外界清楚。

中国必须是有容乃大的平衡手，是个不被泥沙俱下堵死，却能把泥沙搬到海洋的大江大河。中国同时还是扮不了面相、装不了态度的国家，装着装着就会露馅。所以我们需要对世界展示自己真实的喜怒哀乐。

美国重要，欧洲重要，俄罗斯、日本也很重要。但中国自己最重要。中国的战略机遇期，说到底要靠中国自己创造。过去外界提供的成分多一些，但那样的好运不可能像韭菜一样割了又长。中国太大了，世界没那么多机遇送给中国。

外交之事，说着容易做着难，难就难在通常情况下中国一方说了不算。但中国"说了等于没说"的时代的确在过去。不妄自尊大，也不妄自菲薄。什么是中庸？中庸就是走出一条看似根本没有路的"中间线"。

(2012.02.15)

中美心有多大，太平洋就多大

中国国家副主席习近平近日表示，宽广的太平洋有足够空间容纳中美两个大国。这大概不是外交辞令。因为太平洋必须容得下中美两大国。现在它就容下了，如果两国领导人都保持基本的清醒，这种容下的惯性很可能得以延续。它被打断将是全人类的灾难。

中美都有在太平洋共存的愿望是头等重要的。就中国来说，目前看不出它有"不容美国"的野心。我们很愿意与美国的竞争永远是良性的。问题更可能出在美国一方。它现在对中国崛起的不宽容表现，已经同它相对于中国的巨大优势不符。

美国人普遍认为中国的未来"不确定"。当然这不能全怪他们。中国人自己对未来也有不确定感。就中国发展的可持续性来说，如果中国人都过上接近西方水平的生活，地球能承受吗？如果中国的发展"停下来"，中国国内能承受吗？这两个问题有一定对立性。

但对缓解中国崛起对西方既得利益的压力，中国大体持理解和积极的态度，并做了力所能及的调整。中国战略界没有挖西方墙脚补自己台面的思潮。中国崛起至少目前是在确保基本生活尊严层面上的崛起。几代中国人都不会有存心挑战美国利益的愿望。

如果说中国"动了"美国的奶酪，那是因为中国人多，块头太大。它稍一动，美国就忍不住看一眼自己无处不在的篱笆。

美国人的心情，中国人无法帮着解决。如果美国的经济优势确实逐渐萎缩，它对中国崛起的恐惧只能通过逐渐适应来消除。中国可以少刺激它，但中国不会为安慰它停止自己的发展。

比如美国对保持自己的"领导权"非常看重，这可以理解。但美国的国际权力观应当保持基本理性。以少数人口领导这个世界，这本身就是不稳定的。美国保持领导权的钥匙就在它自己手里，它得继续强大和先进。它的领导权既非别人能剥夺，也非别人能够赠予。

美国今天的综合优势仍无任何国家可比。美国希望将其固化，这种心态是在害自己。竞争无可避免，有时竞争甚至不是竞争者的愿望，但它还是会发生。美国现在总说"规则"，其实是借口。很多美国精英要的是全世界一起努力，捧美国"赢"。这种局面不可能出现。

美国总要中国讲自己的"意图"。但中国显然没有20年以后外交战略的具体设想。而美国人最担心的，恰恰是20年以后的事情。这种对话很难进行。让中国人承认未来的野心，确实没有。听中国人打和平的包票，美国人又不相信。

常保太平洋和平大概不容易，常保亚太的太平或许更难。这一切都将取决于美中两国。完全搞清对方是困难的，但实在搞不清时，别把对方往最坏处想，尽量相信对方并不比自己坏很多。如果还做不到，那就"防人之心不可无"，但"害人之心不可有"，应是太平洋上最后的底线。

中美双方心有多大，太平洋就有多大。美国是中美之间的强者，它的胸襟更大一些，尤其重要。

（2012.02.16）

亚洲没有谁愿意做别人的棋子

"民主改革"的缅甸是否在"去中国化",一些西方媒体对此津津乐道。这个词还潜含着一层寓意,即缅甸在"亲西方化"。

西方一些人很可能把亚洲的变化看歪了。其实中国清楚,不仅缅甸前些年对中国的"依附"不会是永远的,今后朝鲜也有可能调整对华关系在其外交中的比重。它们都是独立的利益体,对外关系迟早会朝平衡的方向摆动。中国不会因此而感到失落。

倒是西方如果把缅甸调整外交看成他们的胜利,未免自作多情。缅甸不是从中国阵营"倒戈"到西方阵营的傻瓜,中国周边今后恐怕很难有这样的傻瓜。亚洲小国都不会愿意做中美对弈的棋子。

亚洲国家都很精,看出中美的实力差距在缩小,双方都想拉它们,于是它们都在追求左右逢源,实现自己国家利益的最大化。

只要亚洲国家不愿当傀儡,这种情形就是再自然不过的。缅甸以往对中国的"依附",是西方制裁逼的。如果西方愿意让朝鲜也"去中国化",那他们就早点取消对朝鲜的制裁好了。

即使中美彼此战略对撞,并逼亚洲国家,那些国家也未必就会选边站,让亚洲成为中美 G2 的亚洲是幻想。亚洲国家的独立外交都很活跃。即使有美国驻军的日本和韩国,也不会事无巨细都听华盛顿指挥。

中国对在亚洲找回当年朝贡体系时的主导位置没有兴趣。中国从当年的体系中没得到什么便宜,说是"纳贡",实际是中国"还的"更多,说白了就是中国花钱买太平,保周围政权不骚扰中原。

中国现在也是希望周边安定、繁荣,与中国的发展遥相呼应,别惹中国,别成中国的外交负担。至少现在,中国没有"整顿亚洲"的野心,更无任何相应的对策。

但美国"重返亚洲",刺激了中国的一些思考。中国被迫在亚洲与美国竞争影响力,使自己更容易得到亚洲国家的信任,避免美国很容易就拉出对中国不利的山头。

由于亚洲国家众多,中美都不可能靠施计谋在如此大的范围里服众。中美谁想让亚洲国家与自己结为完全排他性的关系,都是枉然。中国没这样的目标,美国似乎也没有。美国的"巧实力外交",更像是要在亚洲多制造些对中国的猜疑,消耗中国或者用美国规矩"规范"中国的发展。

亚洲注定要"乱一阵",各方需逐渐看清环境,清理自己的各种诉求,确定自己最想在亚太大环境中要什么,并与别人的战略利益尽量搭上关系。

中国暂时没本事拿出一套成型的价值及利益体系,给亚洲国家当规则和坐标。这些靠硬造造不出来,它们只能在中国的不断发展中自然生成。但中国也不必过于悲观,中国在上海合作组织中的政治威望就比较高,东亚对西方价值观的态度实际也很复杂。

中国没敢高估周边的亲华度,西方也不应高估亚洲的亲美度,尤其是大家都别把亚洲按照亲中亲美进行区分,这不真实,是用裁缝的小皮尺度量亚洲的多元和不规则。判断缅甸在"去中国化"的人,大概根本就没搞清缅甸和中国都是谁。

(2012.02.17)

宣扬和平，即使失败也不丢脸

有关叙利亚问题的提案从安理会转到联合国大会，这一次谁都没有否决权。该提案的内容更加严厉，但由于是联合国大会决议，而非安理会决议，因而没有实际强制力，是象征性的。

西方舆论纷纷宣称这一决议是对中俄的羞辱。中国根本没必要背这个包袱。这个世界的荣辱不是以票多和票少决定的。如果是这样，美国在联合国当少数派的时候最多。

就中国来说，西方本来就不喜欢我们，而且主要是因为两点，一是中国的基本政治制度，二是中国崛起让西方感到了威胁，跟我们在安理会投什么票的关系很小。西方这一轮施压是希望吓住中国，逼我们在叙利亚问题上跟他们跑。

由于中国在世界舆论中的弱势，受攻击过去是，今后也必将是家常便饭。这些批评看上去都有很多道德含量，实际捧的都是西方利益的场。对这种批评，中国最好的回应就是无动于衷。西方的舆论越强，就越不能纵容他们通过舆论为自己的利益做道德包装。

中国要坚决按照自己的思路走，并且走稳。中国副外长翟隽作为特使即将出访叙利亚，就是中国在安理会否决涉叙提案的后续行动。

翟隽已表示将敦促叙利亚各方立即开启不附带先决条件的包容性政治对话，中国这一态度的正义性是打不倒的。西方现在把叙利亚的"政权更迭"作为"终审判决"强制推行，根本不管这一路上会死多少人，导致多大的灾难。他们的人道主义才是喊在嘴上的。

从叙利亚到伊朗，中东的民主化问题、教派之间的清算、核的紧张以及大国角力正逐渐连为一体，这是冷战结束后从未有过的局面。对这一危局，西方虽卷入很深，但直接承受者都是中东国家。西方不会在中东的动荡中与当地国家真正同甘苦、共患难。

西方把叙利亚现政权描述成"邪恶"的，其实中东各国当权者都会明白，这是非常简单化的口号式判决。所有政权都有它的历史成因和社会土壤，关键是它要能顺应潮流，接受人民的意愿。

中国主张给叙利亚和平走出政治僵局一个机会，给这个国家的根本变革一个机会。这是对该地区最省力，也痛苦最小的出路。中国应大张旗鼓宣传自己的主张，西方舆论不帮着宣传，我们就自己宣传，对叙利亚各方和阿拉伯国家一对一地宣传。即使中国失败了，宣扬和平和捍卫原则的失败是不丢脸的。

叙利亚不比利比亚，不会按照西方编写的剧本在短短几个月里就走完。中国并非支持叙利亚的某一个人，而是支持叙利亚走向和平。中国的主张永远是各方斗累时柳暗花明的选择。中国自己先坚持住，别怕曲折。

(2012.02.17)

面对西方话语权,中国应自信从容

中国在联合国大会涉叙利亚提案表决中不惧少数地位,再次投出反对票。这种敢于表达中国真实态度、坦然坚持立场的做法值得称赞。西方舆论对投反对票的中俄等国做了一番嘲弄。这很表面。中国对国际政治的表达权和影响力都因此而上升。西方今后对中国"弃权"的预期将大大减少,愿意不愿意,他们都会更加顾及中国的意见。

国际政治的基本坐标仍是国家利益。西方对话语权的掌握,使他们拥有了将利益和道德做随意阐释的特殊权力。他们将本次联大投反对票的 12 国称为"被遗弃国家"。对这种虚伪和装腔作势,中国社会决不可上当。

就在去年 11 月 25 日,联大针对古巴的一项决议只有两个国家投了反对票,它们就是美国和以色列。美以要比今天的 12 国孤立得多。而且美国是在使用全球资源最多、掌握着全世界核心命脉的情况下,一再违背众愿的。

中国不可学美国的霸道和不讲理,我们需要坚持国际社会的公正原则。但中国必须同时让自己的外交心理强大起来,不让自己的表达权空置在那里发霉、长毛。中国有 13 亿人口,人类的 1/5,这张票无论怎么投,都应受到尊重。

认为我们应当同西方保持一致投票方向,这种看法是错误的。这种错误的浅显,甚至不需要地缘政治的知识就能领会。要求中国按"普世价值"投票的呼声在互联网上能听到不少,但它们唯一能展现的,就是中国互联网的包罗万象。

世界在联为一体，西方对中国崛起的抵触，会逐渐渗透到大量国际事务中，并直接或拐弯抹角地为难中国。中国越往上走，就越会感到压力无处不在。对西方舆论来说，中国怎么做都会是错的。如果以西方舆论来测量中国是否孤独，结论将会越来越令我们沮丧。

其实新中国在大多数时间里都是"孤独"的。抗美援朝的时候中国也是少数，面对的是16国联军。新中国刚建立时，我们更是少数，整个东亚都反对我们。但今天，缺少掌声对中国社会的压力似乎比以往任何时候都大。

信心的缺失是西方几句骂声就能让一些中国人慌张的重要原因。舆论的开放使西方声音长驱直入，内部不满也得以释放，公众一时没有回过神，不知道主流舆论在哪，一些人因此丢了主心骨。但只要国家在前进，这样的社会彷徨是可以自愈的。

中国无法做到让西方在感情上接纳我们，即使中国在叙利亚问题上投弃权票甚至赞成票也没用，"管用"也是短暂的。中国在利比亚问题上就没用否决权，但中国"主动"了吗？

西方对别国的挤压历来得寸进尺，我们得改变他们以往对中国喜欢息事宁人的印象。他们得知道中国是个不惹事，但也不怕事的国家。他们对付中国的大多数办法，中国都会学过来与他们周旋。

对西方扣给中国"傲慢"、"强硬"的各种帽子，我们都完全不必在乎。我们自己最清楚，我们是爱好和平的国家。最近20几年，中国一次战争没打，美国打了十几场，英法也打了很多场。西方有什么资格对我们在国际正义的问题上教训我们呢？千万别被他们忽悠了。

(2012.02.18)

中国电影界需要新的雄心和梦想

中美18日达成协议,中国每年将增加进口14部美国大片,美国电影票房分账比例从13%提高到25%。这必将对中国国产电影形成新的冲击。但这是全球化时代中国电影绕不过去的考验。

从1994年中国首次引进美国"分账大片"以来,中国引进的好莱坞大片从每年10部增至中国入世后的每年20部,现在再增至每年34部。曾有过巨大的担心,认为中国脆弱的民族电影工业将被好莱坞电影剿灭。但事实是,中国电影在走强。在中国的电影市场上,少数导演的作品已经能同好莱坞大片抗衡。

背水一战激发的力量,与受保护条件下的自娱自乐完全不同。中国电影市场的对外开放走在了其他文化产业的前面,中国电影这些年的进步相对较快,显然与此有关。

但中国电影的整体低水平仍显而易见。无论是《碟中谍4》,还是早前的《盗梦空间》,中国人都还拍不出来。《功夫熊猫》中国人大概也拍不出来。

中国电影基本还停留在现实主义风格的层面上。它们讲述的故事仍比较简单,表达的情绪不够复杂,没有反映出当下人们亦真亦幻的感情世界和紧迫、多维的危机感。

中国电影团队的整体知识结构比较单一,对科学的了解以及跨学科整理能力似乎不足,想象力匮乏,重微观操作,忽略宏观把握。一些著名电影人很像是在吃老本,缺少探索创新的冲动。中国的一些新锐导演喜欢在闯中国国内的"禁区"方面琢磨,而在驾驭世界电影潮流方面乏善可陈。

常有人抱怨国内的"政治限制"是电影业发展的主要障碍，其实中国各领域的"政治空间"都有很大弹性，需要用积极的态度去开拓。应避免或者"闯线"，或者放弃探索，这样的态度过于简单。应当在国家政治生活和艺术生活之间不断寻找新平衡点。

大量资金在进入中国电影市场，它们足以支撑起各种想象力的发挥。或许中国电影制作团队需要吸纳一些跨界的精英加入，用中国改革开放积累的丰富力量，共同实现优秀电影制作的突破。

尽管有上述各种问题，中国电影仍是最有希望"走出去"的文化产业。几代电影人支撑了这个开放度越来越高的市场，也给未来探索打下了不错的底子。

中国电影界现在需要新的雄心和勇气。中国电影市场在世界上增长最快，它应当带来比"钱"更多的东西，催生中国人自己拍的世界级商业电影。

中国崛起在垫高各种"中国制造"的市场起点，中国故事的吸引力在上升，中国电影生产的各种软硬件环境在改善，中国电影异军突起虽然将困难重重，但并非不可想象。

拍出能在国内票房大进口电影数倍的国产电影，并能在国际上广泛吸引观众，千万别被这个看上去遥远的目标吓倒。中国的电影观众都愿意有这一天，中国的发展在源源不断提供实现它的新资源，哪个导演立这个志，并且杠杆找得准，就能撬动这个光荣的未来。

电影创新首先是电影界的事，但全社会都是潜在参与者。中国需要有眼界、有智慧，能够盘活并驾驭各种可能性的电影人。

(2012.02.20)

民间情绪会牵制中国对欧政策

正在欧洲访问的中国国家副主席习近平表示，中国不赞成唱空或做空欧洲，这显然不是外交辞令。不仅中国官方，中国社会也没有类似愿望。

中国人大多知道了欧洲当前的主权债务危机，想向中国借钱。中国人还知道欧洲社会福利很高，人有点懒了。但欧洲的先进不容置疑。如果欧洲不主动在政治上找中国茬的话，中国人日常对欧洲充满了尊重和羡慕。人们很少往地缘政治竞争的方向联想欧洲。

如果问普通中国人，他愿意看到欧盟繁荣，还是愿意看到它某一天垮掉，多数中国人大概会很茫然。某些欧洲人可能挺愿意看到中国"崩溃"，但反过来这种往坏处想欧洲的情绪，在中国社会中要微弱得多。

相反，不少懂一些国际政治的中国人，都认为欧盟强大一些，对中国有利。因为这有利于世界多极化的发展，有利于分散美国对中国崛起的过分防范。由于欧洲在世界战略性力量中离中国最远，中国人普遍真诚认为中欧"没有利害冲突"，"可以做朋友"。

也正因为此，很多中国人对欧洲向中国施加各种政治压力颇为不解，尤其是当这种攻击来自欧洲一些小国时，中国人会认为那些国家是故作傲慢和清高，甚至是"装孙子"。

由于挨了欧洲多次揶揄和"冒犯"，中国社会现在心有余悸，感觉欧洲对与中国发展稳定的友好关系缺乏诚意，对中国"用人朝前，不用人朝后"。比如担心现在把外汇借给欧洲，一转眼欧洲又在政治上打我们一棍子,我们"热脸贴了欧洲的冷屁股"。

中国民间的这些情绪,显然已经开始影响中国的对欧决策。就像萨科齐和默克尔的政府制定对华政策要考虑民间态度一样,如今中国政府也必须顾及民间的反应,因为舆论的力量在中国越来越强。

我们理解欧洲对自己价值观的欣赏和坚守,在欧洲力量相对衰落时,这种感情只会变得更突出。但欧洲一定要清楚,中国也是有深厚文化骄傲的国家,当欧洲宣称"攻击中国政府"时,不可能不冒犯整个中国。把中国官方和中国民众区分对待的说法是西方的自欺欺人。

当前的大国关系,经济关系和利益关系的成分很重,双方民间自然促成的比例很高。现在的官方外交,经常是为理顺民间交往服务,官方发挥主动性的空间远没有全球化之前大。这种情况下,政府出面把民间不理性的政治诉求放大,摆成国家姿态,后果经常是破坏性的。

中欧关系现在的确是互利的,说不上谁求谁,也说不上谁对谁恩赐。双方增加合作的好处和减少合作的坏处,对各自都差不多。因此如果今后欧洲再在政治上对华发难,它对中国发出的力量,都会作为利益损失打回到自己的身上。

主权债务危机只是欧洲的一时难处,但欧洲需要中国,就像中国需要欧洲一样,绝非是一时的。别让中国社会因为与经济无关的理由,而对欧债政策犹豫。欧洲如果是理性的,就不该过于放纵自己。他们应在尊重中国上守住应有的底线。

(2012.02.21)

反腐败应跟上舆论倒逼的节奏

互联网把发达社会的廉洁标准带入中国。这些标准令中国人耳目一新,但用它们来衡量,很多中国官员的行为不达标,整个中国社会也不合格。舆论的要求越来越严苛,与中国的现实尖锐冲突。这将制造无数纠结和痛苦。除了真正的贪腐者,还将有很多未必人品很坏的人因为被舆论"抓了典型",成为中国向廉洁社会前进的"祭旗者"。

中国是人情社会,也是权力比较集中的国家。两者叠加,造成官场腐败和社会上的"不正之风"都挺严重。尽管腐败并未严重影响中国社会的效率,但发达社会的廉洁对照极大地刺激了中国的舆论,腐败已成破坏公众对国家未来信心的头号杀手。

要求舆论对腐败给予一些宽容是不现实的,对腐败"零容忍"尤其是互联网的天性。但腐败在现阶段又的确是消灭不了的,这个矛盾将制造社会情绪的反复发作,扰乱国家政治生活本应有的节奏。

中国只会朝着廉洁社会的方向走,即使是有些激进的舆论,官方也必须适应它的倒逼。发达社会有些官员因为某个在我们看来不大的廉洁过失而下台,这种情况将会逐渐在中国上演。

中国官方必须有强烈的紧迫感:促廉综合改革对国家已是头等重要的。由于目前打击腐败的措施达不到社会期待的效果,在体制和社会的深处做出更多调整,已势在必行。

中国全社会的中上层相当普遍地存在"灰色收入"和"灰色生活"的问题,中国人实现利益的"阳光化"程度不高。各种规章很严格很理想化,但执行率很低。每一个职位有不同的"含金量",附带着不同的"潜规则"。这些直接腐蚀了廉洁环境的问题，多得几乎理不出头绪。

但官员的生活必须从"潜规则"中走出来，朝着"完全透明"前进。对腐败行为的打击应当毫不留情，但与此同时，中国社会也应认真建立官员实现个人利益的合法途径，比如考虑给他们与其贡献相称的高薪等。"高薪养廉"一直面临争议，它未必是反腐败的充要条件，但它很可能是必要条件之一。

提高官员们的合法收入和待遇，需要很多前提，但每一个都不容易做。比如透明就需要不断推进，公众的清醒和理性也需不断提高。廉政既是官方的事，也是全社会的事。准确地说，它是中国社会现代化的重大转型。社会需要参与监督，也参与共识的形成。

官方应根据中国的实际情况，创造性地设计官员利益框架，必须看到，它在各经济体是不同的。比如美国的"旋转门"潜规则已经公开化，并得到社会的认可。亚洲的新加坡和香港则"高薪养廉"，高的程度即使在欧美社会也很难被接受。

廉洁问题涉及每一位官员的切身利益，不是靠思想教育和政治动员就能解决的。亚洲"民主国家"的严重腐败现象告诉我们，民主也非制止腐败的特效药。对付腐败只能靠综合治理和改革，这很繁琐，远没有抓贪官、杀贪官痛快，却是唯一之路。

清除腐败肯定比缩小地区及贫富差距还要难做得多，因为它不仅要解决制度的问题，还需端正人心，包括官员的心和公众的心。一旦过了这一关，中国前途无量。

(2012.02.21)

南京代表团的"谨慎"不是孤立的

日本名古屋市长河村隆之 20 日当着南京市代表团的面，公然否认存在"南京大屠杀"。日媒称中方代表团对此反应温和，未做驳斥和抗议。到昨晚，南京方面称他们当即作出了"回应"，他们另外在中国微博上发表了抗议名古屋市长言论的公开表态。南京方面后宣布与名古屋暂停官方交往。

中国互联网上出现抗议名古屋方面以及批评南京代表团的大量声音。由于中日历史问题的敏感性，公众的愤怒是可以理解的。

假设日本媒体的细节描述大体真实，南京代表团的反应的确在外交上不及格。由于代表团多为非外交专业人士，这里有一定技术性原因，但显然不是全部。

在中外交往中，外方主动触及敏感话题，并当面说刺激中方话的时候，比中方做同样的事要多得多。外方，特别是西方人好辩论，并常有道德优越感，而且不怕中国人不高兴。尤其是如果那样做符合当地舆论的偏好，他们更愿意冒得罪中国人的风险。

中国人总体上要拘谨得多。官员们在国内说话谨慎，这个习惯很大程度上被带到外交场合。"外交无小事"的教导几乎所有官员都至少听说过，并潜移默化地影响了很多人。加上本来中国人就不喜欢惹事，规避外交麻烦成了官员们很多时候的下意识选择。

日本媒体只是公开讲述了一个令我们吃惊的细节，其实在每天中外官民的海量接触中，外方颐指气使的事情大概还有很多。中国人的被动是文化性的，集体性的。

这样的谨小慎微已经与中国今天的外交环境和目标不相称。走上风口浪尖的中国需要敢作敢为，中国对外接触的规模之大也已经不允许我们为一些细节徘徊不前。外交完全进入了"现场直播"时代，我们的真实性格和决心都一览无余。

整个中国外交得自信，中国的具体对外接触者才会自信，才会对名古屋市长的类似挑衅不假思索地强硬回击，其他的"名古屋市长们"才会有所顾忌。

其实"外交无小事"代表了中国发展对外关系的认真做法，还有另一句相反的话，值得今天的中国特别强调，那就是"外交无大事"。这句话不是策略，而是一种气魄，是中国在复杂国际环境中不断被勒索时的处世态度。只有相信"外交无大事"，与任何国家的关系好一点或是坏一点，都妨碍不了中国前进，我们才能做好每一件"无小事"的事，找回从容。

真实的自我表现，往往是最佳的外交表现。它轻松，不用装，把自己的诉求能表现得最完整和彻底。它与外交技巧不矛盾，它是实现具体外交策略的庞大根基。我们照顾别人的感受，但我们自己的感受绝不比别人的感受更不重要。

今后遭遇名古屋市长挑衅的类似场合，中方理应针锋相对，并主动向媒体披露，把对挑衅者的谴责推向公共领域。迄今为止中国官员敢于这样做的很少，几乎所有中外摩擦都是外方向媒体披露后，中国人才知道的。

放松一些说话吧，各级各地的官员们。你们放松，舆论才会逐渐跟着放松。整个中国都太紧张了。

(2012.02.22)

欧盟想坐"道德高地"上收钱，难

中美俄印等29国代表齐聚莫斯科，商讨如何对付欧盟强行征收航空碳排放税。根据欧盟今年1月1日推出的法案，只要在欧盟区域机场起降的国际航班，无论是否中转，都需为超出欧盟规定配额标准的碳排放支付购买成本。

欧盟这一招很损，不合理的辫子一揪一大把，但欧盟的姿态是不后退半步。把地球从碳排放制造的全球变暖中解救出来，听上去多么崇高的事业，但在聚到莫斯科的那些国家看来，这就是欧盟的拦路打劫。所谓崇高是欧盟装出来的。

重要的是，欧盟会因此一年"抢来"一大笔钱，而且不用当海盗，不用卖鸦片，而是宣扬人类"共同价值"，站在道德高地就能收上来。这应该是欧盟挣得最有面子的一笔钱。

世界舆论都在分析，直接"收税"还只是欧盟利益的一个小头。欧盟真正想要的，是强行把世界推上急速减少碳排放的轨道，而欧盟攥着这方面最先进的核心技术，别说新兴国家，美国、日本都矮一截。使用低碳技术和装备的人类将重新围着"老欧洲"团团转。那利益就大了。

在使用低碳技术方面，各国都有一大堆理讲，理撞理，最后只能回到老一套：大家用力量说话。

美俄印等国都有人出主意：就是不交，看欧盟能怎么办。如果这几个国家联起手来，欧盟27国的分量就像是一片"群岛"，即使是大陆，也是澳洲那样孤零零的大陆。

决不能鼓励欧盟在碳排放问题上搞"单边主义"。美国在政治上搞"单边主义",欧盟在环保上搞"单边主义",美欧加起来搞军事干涉的"单边主义",这个世界会最终被拆得只剩下一条条孤零零的"边"。

对二氧化碳排放导致全球变暖,科学界的质疑很多。欧洲是这种理论最积极的宣扬者。欧盟对碳排放利益的急切追求,增加了人们对温室效应理论可能是陷阱的担心。

据有学者预测,如果碳交易市场完全成型,它的规模有可能比石油市场还大。而欧盟必将是这个市场的交易中心,而且是"纯赚方"。

欧盟是世界最富裕的地区之一,如果欧洲国家真心推动环保,就应当为此公益目标付出,而不是公然牟利。只有肯于付出的"领导者"才有号召力,举世如此。谈钱比谈环保更眉飞色舞,即使环保是真的,也会被怀疑是假的。

中国这次一点也不孤独。中美俄印凑到一起,展现了当今世界的新复杂。世界在变,旧的阵营纷纷摇摇晃晃,中国的空间其实很大。

(2012.02.22)

制裁名古屋市长，迫其道歉或辞职

名古屋市长河村隆之不仅拒绝收回否定南京大屠杀的言论，而且也不沉默，昨天再次宣扬自己的强硬立场。他此前当着南京代表团的面否认存在大屠杀的事实，这样的狂妄举动还没有哪个日本官员曾经做出过。以往的右翼言论很多也是纠缠数字，而且是在日本人之间说。河村隆之的挑衅实在出格，必须予以坚决回击。

我们强烈建议中国拿出外交资源，对河村隆之个人进行制裁，并对名古屋市施压。比如宣布河村隆之为不受欢迎的人，禁止他进入中国。中国所有赴日旅行团都绕开名古屋。如果需要，可以再加上与名古屋市减少经济合作的砝码。

中国为什么应当这样做？因为第一，河村隆之把南京人最不愿意听的话直接冲着南京代表团说，这是不顾史实和不顾外交礼仪的双重冒犯。他不仅伤害了南京市民的感情，也激怒了中国全社会。制裁他符合中国民意，大快人心。中国政府需要给予民众这样的精神慰藉。

第二，中国民间长期存在对外交不够强硬的抱怨，制裁河村隆之，可以一改中国外交的形象，为中国政府的声誉加分。

应当指出，迫使河村隆之道歉或者辞职，完全有可能做到。这是因为否定南京大屠杀不是日本的主流观点，日本官方承认南京大屠杀，只是模糊数字。名古屋市所在的爱知县知事大村秀章就呼吁河村隆之修正他的话，以免破坏名古屋与中国的合作。

河村隆之的观点在日本也属于极右，在日本经济很不景气的当下，选民们不会有兴趣死保明显有错的名古屋市长，为了他与中国发生新对立。

制裁河村隆之在道义上是完全正当的。我们理解在日本言论自由的环境下，一些人对南京大屠杀发出质疑之声。但河村隆之破坏了官员应当慎言的规矩，而且做得很嚣张，这在任何西方国家都会受到追究。以往乱在历史问题上放炮的日本阁员，大多付出了代价。

中国应当抓住河村隆之说话不符合其身份和场合这两点发动猛攻。我们可以质问日本人：中国民间很多人认为美国往日本扔原子弹扔得好，但如果哪名中国官员这样说，并且当着广岛长崎代表团的面这样说，日本人能接受吗？

中国应通过对河村隆之的制裁，重新为中日关系的红线立威，同时也为政府在中国公众面前立信。加强中国社会的凝聚力，巩固社会对中国政府的信心，这是中国非常重要的政治利益。为此花费一些外交资源是值得的。

制裁河村隆之是中国政府顺应民意的正当之举，是外交民主水到渠成的表现。日本舆论及西方舆论可以对此挑剔的空间很小。这将是中国站在道德高地上对日本右翼居高临下的声讨。

即使冲突出现我们意料之外的升级，导致中日国家关系的紧张，也不足惧。这样的紧张有过多次，不多这一个。重要的是我们有理，我们当然要做得有力，至于我们是否决定有节，取决于名古屋的态度。

(2012.02.23)

韩国莫在"脱北者"问题上逼中国

韩国持续在"脱北者"问题上向中国施压,李明博总统昨天向中国喊话,将这一轮炒作推向高潮。中国面临两难境地。

必须强调,"脱北者"不是难民,他们因为经济原因非法进入中国,无论中国社会还是韩国社会都清楚这一点。这样的非法入境者被遣返,几乎每天都在墨美边境发生,他们还不断从欧洲富国被遣返回穷国。

尽管这样,中国社会对遣返"脱北者"一直"手下留情"。如果中国认真做这件事,被遣返的人将以万计。据《环球时报》记者了解,中国东北及关内都"藏"着不少朝鲜人,很明显没"严格抓"。但中朝签有引渡协议,中国执行到什么程度是中国的事,韩国说了不算。

其实韩国也在找平衡。韩国口头上欢迎所有"脱北者",因为韩国宪法将朝鲜人都视为韩国公民。但这也是因为中国在一定程度上"限制了"在华"脱北者"进入韩国,首尔才敢这样大张旗鼓地做道义上的好人。其实韩国民众不欢迎"脱北者",担心他们大量拥入。"脱北者"真到了韩国,普遍受歧视,日子过得很惨。

中韩本来就解决"脱北者"问题达成了谅解。但韩国一些激进人士出来搅局,韩国政府完全放弃说服国内的责任,将难处一股脑推给中国。

中国可以不理睬韩国舆论,叫让他们叫去。在"人权"上指责中国早已是家常便饭,再多一个又能怎样?韩国不高兴,中国有义务让它高兴吗?

但是中国作为东亚大国,理解韩国当前的激烈情绪,尽管它的形成过程有一些"装"的成分。所以中国在表态上一直很克制,避免对韩国舆论火上浇油。

中国今后也只能在半岛问题上走平衡路线。中朝关系、边境秩序、人道主义、中国国内法及国际法,以及韩国人的感情,这些因素在考虑如何对待"脱北者"问题时一个都不能少。中国不会不顾及韩国人感情,但韩国人高不高兴,也绝不会成为中国决策的唯一出发点。

韩国舆论如果大闹特闹,只能把自己气着。他们理解不了大国的复杂,大国有方方面面的事都得照顾。他们以为中国像韩国一样简单,整个中国都得等在那里,做好准备,随时伺候韩国的每一个要求。中国真的做不到。

当然,中国在遣返部分"脱北者"的同时,应当对朝鲜善待这些被遣返者提出要求。关于被遣返者的命运,韩国有很多耸人听闻的传言,在中国互联网上也有。中国应促使朝鲜对外传递有关"脱北者"被遣返后的信息,这对朝鲜有好处。

中国还应努力减少"脱北者"的进入,一方面要严管边界,一方面要帮助朝鲜发展经济,减少朝鲜公民"脱北"的动机。这与具体事不同,是一项大工作。但这也是中国作为东亚大国不得不碰的。

朝鲜半岛充满了怨气,南北的敌对根本不像他们同出一个民族,韩国作为人口多而富的一方,也没显出点高姿态。中国不可能做到事事让双方都高兴。我们尽力了,之后就由他们去了。

(2012.02.23)

不必纠结是否加入"叙利亚之友"

"叙利亚之友"会议今天开始在突尼斯举行,受邀国家有70多个。俄罗斯明确拒绝参加,因为叙利亚政府被排除在会议之外,会议被普遍认为是去年"利比亚之友"的翻版,实际是"叙利亚反对派之友"。中国直到昨天也没向外公布是否参会,似乎在"犹豫"。

或许中国"不犹豫"才不正常。因为尽管中国对安理会和联合国的涉叙议案都投了反对票,但中国并没把自己同巴沙尔政权单方面绑定。叙反对派代表团已经访问过中国,北京宣称致力于帮叙利亚寻找和解之路,因此必须两头都接触。

中国实际上选择了非常艰难的劝和角色,如果西方和阿盟都不配合,叙利亚反对派很难跟着中国的呼吁走。迅速出现"和谈"的概率不高。

叙反对派现在呼吁西方军事干预,但西方真这么干的可能性同样不大。西方最希望用国际声势和反对派的发展壮大,把较年轻的巴沙尔吓倒,或者在混乱的局势中,出现叙现政权突然垮台的奇迹。

中国不必着急促和见效,因为现在还没到反对派愿意妥协的时候。但如果巴沙尔政权像一些分析指出的那样,不断挺下去,和谈的意愿就可能向各方扩散。

美欧很可能武装叙反对派,那将意味着叙内战的全面爆发。它会很残酷,有可能将周边不稳定地区卷入,并演变成政治、教派及有代理人色彩的复合战争。如果那样,绝对支持一方的外部力量会比现在的中国更累。

只要中国的促和能有一些表面的进展，就是巨大的外交得分。中国不会像美国主持巴以谈判那样做得很深，西方也不会允许。中国要的是和平解决危机的原则得到响应。

中国没有在遥远的距离上支持代理人战争的能力，也没有像美国搞个中东和平路线图的权威。但中国不应因为对可能导致战争的议案投反对票而受到嘲弄。

中国是目前对和平解决叙危机喊得最响的大国，与欧美截然不同，与俄罗斯也有细微差异。中国应坚持自己的大定位，当前能做什么就做什么，做不了就等待时机。

因此是否加入"叙利亚之友"会议，或者现在不加入，今后是否在某一个时刻加入，中国不必过于纠结。因为加入不加入，对中国促和各有利弊。重要的是，中国要在这个问题上与俄罗斯协调好，保持默契。

叙利亚问题迄今对中俄战略协作的质量是增分的，这应看作中国在困难环境下的收获。中国今后的对叙政策应保持自己的自由度，同时避免对之前中俄协作的增分形成抵消。

现在是叙利亚局势的僵持阶段，中国保持对独树一帜的自信，是捱过去这段较漫长时间的精神保障。

(2012.02.24)

对改革的共识是什么，争议是什么

改革的话题最近很热。我们想通过此文厘清中国社会围绕改革的共识是什么，争议是什么，未来改革的可能情形是什么。

围绕改革的最大共识，是"必须改革"这个判断。该判断来源于中国过去 30 多年改革带来的好处，也来自其他一些国家拒绝改革或改晚了导致"革命"甚至国家解体的教训。

对"必须改革"中"必须"的含义，存在不同看法。一种观点认为中国目前"面临危机"，所以"必须改革"。另一种观点则认为，中国现在谈"必须改革"与 1978 年时的语境完全不同，现在不是经历了大灾难、大危机后的"非改不可"，中国 30 多年改革开放把国家带向梦想了一个多世纪的民族复兴，"必须改革"是中国继续强劲发展的内在逻辑。

对"改什么"和"怎样改"，中国社会都有争议。围绕经济改革和社会改革，争议都很具体。这当中有对"利益集团"的批判，有对不公平的指责，有对政府调控不力的抱怨。但总体看，这些争议大体属于"就事论事"，而且被看成是"不可避免的"，它们的政治化程度较低，没有对改革的节奏形成挑战。

最大的争议簇拥在政治体制改革周围。对什么是政治体制改革，争议就很大。官方只提出了政治体制改革的概念，具体阐述很少。一些学者认为，中国不断推进的行政体制改革，就是政改的重要组成部分，因此中国的政改一直在推进中。

但也有一些人认为，政改的核心应当是改变权力的生成机制，政改就是不断推进票选在中国政治生活中的作用，它的终极目标是在中国实现西方式民主政治制度。

还有相当多的人，对政治体制改革没有做过思辨，但大体认为"发展民主"以及与此相关的一些改革属于政改。对他们来说，政府接受更多的监督，对官员问责制的建立，舆论多元化逐渐成形，都或多或少跟政改有关。

当前围绕"改不改革"的争议，主题经常搞串。对政改的争议，会影响对经济及社会领域改革的感受。比如因为认为"政改不足"，就笼统评价说整个改革都"停滞不前"。

虽然具体争议很多，但对改革大方向，即中国应该建设有中国政治特色的现代国家，还是应当在政治上西方化，走模仿美欧之路，社会已在形成选择前者的主流意见。这个主流的内涵是：包括中国的大多数人，包括中国大多数政治和经济精英，以及大多数知识分子。

主张中国彻底西化的人，在知识精英中所占的比例，比在其他群体中占的比例相对最大。

对于未来改革的情形，或者说未来改革的根本方法，同样存在不同看法，但主流意见也变得越来越明显，那就是越来越多的中国人支持渐进式改革，不支持激进改革。这种集体意见的形成，主要是中国人看到了自己渐进改革与前苏联激进改革的不同结果，而近年来的各种"革命"迄今并未让世人看到多少好处。

中国公众对改革还有其他困惑。比如一些人搞不清国家目前是否仍在改革中，因为舆论中批评"改革停滞"的声音很高。此外很多人知道中国的国情不允许照搬西方政治制度，但对"中国特色"究竟是什么心里没底。

中国发展很快，但显然未来不能是现在的原样放大，资源上肯定不行，经济模式上大概也不行，外交上同样不行。政改是必须的，光推理就够了。但怎么改，的确是篇惊天动地的大文章。

有一些道理肯定不会错：改革应促进新共识。政改不是为改而改，不是为了获得西方的掌声。它应是为了给中国其他改革创造更大空间，为了解决腐败等中国迫切的政治难题。同时，它也是为了在复杂的全球化竞争中凝聚更多的中国国内团结。

(2012.02.24)

户籍改革，中国有序变化的缩影

国务院户籍新规开放了中小城市的户口注册，同时对大城市户口保留限制，这符合中国的现实。人们预期，放宽户籍将逐渐向大城市扩散，尽管现在看不到时间表。

户籍改革是中国渐进式改革相当有代表性的缩影。中国今天人口流动的自由度，与改革开放之初相比可谓有天壤之别。但城乡二元制仍远未彻底打破，不公平虽有缩小之势，但也远未从户籍制度中被清除。

户籍改革看似中央政府的决策，实际上它的强大推力来自民间。这是中国工业化和城市化自然推动的人口新配置，中央政府更多是对它给予认可和规范。而大城市至今放不开，也非中央政府的意志，而是中国大城市过于拥挤的现实所致。

纵观中国改革，大量突破都是民间发动的。它们有些最初属于"违规"，但大多是"不得不违"，很难管住。根本原因是势比人强，也比规强。从联产承包到民间信贷，都是老百姓摸索着干出来的，所谓政府"主导"改革，其实是政府顺应了大趋势，认同并保护了民间的各种创新。

中国还有些"改不动"的地方，从推理上说，一些力量在阻碍改革，似乎是最大原因。而真实情况是，社会在该方向上积蓄的突破力还不够，社会能从这些改革中预期的好处，比之社会从中预期的麻烦甚至破坏力，形不成让人信服的压倒之势。

崇尚改革已经深深融入中国人的集体意识之中。中国人从本国及世界近几十年林林总总的经验及教训中，形成了对改革相当成熟的积极心态和度的把握。反对改革的主观作用，远远小于现实对激进改革的客观排斥。

中国过去30多年的社会综合变化相当大，近来限制公权力及向弱势群体倾斜的社会福利改革不断出台。与西方任何国家相比，中国改革的活跃性，舆论对改革"是不是慢了"的警觉，都高出一大截。

整个中国的改革，就是户籍改革的放大体。中小城市的户籍管理制度，现在"完全变了"。京沪穗这样的大城市，变了一部分。外来人口占了一大块比例，他们的权利越来越多，未来趋势是与户籍人口的福利拉平。这样的改革和这样的渐进性，都是大都市一方面成长繁荣，一方面保持城市功能有效、稳定所必需的。

中国一线城市最终会不会完全取消户籍，这不应是仅仅从道义上思考的命题。西方大城市的户籍自由，也不应是中国户籍改革的最终参照。因为西方大城市的背后，都没有13亿的超大人口基数。他们看紧国门，严限签证，就是在减轻他们自己城市的人口压力。

中国其他改革、包括政治体制改革，不太可能有与户籍改革截然不同的逻辑。

（2012.02.25）

西方要巴沙尔下台，民主次之

叙利亚 26 日举行新宪法草案全民公投。草案核心内容是：改一党制为多党制；改总统选举为议会选举；总统任期 7 年，可连任一届。公投结果今天就将公布，但反对派在西方的支持下抵制公投，这使得公投无法成为化解叙利亚危机的转折点。

西方拒绝叙利亚任何改革，而把巴沙尔下台作为结束叙利亚危机的先决条件，这是错误的。这是在逼叙利亚内战并大批死人。西方要的并非是叙利亚民主，而是要推倒巴沙尔政权，以此清除伊朗对叙利亚的影响。他们在追求中东地缘政治新布局。

中国应同俄罗斯一道，支持叙利亚公投。西方必须为他们的过分要求支付比现在多得多的成本，但他们看上去有些犹豫，想白捡让他们完全称心如意的结果。

在全球化条件下，一个政权完全不受外界影响是很难的。用非黑即白给中东各国政权贴标签，注定是骗人的把戏。因为它们大多是"灰色"的。叙利亚新宪法草案的民主标准，中东很多国家都做不到。死逼叙利亚局势在道德上很虚伪。

西方倒巴沙尔的政治安排看上去势不可挡，但它的后劲究竟有多大，存在变数。"叙利亚之友"会议开得远不如去年"利比亚之友"顺利，巴沙尔政权的国际孤立度比卡扎菲政权要低得多。至今现政权没有出现官员明显的倒戈潮，而反对派则很不团结。这些都跟去年利比亚的情况不同。

西方并非是万能的。上世纪七八十年代，越南入侵柬埔寨，扶持当地政权。当时大国中只有苏联支持越南和柬埔寨亲越政权，西方连同中国都反对。但该政权最终挺住了。

中俄应支持并督促巴沙尔政权做真正顺应民意的改革，同时帮助叙利亚抵挡来自外部的强行干涉。最终决定叙利亚命运的只能是人心。如果巴沙尔政权通过改革获得大多数国民支持，它生存下去的可能性就会大大增加。

叙利亚问题已经从最初的"街头革命"彻底变味，逐渐成为中东各派乃至大国之间展示各自政治决心，确定利益规则的角力场。已经卷入其中的中国随时可以后撤，但肯定要付后撤的代价。

过去中国一直在西方主导的国际秩序中发展，但是近年来，该秩序出现限制中国的倾向。中国因此与该秩序发生一定摩擦无法避免。叙利亚问题可以看成这样一个歪打正着的摩擦点。

中国致力于对叙利亚人民痛苦最小的解决方式，而非对西方最有利的结果。这对西方的冲击，比我们想象的大。如果西方最终接受了中国的做法，这是世界秩序一个新细胞的形成。如果中国后撤，情况另当别论。

中国接下来在叙利亚问题上每出一张牌，都会受到西方战略上的审视。即使我们没想那么多，外界的解读也会从表及里。

因此中国这一轮投出的否决票是泼出去的一盆水，收回来已无可能。世界今天的战略性变化，大多缘起中国。现在到了中国自己认真面对它的时候。

（2012.02.27）

中美都医改，一个落实一个扯皮

全世界最困难的社会改革是什么？是医改。奥巴马2009年上台后，执政3年多，干的"最大一件事"就是医改。但直到今天，奥巴马的医改该不该落实，仍在繁琐扯皮。

在与奥巴马执政并行的这段时间，中国干了被称为"新医改"的同样一件事。新医改方案2008年开始对社会征求意见，2009年正式启动。从2009年至2011年，中国向医改投入11030亿元人民币，形成医保对广大农村地区及城市困难户的历史性覆盖。

在美国就是否应当医改做"车轱辘转"辩论的时候，从2009年至今，中国国务院医改领导小组开了至少十几次并非辩论、而是落实医改决定的会议。该领导小组有十几个部委负责人参加，能够形成让美国社会瞠目结舌的工作效率。

13亿人口的大国能普遍推行现代医保制度吗？这是雄心勃勃的命题，但它的复杂性也足以令人望而生畏。新医改能在中国展开，不仅外国舆论没想到，中国舆论倒退几年也对此非常悲观。很多中国农民不相信自己这辈子能跟国家医保制度有缘。

但短短3年里，奇迹在中国逐渐发生，医改在勇敢地面对一个又一个难题。这是中国整个改革事业的一个攻坚点，它的发展很可能会最终影响中国文化对生老病死的感受，改变中国人的大量观念和习惯。

医改不是最近几年中国"迸发力量"的唯一领域。中国的保障房建设2011年如期开工1000万套，5年时间建成3600万套的计划很有希望实现。此外中国九年制义务教育在农村实现完全免费，养老金今年内有望实现全民覆盖。这些改革的大手笔最近几年令人目不暇接。

中国显然是个一旦确定目标，就有力量实现它的国家。汶川重建快得让世界不敢相信，日本福岛地震灾区的重建与之相比慢得就像蜗牛。尽管有人提出决策及落实速度快也有值得慎对之处，但它的好处显然是真实的，并且立竿见影。

对中国"体制"的批判在西方舆论中越来越紧，并且影响了一部分中国人对自己国家的信心。西方政治制度成了这种舆论评价中国的唯一标尺，而且它量出的中国处处皆错。

西方很少有人对比中美医改截然不同的进展，西方舆论显然对中国人抱怨政府更感兴趣。他们把中国定义为"专制国家"，已经把我们看扁了。他们或许压根就没想过，中国政府这3年做了比奥巴马推销医改计划"更伟大"的事。

外人看扁我们，我们自己切不可看扁自己。中国的"体制改革"这些年从没有停止，不断的改革在制造中国体制的巨大弹性和生命力。

中国这些年什么人的工资增长最快？保姆无疑是工资增长最快的人群之一。这个事实浓缩了中国社会改革的大量含义，它是中国朝着更公平社会前进的印证性标志。

中国这些年到底进步了多少，拿数据与事实到世界上一比，可得出大致轮廓。至于相信不相信这些对比，是像在山上望大江东去体会何为江，还是完全凭江面上的一己感受为它下定义，这既取决于一个人所处的位置，也取决于他的悟性和心胸。

(2012.02.27)

19年跨入"高收入社会"？别吊高胃口

世界银行和中国国务院发展研究中心联合撰写报告展望2030年，并起了个响亮的标题：《2030年的中国：建设现代、和谐、有创造力的高收入社会》。其中"高收入社会"的说法很有触动感。

报告提出中国未来发展的六大战略方向，总体上有较强说服力。比如报告提出中国变环境压力为绿色发展的动力。报告还要求增加机会均等，扩大面向全民的卫生、教育和就业服务。这两项都是为中国经济开辟新市场，化负担和问题为新的增长空间。

但这个报告把"高收入社会"这个概念突然推到中国公众面前，显得很突兀。中国官方此前对2020年的目标阐述是"全面建成小康社会"，这个目标已经深入人心，并且符合公众的实际感受。

按世行2008年的标准，人均国民总收入11906美元以上就属于"高收入国家"，它大致相当于去年中国人均国民总收入的两倍多一点。从数据上说，再用19年时间，中国达到这一水平的可能性很大。

但中国切不可接过"高收入社会"这个概念，用它代替中国以往对自己目标的描述。官方的说法是，到2050年，中国将成为"中等发达国家"。

"小康"、"中等发达"等已经构筑了中国规划未来的话语体系，它们的学术有效性和政治有效性都很高。随意跳到世行的话语体系中，会给中国带来不必要的思想混乱，导致大量误解。

中国这么大的国家，从1978年的几乎赤贫发展成中国人通常认为的"高收入社会"，无论如何不是半个世纪的事。少数一线城市和发达地区有可能做到，但整个中国肯定做不到，即使我们全都"改革对了"，也做不到。

联合报告提出的改革方向切中了中国当前的问题，它提出的紧迫感我们也非常认同。但通过媒体报道出来的联合报告给人一种印象，只要中国十分精准地推行一揽子改革方案，所有中国人就会很快享受到"高收入社会"的成果。这就是一些话语可能带来的误导。

中国舆论中现在有不少对国家现状的误读。目前已经出现动辄与西方发达社会做对比的倾向，一些人对国家福利体系有不切实际的幻想。切不可继续吊高公众的胃口。

中国媒体应当告诉公众一个基本事实：全世界哪儿的老百姓过得都不容易，花钱都挺紧巴。人们为了"过日子"把挣的钱又花出去，这是社会宏观经济平衡的基本规律。全世界不存在手头很宽裕的"老百姓群体"。

改革是要促进中国的不断发展，但不要轻易为改革树立理想化的目标。世行所说的"高收入"显然不是"理想国"，现在人均一万美元以上的国家有几十个，俄罗斯就是之一。但俄罗斯人的不满一点不比中国人少。

以中国之大、之复杂，改革必须不停地进行，改革已是我们的生活方式。与此同时，改革不可能走得像钟表一样准。中国改革一定会失去某些精确度，会出一些问题。

过去30多年，中国创造了奇迹。但全民族的心理不能只依靠奇迹来浇灌。社会需要有承受平淡甚至一定挫折的能力。

当然，世行和国务院发展研究中心报告毕竟让我们耳目一新，它让我们看到了中国改革和发展的潜力。中国现在需要思想碰撞，因为我们需要一些意外的触动。

(2012.02.28)

中国军费增幅不必看西方脸色

两会在即,中国又将宣布新一年国防预算。我们希望中国政府不要顾及西方舆论的压力,保持中国军费两位数的稳定年增长。

2011年中国军费增幅为12.7%,但是2010年,军费增幅曾滑落到7.5%。2010年西方舆论对中国军费的批评确实有所缓和,但去年中国军费增幅重回两位数,西方的批评比往年更猛烈。因此中国应主动避免军费增幅的较大摆动,维持外界的稳定预期。

今年中国经济增速将放缓,但有效经济部分不会萎缩,财政收入会继续扩大。加之中国民间对增加军费有很高支持度,军费来源不会成问题。

外界的批评增加不了中国的额外舆论负担。指责中国军费增加快,无论对西方还是对中国来说,都已习以为常。这些批评对中国安全的损害,与增加军费带来的实际国防收益相比,根本不成比例。

必须清醒看到,随着中国崛起逐渐成形,中国从国际上吸引的防范之心甚至敌意,都在形成当今世界最大的总规模。如果中国没有强大的国防做后盾,针对中国的各种不理智情绪就会逐渐肆无忌惮,一些恶意想法就会变成"试一试"的冲动。

尤其要指出的是,美国作为世界超级军事强国,已把它的战略防范重心锁定中国。这种防范之心并非不可理解,但以往的记录显示,美国动用其军事力量总体上比较轻率。一旦它有把握取胜,并且确信不会遭到不可承受的还击,它有把军事压力作为最划算、也最有效手段来使用的倾向。

逐渐走向国际政治风口浪尖的中国，强大国防能力必须加快构筑。世界局势变化得很快，世界主要战略力量之间"和而不同"的空间有缩小迹象。不干涉内政原则在世界舞台上进一步被动摇。全球化巩固了和平的价值，但也在制造比过去更多的摩擦点。

台海问题没有根除，中国周边的岛礁之争随时可能升级，并因大国的卷入可能演变成亚太的战略紧张。控制所有这些风险，中国的主动权并不多。中国尚无能力仅仅通过政治手段，让战争风险远离自己。

提升军力是中国发展保持和谐性的重要一环。中国的利益面在扩大，与外界的竞争变得激烈，外界对中国的态度如果一成不变，继续把中国当成弱国挤压，就会导致可怕的国际政治混乱。防止这种认识错乱，让中外关系保持与时俱进的实事求是，是亚太长期稳定的基石之一。

中国的军力必须跟上来，同中国的整体国力和对外接触量相匹配。中国不仅要真的成为军事强国，而且这一事实应当参与各国对华政策和态度的塑造过程。

因此中国应当在军费的问题上保持坦然。让外界尽可能理解中国壮大力量需增加军费的必要性，如果有些人就是不理解，那就随他们去。他们终有习惯并理解的那一天。

中国是爱好和平的国家，这与中国军费没有绝对关系。我们期待中国今年的军费增幅是适度并且足够的。

(2012.02.29)

雷锋是温暖最持久的符号

今年是雷锋逝世50周年。雷锋精神再次受到关注。

雷锋是新中国所有英雄人物中生命力最强的一个，是"英雄中的英雄"。他经受舆论多元化的洗礼是必然的，但各种质疑并没有对雷锋精神中的核心元素构成伤害。雷锋是位善良的好人，待人热情，处事积极。"做好事"是几代中国人对雷锋精神最通俗的理解。

雷锋是官方树立的英雄榜样，但这个榜样也是中国老百姓共同树立的，是全民"学出来的"。因为一代代中国人践行"学雷锋"，雷锋精神得以在世间反复磨砺，被无数具体的人再加工。也正因为它适应了最广大的人民群众，才不会因为社会的变迁被淘汰。

对于"英雄雷锋"和"真实雷锋"之间的吻合度，舆论的兴趣几乎是天然的。一些质疑带来了雷锋形象的复杂化，但即使这样，类似议论从没有主导中国社会对雷锋精神的思考，它们对公众的影响范围一直有限。

雷锋精神的真实性已经留在历史中。其实仅靠官方的努力，任何英雄形象都只能树立一时。任何对其真实程度的质疑，都可能彻底毁掉它。但雷锋确实在各个方面都成了穿越历史的例外。

雷锋这个名字直到今天让人感到温暖。人们决非怀念他生活的那个时代，岁月往前走，不回头。但每一代人都想多有一点温暖，而雷锋是温暖最持久的符号。

雷锋精神解决不了当代中国社会的种种问题，但缅怀他，官方不以政治功利主义号召学习他，只会给社会带来正面的新触动。

中国社会不应在意一些针对雷锋精神的尖刻言论。这无可避免，但不值当让围绕雷锋的注意力都陷入类似争论，不能自拔。学雷锋应当是这个春天一件令人开心的事，它应当轻松，飘动人与人之间的善意。

今天的中国是从计划经济时代走过来的。一方面，我们无法跟那个时代在精神上一刀两断；另一方面，那个时代也不可能拽着我们，不让我们往前走。中国人的精神世界复杂而丰富，这不该是我们的痛苦，而应是我们的感慨万千。

让我们简单地爱雷锋精神。因为无论有过多少复杂，它留给我们的就是几声简单的呼唤。顺着岁月的轨迹倒着往回走，去寻找、发现简单背后还有过什么，那大概只会是少数人的偏好，不会是中国人的集体下意识。

中国行在途中，雷锋是我们走向未来的精神伴侣。他不是偶像，他是我们孤独时的身边人，是我们累时伸过来的一双手。

(2012.02.29)

谁给了美国对世界"执法"的权力

美国总统奥巴马28日签署命令,在美国贸易代表办公室内部设立跨部门贸易执法中心。西方评论称,美国这是冲着重要贸易伙伴的"不公平贸易"来的,主要针对中国。

同一天,华盛顿智库"信息科技与创新基金会"公布了一份报告,题目是《够了:对抗中国的创新重商主义》。它指责北京耍手腕为中国公司获取"绝对优势",要求美国政府与盟友打造"全球自由贸易联盟",排挤中国。

成立跨部门贸易执法中心或许是美国行政改革的需要。但它很可能创造契机,帮助美国做与中国加剧贸易摩擦的准备。美国此前从没有专门成立贸易执法中心对付新事态的先例。中国今天面临的贸易摩擦态势显然已十分严重。

美国人一直认为,美国制造业是全世界效率最高的,竞争不过中国,只能是因为"不公平贸易"。美国政客们反复向选民灌输这样的看法:中国正用"国家资本主义"挑战全球贸易体系,美国必须"反击"。

其实美国才是全球贸易规则的挑战者和破坏者。华盛顿大概觉着,世贸组织能给美国利益帮的忙越来越少了,他们应当"另起炉灶"。美国政府此番将各部门资源整合在一起,很像收拢五指,攥成拳头,时刻准备向他们眼里"不公平贸易"出拳。

然而美国再强大,它也无法将自己的意志扩张成世界的意志。世界不会接受一个凌驾在世贸组织之上的贸易强权。因为如果谁都成立自己的"贸易执法中心",都宣称自己"替天行道",或者打着世贸组织旗号追求一己私利,"挟天子以令诸侯",世界贸易岂不大乱?

美国不要以为自己是全球第一进口大国,就有了无限特殊的权力。快则三年,慢则五年,中国就将超过它,成为世界头号进口大国。是不是中国届时也可成立自己的贸易执法中心,对美国随意"执法"?

今年是美国大选年,对外挥舞拳头的美国政客格外多。美国民主、共和两党不能在任何议题上取得共识,却唯独能在攻击中国上态度一致。民族主义正在成为2012年美国的精神鸦片。

美国醉了,中国不能跟着醉,我们得清醒。中美双边贸易额大得惊人。中国对美国2011年出口3200亿美元,而美国对华制裁不超过100亿美元,比例顶多2%—3%。由于中国是美国出口增长最快的市场,美国不敢与中国彻底摊牌。

但同时要看到,由于中美缺少战略互信,彼此防范不断加深,未来贸易摩擦政治化的危险越来越大,如果处理不当,两国贸易问题随时可能"出轨"。

美国政客喜欢借题发挥,中国最好的做法是不在政治上接茬,而坚决依照世贸规则,同美国把每一笔贸易官司打到底,维护中国公司实实在在的利益。同时,中国应搞好行业团结,遏制外贸企业的彼此压价。这样既有利于中国企业增收,又可减少外国对中国企业的反倾销调查。

无论如何,我们不必被美国成立所谓执法中心吓住。美国已经没有一手遮天的力量,中国的贸易体制好不好,也不是华盛顿说了算。只有世贸组织才有评价权。世贸组织总干事拉米给中国入世以来的表现打了A+,这是最高分。

(2012.03.01)

能容外部献策的中国才是自信的

"独立学者"杜建国星期二在世行行长佐利克记者会上做当面声讨，引起舆论广泛关注。杜建国猛烈抨击世行与中国国务院发展研究中心共同撰写的报告，称其为世行对中国下的"一剂毒药"。互联网上迅速有人跟风，给该报告贴上"鼓励国有企业私有化"等标签。

看来一些人并未认真研读该报告，或者他们对信息的辨识出了问题。报告确实提出深化国有企业改革，但这是中共15大以来国家的一贯主张。该报告中并无一处提"国有企业私有化"，一些批评者树立的靶子不真实，加入了大量他们自己的想像。

更重要的是，反对中外学者搞联合研究，这种态度过于保守。中国与世行的合作已经持续几十年，世行向中国提建议是正常的，保持它对华建言的积极性，对中国有益。此外世行参与研究，也是在国际上传播中国真实信息的过程。中国应有自己的判断力。我们不应像小孩子一样容易轻信，或者看着所有"外人"都像"坏人"。

联合报告中的所有主张都是建议，而非中国的政策。维护机构和学者政策建议的积极性同样很重要，中国不能所有事情一出来就是政策，必须有一个意见博弈和学术研讨的开放过程。

在记者招待会上当面声讨佐利克不应受到鼓励。西方也会偶尔出现这样的"个性化抗议"，但这种抗议无论在哪，都会被归入非理性范畴。它们不会被当成抗议者有尊严的表现。

环球时报2月28日曾就上述联合报告发表社评，对其中大部分观点表达了认同。同时也提出，该报告为描述2030年的中国，使用了

"高收入社会"的概念，中国政府不应将它接过来。尽管世行的"高收入"标准只有大约人均 GDP 一万美元，但这个概念很容易给中国社会造成误解。中国应坚持用"小康社会"、"中等发达国家"等描述国家的愿景。

该社评还提出，"中国现在需要思想碰撞，因为我们需要一些意外的触动"。在出现佐利克遭抗议风波后，我们重申坚持 2 月 28 日社评中的这些观点。

经济总量以及综合国力已是世界第二的中国，能不能继续发展好，心胸至关重要。我们不仅要听得进不同意见，甚至要受得了外部为了各自利益对我们使出一些小动作。我们当然要维护自己利益，甚至有时针锋相对，但不能主动将摩擦转化为敌意，让对外部"用心"的质疑堵住我们的思路，我们的包容必须是连着战略的自信。

世行在中国的改革和发展中总体上扮演了促进者的角色。尽管世行的政策建议会含有"复杂因素"，但这种"复杂性"应当说没有超出正常区间。世行的思想方式从来没有主导过中国的决策过程，它不可能取代中国人的判断力。

我们支持中国学者对世行的各种主张开展辩论。其实中外学者联合撰写报告就是思想交流和碰撞的过程。它帮助中国人和世行都开阔了眼界，世界也通过世行的参与更多了解了中国。现在有更多人参与到争论中来，这是好事。但我们必须记住，争论不等于排斥，兼容的境界更高。

(2012.03.01)

中国应在半岛问题上举重若轻

朝美 2 月 29 日同时宣布,朝鲜将暂停核试验、远程导弹试射和宁边的铀浓缩活动,换取美国对朝鲜的粮食援助。中国官方已对这一突破表示欢迎。

朝鲜半岛的稳定系关中国战略利益,中国对半岛投入的关注和各种资源都很多。但中国控制半岛的能力非常有限。有人认为这是因为中国对朝鲜的工作"没做到位",其实事情要复杂得多。半岛局势中充满了各种力量的即时互动,不仅中国,谁也把控不了各种力量发力的轻重。

这次朝美在北京的谈判获得成果,完全是中国愿意看到的。这里面大概还有中国助的一臂之力。但谁也保不准未来会不会出岔子,局势又回到对抗的原点。

中国对朝鲜有高于美俄等其他大国的影响力,这是真实的。中国的这种影响力有地缘、历史和现实政治的多角度支撑,很难受到挑战。继续保持中朝特殊友好关系,不应有任何犹豫。

但对中朝友好的"上限",我们不该存有幻想。朝鲜已经形成了维护外交独立自主的传统,朝鲜不会在核武器、对美韩政策上对中国言听计从。但它对中国有比对其他国家高得多的战略信任感,中朝可以在关键问题上坦诚交流。其实这就够了。

通过有互信基础的交流,朝鲜会明白中国对其战略安全的长远重要性。它的任何举动,不应以伤害中国的战略利益为代价,或者它至少应当做到,中国永远都不是其外交政策受伤害较大的一方。

随着中国国力的不断增强,中国在东北亚现有格局中影响朝鲜的能力也将上升。有人担心，朝鲜会有一天反过来与中国敌对，如果发生这个局面，只能是中国外交非常失败的结果。因为中国没有理由把朝鲜对国际社会的敌视吸引到自己身上。

中国应当建立针对朝鲜半岛的战略自信。它应包括对自己话语权的自信，对美朝关系再缓和也好不过中朝关系的自信，以及谁也不可能在半岛事务上"耍中国"的自信。

中国的主要任务是在半岛上促和，实在促不成，最倒霉的肯定不是中国。中美韩等都希望朝鲜弃核，但对路径的看法不太一致。美韩等认为制裁是头等重要的，中国认为美韩别总用冷战那一套对朝鲜，让朝鲜感觉到周边的善意，这更重要。

半岛的麻烦环环相扣，各方都觉得自己最无辜，其实很难找出真正的"罪魁"。解开半岛的死结相当难，中国得适应挨着这个"火药桶"，认真对待它，但用不着焦虑。尽量给大家讲"和为贵"，一旦出危机，肯定有比我们更慌张的。

中国没有半岛事务的决定权，但我们显然有否决权。坚守住否决权，逐渐扩充它的内涵，我们就可进退有据，做朝鲜的朋友，对其他方也不是敌人。

中国人做事很重细节，但有时举轻若重。无论内政外交都如此。其实大国更需要举重若轻的处事态度，因为否则我们就会一惊一乍，寝食难安。或许朝鲜半岛是磨练我们这种态度的最佳地方。想想看，首尔就在朝鲜的炮口下，都没事。我们担心什么？

（2012.03.02）

两会，中国政治民主有规模的探索

全国政协大会今天举行，拉开了中国两会的帷幕。两会越开越实，全社会的参与度越来越高。两会的前进过程成为中国政治民主很有规模的探索。

两会的变化是中国全社会共同促成的，它既含有中国顶层政治的与时俱进，也源于社会基层的强大推动。它不是一个大改革方案设计并执行的过程，而更像是两会实践在新环境下的自发性演进，是中国各项改革事业在政治领域水到渠成的汇合。

两会的功能设计大体还是老版本，真正变的是各项功能的活跃度，以及它们的真实功效。这些变化对整个中国政治体制改革都有启示意义，为改革和稳定之间很难拿捏的关系，给出了一个样本。

两会仍有许多问题，但这些年两会的进展，给那些问题的未来化解制造了较为乐观的预期。两会至少证明了，政治改革的作为空间很大，中国不是钉死在原地的一块木头疙瘩。

两会代表的人数，较西方议会多得多。之前很多人认为，这是两会只能搞"空谈"，而无法有实效的原因之一。但从另一个角度看，这也是中国两会的特殊长处，它增加了两会的代表性，对两会展现并整合中国各地各阶层的诉求，提供了其他国家所没有的舞台。

昨天舆论热议九三学社针对反腐败提出的议案，这显示了多党合作及对执政党的监督都在发展。最近几年，两会代表的活跃与舆论的活跃相互影响，形成两会期间全社会的参政议政高潮。"民主"在中国出现与其他国家不太一样的形式和节奏。

这只是一个开始，中国应当把围绕两会的政治民主表现发展下去，使这些成果逐渐集合成中国在政治上前进的朝天大路。政治改革其实并不神秘，它必然是上下一起推进，人心和现实主客观共同促成的。

　　改革是一件件事的累积，推一项新政策，也可以看作一件事。改革的事做得多了，就会形成改革的集体信念和跨越代际的思潮。

　　中国需要真正的思想解放，需要有一大批改革者。他们要敢于突破常规，敢于为了国家和公众利益尝试看似"犯忌"的事，这和出一项改革新规定，对推动改革同等重要。

　　中国的两会，以及整个中国政治制度，必须进行世界范围内的"原创性"探索。一个基本原因是，人类文明从未面对过一个13亿人口的大国，如何让社会的各种诉求充分表达，又如何在这个前提下凝聚共识，确保国家的团结，任何国家的经验都只能用来参考。

　　我们希望，两会一年比一年开得更透明，与中国的核心问题更对接，与老百姓的诉求更一致。中国不需要西方议会里的分裂及装腔作势，我们要的是对问题的解决，对责任的担当，以及区域和阶层利益同国家民族整体利益的合理协调。

　　中国在快速发展，两会也不可能很快在细节上固定下来。两会每开一次，都应成为中国改革连续剧新的一集。

（2012.03.03）

普京当选，无悬念却值得细说

俄罗斯总统选举昨天投票。一方面普京当选无悬念，另一方面他影响国家政治的个人权威被普遍认为打了折扣。这两个看似矛盾的判断，有可能就是未来六年俄罗斯政治激流的左岸和右岸。

俄罗斯显然比过去"民主多了"。民主挑战了个人权威的无限坐大，但民主抹不掉俄罗斯的基本国情和利益。普京在权威受损的情况下无悬念当选新总统，这只能说是俄罗斯国家利益的胜利。

总统选举挤掉了普京权威的水分，剩下的部分或许不再够他像上一次当总统时那样"呼风唤雨"了。但如果普京的新团队做得足够好，引导国家快速适应新的权力平衡，俄罗斯继续保持基本稳定和强大，几率仍然很高。

西方一直很负面地评价俄罗斯选举，这对俄罗斯内部团结持续构成压力。俄罗斯这方面的遭遇显示，与西方存在地缘政治竞争的新兴国家，不太可能得到西方在民主方面的正面肯定。俄罗斯是越搞民主越被西方指责"不民主"的典型例子。

俄罗斯与中国的差异很大，两国的基本国情以及与西方政治体系的距离，都不完全一样。但西方出于"小心眼"，把中俄归为同类。俄罗斯内外的各种冲突，也因此对中国有了更多的启示意义。

从苏联解体至今，美国对俄战略维持了削弱和打压的惯性。俄罗斯以战略核力量为基础的国家实力框架，在苏联解体后得以幸存下来。普京执政使它重新得到强化。西方要对付的不是普京个人，他们真正要对付的是维持俄罗斯实力的国家权力体系。

这几乎无从下手,但是俄罗斯的民主化进程,提供了唯一的突破口。因为俄社会至今对"民主"处于懵懂的状态,一些人很容易接受西方的说教,相信自己国家与西方的地缘竞争是"与民主对抗"。

俄罗斯的内部政治斗争将有更多的戏剧化。糟糕的是,这些在西方被认为是正常的博弈,在俄罗斯会被说成是换了外衣的"政治压制"。这个观点在世界舆论中似乎"很正宗",西方的推动起了决定性作用。他们鼓励俄罗斯反对派不接受选举结果,他们期待俄罗斯发生有破坏力量的街头革命。

普京政权需要在与美国开展国家竞争的同时,适应国内方兴未艾的政治多元化节奏。兼顾好这两件事,普京政权尚缺经验。在美国等西方国家,爱国主义可以成为阻止国内力量同外部势力结盟的有效屏障,但在俄罗斯,这样的屏障几乎被冲垮。

中国的综合国力逐渐明显超过俄罗斯,中国与美国的地缘竞争强度也将超过美俄矛盾。中国应支持俄罗斯稳定,同时从俄罗斯自我改变和"被改变"的种种境遇,评估我们自己应推动什么,警惕什么。中国需要不断改革,同时必须把改革的设计权和调控权,牢牢掌握在自己手里。

希望普京当选有益于俄罗斯的国家利益和俄罗斯人民的利益,他领导俄罗斯的所作所为有利于保持世界的稳定和均势。

(2012.03.05)

摆脱西方舆论影响，客观看俄罗斯

普京在总统选举中获压倒性胜利，西方舆论冷嘲热讽。西方的报道影响了不少中国人，普京胜得"没有悬念"被看成"不正常"。摆脱西方舆论对中国人"俄罗斯观"的塑造，对中国有战略意义。

第一个意义是，西方舆论对俄罗斯民主进程的漫画式描述，与他们对中国政治的抹黑，出发点和逻辑都差不多。中国社会扳正对俄罗斯认识的过程，就意味着挣脱西方的思想灌输，能够客观看中国自己。

俄罗斯的政治进程是由俄国内现实和世界大环境共同编织的。不排除俄现政权对选举有一定的影响能力，但这种影响全世界都有，只是强弱程度的不同。但它显然不是普京获胜的决定性因素。当今世界，民意能推翻独裁政府，更何况不在自由选举中向某个投票指令屈服。

西方已经确定了对普京的态度，质疑普京当选的合法性，是西方舆论的既定导向。西方那些俄选举报道对客观原则的偏离，远远大于俄选举本身在绝对公正方面出的偏差。西方舆论又一次在做情绪化的起哄。

西方媒体仗着长期积累的影响力，故意在国际政治的核心问题上不守道德，因为没有人可以对它们做立竿见影的惩罚。但它们这样做，正在把西方变成把头扎进沙子的鸵鸟。

中国人不能跟着西方，也把头扎进沙子里。我们能在多大程度上维系对俄罗斯的独立思考，将决定我们在快速变化的世界上有几分清醒，有多少对别人忽悠我们的抗拒力。

第二个意义是，实事求是地认识俄罗斯，是中国与俄发展可持续战略关系的社会思想基础。因为这关系到我们对俄未来政治走向的判断，以及对普京真实威望的把握。这不仅在中国外交圈中很重要，由于俄是对华关系重大的战略性力量，民间的对俄感受亦不可忽略。

随着中国和俄罗斯的外部压力都在增大，中俄战略协作导致的利益触动也将越来越明显。这当中必将有得有失，中俄关系需要得到民间的更多支持和授权。

在中国的国际报道仍然很深受制于西方的时候，俄罗斯在中国民间的好感度远远跟不上中俄关系发展的实际需求。目前的中国对俄政策，外交层面决定的因素很大。中国媒体常常扮演阻力的角色。

实事求是看俄罗斯至少应包含两个内容。一是客观看俄罗斯的现实，客观看普京等俄领导人。二是理性看俄罗斯今天对中国的重要性，以"此一时彼一时"的态度对待两国历史和当前几经变化的利益关系。

普京高票当选在较大程度上稳定了中国北部方向以及中国在世界上的战略环境，在中美博弈不断升级的时候，这对中国很可贵。中国接下来的进一步发展壮大，会反过来为俄坚持目前的战略选择提供动力。尽管俄外交的小变数很多，但中俄关系的大局从叶利钦时代开始，就不断被打造。

中国不像有些人认为的那样，是中俄关系的被动方。中俄的平等和相互尊重已经相当扎实，正因为这样，两国战略关系的继续发展几乎没有包袱。让两国民间的互视也更加友好，决非勉强之事。

(2012.03.06)

调 GDP，同时调社会心理预期

政府工作报告将中国今年的 GDP 增幅定为 7.5%，这是最近 8 年来首次低于 8%。中国经济从两位数的增长峰值逐渐减速，会有一系列连带后果。人们期待这是转变经济发展方式一次"动真格"的调整。

舆论经常主张"合理"、"均衡"的增长，其实这是理想状态，很难精确把控。而且何为合理均衡，我们的认识也是变化的。因此我们认为需要调整时能调得动，船要掉头能掉得过来，就能最大限度地接近我们追求的合理和均衡。

理想的经济增速需要对应环境和资源的承受能力，对应社会整体发展目标，还要同舆论的期待相匹配。调低经济增幅，同时要真正让社会对经济发展的预期逐渐降下来。否则就是两脚同时踩上刹车和油门。

中国过去 30 多年增长奇快，民众的生活变化在不少地区就像是魔术。"我的一生会越变越好，而且会快速变好"，成了中国人集体心理中理所当然的信念。未来中国人的生活仍会越变越好，但这一两代人戏剧化的人生境遇很可能是特殊的，不会一代又一代上演下去。

过去一两代中国人赶上了经济起飞时代，他们付出了，也得到命运变化的回报。未来中国人的生活起点要高得多，同时上升空间会缩小。但社会心理的惯性是强大的，缩小它的预期比扩张预期要困难得多。

中国社会近年来充斥了各种不满，根本原因就是一些人认为，自己生活改善的速度应该更快些。中国的变化已经很快了，但它的速度仍输给了社会预期的增速。

中国经济正高速增长，但社会理性的增长并没有同步，后者在很多领域甚至是负数。当经济增速下调时，一定要把社会心理同时拽上调整的大船。中国不是万能的，不是每一代人的生活都能在各自的起点上攀同样多、甚至更多的台阶，中华民族不应成为"变化控"，我们没有变化的特权，让生活永远不停地"芝麻开花节节高"。

中国达到一定生活水准后，我们的日子就会逐渐趋于平稳，GDP增幅相对慢下来，只是这个道理和现实的数字化总结。

中国人的生活逐渐好了，但不可全社会一起"贪富"。我们必须清楚，"富人"在任何社会永远都是少数，发达社会里普通百姓的日子也是紧紧巴巴的。中国经济无论怎么增长，也改变不了社会普通成员"手头紧"的感受。

中国人被两个世纪的贫穷"穷怕了"，也"饿怕了"。改革开放带来的机会迅速演变成挣钱的狂热。过去几十年里我们宁肯生活质量差，环境脏，社会关系紧张，只要能挣钱就愿意。现在终于从上到下都有人说：再不能这样下去了。

但这远未成为中国社会坚定不移的共识，"反GDP主义"的成因非常复杂，随时可能嬗变。中国社会的理性恰恰急需一个高增长期，防止出现对过去高增长的回潮性迷恋。

7.5%的增速是中国经济、社会、环境及国际竞争各种需求反复平衡后得出的目标，也是中国人对未来的一个新展望点。既然做了这个决定，就让我们坚持它。经过了审时度势，我们不再需要怀疑自己的判断力。重要的是，不可患得患失。

(2012.03.06)

民族复兴，今天的中国离它最近

两会在围绕着中国的民生举行，外国人关注一些争论的细节，但他们真正关心的，是中国社会复杂运行的结果：中国成为"超级力量"真的会发生吗？

中国人几乎从不侈谈"超级大国"，中国人经常说的是"民族复兴"。这个概念很模糊，但大致的轮廓和感受是可以把握的。中国经济总量重新成为世界第一，大概可以算作民族复兴的"第一个标准"。其他的标准当然还有很多。

中国经济总量最低谷时曾是美国的大约1/15，现在接近了一半。有人预计十年后中国的经济规模就可超过美国。尽管这可能乐观了些，而且中国复兴不是"GDP复兴"，但今天无疑是中国自鸦片战争以来最接近民族复兴的时刻。

一些人宣扬民族复兴不复兴与民生无关，这种说法大错特错。比如中国GDP总量一旦成世界第一，中国的很多竞争力和福利资源都将盘活、打通，中国社会的大量困惑将在更自信的基础上得到厘清。人道主义将更加有实物保障，中国实现社会和谐更有后劲。

当然这一切不会是今天经济和社会现实惯性发展的结果，不是今天成果的同比例放大。但民族复兴同样不会是抛弃今天的一切，从石头缝里另蹦出来的一个现代化。处在中国今天的实力规模上，盖保障房都是一盖3000万套，几乎可以住下全体日本人，今天中国如果犯个错，重新拐弯的弧度要大得多。

中国需要不失时机地发动新改革，一些要改的问题明摆在那里。但中国必须坚持的根基也明摆在那里。改要坚决，该坚持的也要坚决。这个大的共识要在中国社会越积越厚，变得牢不可破。这样中国"初步复兴"就是早几年或晚几年的事，而不会突然不翼而飞。

退一步讲，改什么和怎样改容易有争论，但必须坚持的那些根基，包括国家基本政治制度等，社会决不可动摇。这是中国不因各种争论，也不因走错一两步而发生国家迷失的底线。

民族复兴是中国近代以来每一个时期知识分子的共同愿望，但令人担忧的是，当下一些有影响的知识分子变得很少提及这个目标，甚至把它有意无意放到"普世政治价值"的对立面。少数知识精英强调个人主义，从民族复兴的大目标上开了小差。

开小差也无妨。以中国之大，任何个性化选择都没有扭转中国国运的力量。但个人在信息化时代伤害社会的能力比过去高也是事实。真正值得警惕的是，社会意见对立应有度的控制，外部的思想灌输不应成为对中国人的洗脑。中国社会应确保有能力不看错自己在世界的政治方位，不被一些动人的口号迷惑。

苏联、日本等大国都犯过看上去很蠢的错误，我们不得不提醒自己小心。

一句话：在中国离民族复兴最接近的时候，如果它因某个原因半途而废，无论这个原因是什么，它的名义是多么正义和伟大，我们都不可被原谅。我们这一代人将成为中国历史的罪人。

让多元化更多呈现，让争论更加活跃，但我们不可陶醉在政治时尚的布尔乔亚里，我们得让每一项政治进步帮中国昂扬前行，而不是让这个民族变得无精打采。民族复兴在面临冲刺，我们需抖擞精神。

(2012.03.07)

"旁观者轻"得有，但千万别太多

美国总统奥巴马6日猛批竞选对手对伊朗叙利亚动武的战争言论"极不负责任"，称"战争绝非儿戏"。这被很大程度上看成他的竞选言论。但这些话毕竟从美国现任总统嘴里说出来的，值得鼓励。

美国参议员麦凯恩等人近来鼓吹对叙利亚动武。他们的高谈阔论总能吸引眼球和掌声。奥巴马称因为他们不是美军最高指挥官，"也不负多少责任"。他的"揭露"有几分道理。西方的舆论及政治环境的确把"旁观者清"变成了"旁观者轻"，一些政治嘴巴越张越大。

美国有超强国际议题设置能力，但这并没有转化成美国政客们对世界的责任感。他们完全对照美国的政治钟表过日子，把各种垃圾和污染倾倒给国际空间。他们不以为耻反以为荣，觉着这才是美国议员及舆论领袖的"范儿"。

国际上没有人能批评这些大嘴的美国政客，批评了也没用。现在奥巴马为了自己的政治利益发出对他们的抨击，尽管属于美国的内斗，但这个"耳光"还是让外界听上去挺高兴的。

其实战争狂言绝不仅仅是在美国政客的嘴巴上说说，因为谎言多重复几遍，信的人就会更多。美国是二战后全世界发动战争最多的国家，这跟"鼓吹战争自由"决非毫无关系。

以麦凯恩参议员说话的强硬调子，如果他不是美国议员，而是任何与美国有摩擦国家的申辩者，他都会被美国舆论骂得狗血淋头。他是标准的民粹主义者，哗众取宠的大师。是美国舆论的强大保护了他，也保护了那些对他国出言不逊、连外交礼仪都不要的美国高官们。

"旁观者轻"的现象举世皆有，它是民主政治舆论监督的"次品"，全世界似乎都拿它没招。它的危害不仅指向国外，也经常制造一个国家的内伤。要想不被轻狂之言搅乱，社会必须有与它们对冲的强大理性。

中国社会对西方的很多好东西学得一般，但"旁观者轻"却山寨得很快。由于有话语权的人"惧洋者"很多，现在尚未出现对外频出狠话的名人。但对内"旁观者轻"在快速流行。

中国互联网上总有一些"名人"把舆论监督搞跑调，他们实际在用语言出位赚人气。他们能把解决一个中国的难题说成像嗑一粒瓜子那样简单。他们似乎成了没有责任的正义力量，而有责任的做事者或是一群笨蛋，或是贪权逐利之徒。

当然，中国社会或许需要有一些这样的人。他们构成了批判的压力，制造了做事者的如履薄冰感。因此，"光说不练"也有它的正当性。在我们建设政治民主的路上，很可能什么都是有用的，或许谁也不该认为自己最委屈，而自己的对立面十恶不赦。

不过何为主流，在任何社会都是可以分辨的。干活干得多，通常挨骂也挨得最多。与那些坐在"道德高地"上边扇扇子边指点江山的人相比，在尘土飞扬中忍辱负重的汗流浃背者，往往就是社会的主流。

中国大概也不应没有自己的"麦凯恩"，但老天保佑，这样的人千万别比干活的人还多。

(2012.03.08)

现在就应构筑社会健康的福利观

两会是中国民生呼声最集中的扎堆，中国政治与民间诉求显然在加快并轨。中国人的福利意识在觉醒，各种期待在民间快速扩散。中国人正在逐渐更换衡量福利好坏的尺子，把它从对照自己的过去，调到与发达国家的水平相比。

提升福利的期待值可以成为社会发展的新动力，但也会带来新的不满和紧张。根本原因是中国并非发达国家，与欧美比本身就比错了。此外如果放飞对福利的畅想，中国提供国民福利的实际能力大概永远也跟不上趟。

中国现在就要为建立社会可持续的福利理性打好基础，切不可搞一个浪漫的、甚至理想主义的开局。希腊及欧洲多国的殷鉴就在眼前，民众对福利的要求很容易变得不顾一切。因此建立社会健康的福利观，与提高国家的真实福利水平几乎同等重要。

中国目前的税收总额和福利体系在同步扩大，总体上是协调的。但一个不好的苗头是，社会对福利发展的主要批评是"慢"，而对税收增加的主要批评则是"快"。这一慢一快的两条相反抱怨，虽然很"初级"，但多少有点像把欧洲国家带向今天财政困局的历史轨道。

情况未必会发展得这样悲观，正像哲人所说，人不可能两次蹚进同一条河。但今天中国互联网上已经出现的口号，让稍知欧洲史的人总会觉着有点耳熟。

中国的确需要在建立全民福利网的路上走得快些，但它的大前提一定是不仅中国经济发展快，而且是中国税收总量增长得也快。当然中国税收使用质量的提高可以取代部分量的增长,但这个空间肯定是有限的,不可能永远挖掘不尽。

令人担心的是,中国舆论甚至压根就没把增加福利同税收扯到一起。很多批评把税收很笼统地说成"被政府花掉了"。由于政府对花钱不够透明,也证明不了其科学性,宣扬减税多数情况下成了在道德上正确的事。

对于增加社会福利,舆论往往强调政府的"良心",似乎只要政府"心中装着人民",建设福利体系就自然水到渠成。在中国媒体中几乎见不到对未来福利体系和税收之间的计算,很少有人想到,政府并不挣钱,真正建立全民福利体系的只能是全体人民,政府只是组织者。

中国的财政状况至今是世界大国中最好的,但中国要警惕,千万不可学欧美国家,为福利积累起惊人的入不敷出。这是欧美国家人人自私导致的寅吃卯粮,如果十几亿中国人变得像欧美人一样"贪婪",我们就将是一颗超级社会原子弹。

走实事求是的社会福利之路,大概是中国唯一选择。中国的宏观税负水平在30%左右,低于发达国家40%以上的平均水平。但中国舆论已反复称自己的国家在世界上的税负痛苦最高,而对降低政府运行成本,舆论经常认为这是块永远能挤出水的海绵。这些看法中的理性含量究竟有多少,几乎是笔糊涂账。

然而在社会福利上,"难得糊涂"持久不了。越早清醒,中国的改革就越主动。

(2012.03.08)

刑诉法大修是政改的一个细节

刑事诉讼法草案再次对刑诉法做了"大修",顺应了社会对司法公正的强烈呼声。而且本次人大拿出的草案,在去年公布的上一稿基础上又有新的修改。其中最显著的,是删去了逮捕后有碍侦查不通知家属的例外情形。上一稿的修正案草案,该条引来大量批评。

上次刑诉法的"大修"是在1996年,当时反映"无罪推定"原则的内容最受关注。短短16年,刑诉法对遏制刑讯逼供、细化逮捕条件等做出重要改写,这是中国建设法治国家的真实收获。

我们尤其要为修正案在上一稿受到批评后再做修改的发生过程鼓掌。这说明人民对立法的参与不再是一句空话,舆论在对中国的立法过程产生实质影响。

我们认为,围绕刑诉法修正案的争论和改写,增加了中国社会的政治弹性,它甚至可以看成中国政治体制改革的一个细节。

这次"微型政改"不是预先设计的,而是一场意外的"遭遇"。原草案遭到的批评相当激烈,完全不像中国以往习惯了的"讨论"。现有体制对一些关键性批评的接受,显得峰回路转。它创造了中国内部对立和紧张"软着陆"的一个成功模本。

快速发展和社会转型的中国,国家治理不断会在各个层面遭遇具体的挑战。这些挑战应对好了,就是国家前进的资源。应对不好,就会导致破坏力的出现。中国政改的重要任务之一,就应是不断扩大体制的弹性,增加消化对立性意见和情绪的能力。

通过修正刑诉法前前后后的各种经历,不同人群大概也会对中国社会的认识做各自的修正。中国社会的真实对立并不像有时看上去的那么尖锐，社会的总目标是一致的。大家的分歧更多是针对改革路径和节奏的，而不是方向性的。

官方通过此事应更多看到，民间的一些对立性批评，其实质常常同样是建设性的。官方过去经常在意批评者的"态度"，今后应把这样的在意，更多转向对批评内容的关注。

批评者们也应通过此事看到，官方并不像他们想象的那样，在故意维持一些不合理的东西。官方对接受社会意见的态度越来越开放，中国不是僵持不动的国家，进步是中国的总趋势，公众的诉求在每一个路口影响着中国的前进方向。

刑诉法受到如此高的关注，也反映出社会对司法公正还有很多担心。它不仅出于社会对人权的基本关心，也有人们从法律上加强自我保护的潜意识。这一轮高强度的争论应当为中国法制建设留下更多东西，给政法界带来更多反思和警醒。

刑诉法被称为"小宪法"，这场争论仍在两会上继续，它的意义也必然超越法律的具体条文本身。我们希望这些意义向中国社会的扩散将是积极、正面的。

（2012.03.09）

衷心祝愿中国军费最终"打水漂"

英国一智库的年度军事力量评估报告称，亚洲地区的军费开支可能在今年首次超过欧洲。该报告强调，中国国防预算占了全亚洲军费的30%。

这两个对比的实际意义都不大。因为第一，亚洲跟欧洲之间没有发生战争的前景，因此没有彼此军备竞赛的关系。第二，中国军费在亚洲占多大比例，也非亚洲国家彼此军备竞赛的结果。该报告的这两个对比，都像是生造出来，想要"说明点什么"。

在全球化时代，太平洋已经小得像一盆水。中国军费与亚洲国家彼此差距的意义，远远小于中美军费差距对亚洲地缘政治的影响。即使亚洲对中国防范心最重的国家大概也不相信，亚洲内部的军费对比，是塑造亚洲政治形势及军事态势的决定性因素。

亚洲的多数军事问题经过辗转，最后都要落到美国的态度上。所以中国的军费是多是少，最有意义的参照还是美国的军费。2011年，中国军费大约是美国军费的1/8。

亚洲今后未必能够完全避免中国与邻国的海上军事摩擦，但中国没有意愿让它的相关国家利益通过这种方式实现。这点大家都能看得出来。中国的温和是亚洲基本稳定的基石。如果中国有当年日本崛起时的轻狂心态，亚洲早不是今天的样子了。

但中国必须发展战略性军事力量，这是因为中国在亚洲的国防隐患最多。外部常说中国有不确定性，但对中国人来说，外部对我们的态度同样是不确定的。

美国在"重返亚洲",连带刺激出中国及周边国家的大量不安。世界尚无很好管理这些不安的法术,亚洲军费的快速增加实际与此有关。

尽管这样,无论中国还是美国,迄今都没有因对对方的防范而变得歇斯底里。跟历史上的崛起国和霸权国相比,中美应当算各自都有一定克制。

以中国来说,我们连想都没有想过要有针对美国的总体军事优势,这对这一代中国人完全不可思议。但中国的确会不断追求在西太平洋针对美国的海空力量均势,以及在中国近海的优势。中国还希望增加对美国的战略威慑。

中国这样做不是要与美国进行战争,而是要捍卫与美国和平竞争的权利。美国如果必须拥有在中国门口的绝对军事优势才安心,那么未来几十年,他们就会为这个过于奢侈的安全观而纠结不堪。那样的话,军备竞赛将无可避免。

对于这样的军备竞赛,中国没有退路。只有让历史去裁决中美谁是它的最终赢家。

中国增加军费不意味着我们将成为好战的国家。这几十年的和平发展已经让中国人尝到了甜头,和平主义在中国很有市场。但很多中国人的确担心,和平发展有可能受到越来越多的干扰。发展军力实际上是中国人给未来买的一份保险。

穷兵黩武不会得到中国人的支持。不仅在对美战略上中国人有清醒,在同周边国家的领土争端中,耐心的态度也在中国社会拥有很多支持。中国不是激进主义国家。

我们衷心祝愿中国的军费最终是完全"打水漂"的一笔钱。中国不会用军事力量争取当年日本曾经在亚洲要求的权力。今天中国的军力已经比二三十年前强很多,但这并没导致中国同比例的对外强硬。更强的中国会不断提醒自己对和平的更高责任。

(2012.03.09)

调人大代表构成，政改的精彩一笔

十二届全国人大将降低党政领导干部的代表比例，并将实现城市和农村选民一比一的投票权。这被普遍认为是民主建设在制度安排上的重要进展。中国基层民众的意见，将对国家和社会治理产生越来越多的影响。

这大概称得上是政治体制改革的一个基础性细节。它是中国社会的现实变化不断积累，同国家改革大思路互动的结果。这项改革再次说明，中国是改得动的，一成不变既非中国上下的愿望，也非中国当前的实际状态。

中国前三十年的改革开放，领导干部的推动一度是关键性的，中国"集中力量办大事"的制度优势也很重要。但近年来，围绕经济转型和社会转型，公众意见在形成国家决策时的权重明显在上升，这个趋势逐渐在国家政治制度中得到确认是必然的。

这种安排会逐渐影响中国社会管理的内涵和方式，它会带来权力与社会草根的更多亲近，使政府的亲民有了制度上的保障。同时它也会带来社会诉求和舆论关注的碎片化，政府的工作重点和领导方式都不得不随之发生一些转变。

这是对中国政治体制核心部位的一次"微创手术"，但认真落实它，将会有很大的社会牵动面。来自基层的表达必将有更强烈的利益贴近，因而会更直接，也有更多坚持。它的宏观含义其实是：中国改革的一大块注意力开始用于满足人们局部的甚至个性化愿望，这比制定国家基础性政策难度更高也更复杂。

国家的整体规划和目标曾对中国社会具有强大凝聚力,现在它们的这种力量在衰退。个人主义和局部利益优先的思想都在崛起。很难对这一变化做绝对的价值判断,我们只能说这种新生的复杂性是现实的,它与民主的权利意识相互作用,必将影响中国未来的社会运行特征。

人大代表构成比例的调整,是对中国社会新现实的积极顺应。这项政改会增加人大在改革时代对社会各阶层的普遍代表性。中国社会变多元了,变复杂了,人大只能跟上这些变化。

然而这只是事情的一个方面。中国社会在释放多元和复杂的同时,必须使它们成为中国更有力量的资源,促进中国的弹性和活力。而不是相反,使每一个关注点的出现,都成为中国凝聚力一个无可挽回的负数。

中国在学会释放,但把大量问题转化为正向资源,中国还缺少在社会开放条件下的经验积累。而这样的积累对中国的成功是关键性的。中国做这种转化的能力越强,释放问题就越没有担心和障碍,社会就越能在每一步上坦然处之。反之,对部分问题就只好采取"捂"、"堵"的下策。

中国需要有更多社会力量参与对社会凝聚力的塑造,这项工作仅靠政府是无法完成的。目前社会力量对揭露问题兴趣大,对帮助转化、解决问题积极性不高。如果这样,社会转型和开放其实只做了一半。

民间对中国改革的推动正从基础民生领域,逐渐向政治领域靠拢。民间力量的责任意识必须因此上台阶。这不是具体几个人的事,民间责任感的打造过程就像是走迷宫。

我们或许应当记住,中国的发展不是各种素材的堆积,而更像是生命的成长。生命对问题的超越和弥合总是出人意料。中国人大代表构成的调整,是中国一次重要的政治出发。它展示的首先不是问题,而是政改的信心和水到渠成。

(2012.03.10)

真诚祝愿日本早日走出地震阴影

昨天是东日本大地震一周年。日本的震后重建不太顺利，国内民怨很多。但日本社会的耐心还是显得很成熟，让人相信这是个能承受各种打击的国家。地震以来日本的表现很复杂，很难给它下总评。但和上世纪七八十年代我们熟悉的那个日本相比，它看上去的确不同了。

这种不同，有一部分或许来自我们自身的变化。中国依然相对落后，但经济总规模以及很多具体产业的规模，甚至在产业门类上，已经超过日本。中国汶川地震后的重建速度，也显然快日本很多。日本仍然更先进，但一些领域已并非高不可攀。中国现在真正有了"平视日本"的自信。

今天的中国和日本，可谓各有千秋。中国大而粗糙，活力四射。日本精细发达，但有些萎靡消沉。两国同处多地震的西太平洋，人均资源都不多，在很多事情上，两国感同身受。

日本在亚洲率先崛起，一度造成它的狂妄。那段时间实际上只是东亚历史长河的一个瞬间。中国正走在重新成为亚洲最强国的路上，现在或许处在我们重新整理对日本感受的恰当位置上。

我们应当恢复"正常的"心态看日本，即大国的、睦邻的以及就事论事的态度。中国的原则必须坚持，遇到冲突一切按原则和道理办。但我们不必有超过事件交涉本身的过多联想，轻易不动气，更不动怒。

这种平淡一是来自我们面对日本的自信，二是来自中国已是世界性战略力量，必须处理来自四面八方的事端和麻烦，总对日本动气也动不过来。大国的大度有主观的成熟，也有客观条件的强迫。

中日两大经济体的走近无可避免，以相互尊敬和学习的心态可以走近，相互鄙视甚至厌恶，也同样要走近。过去七八年两国没少相互横眉冷目，但贸易额却不断攀升，即是中日"扯不断理还乱"的客观写照。

国与国之间通常斗利，但中日之间在很多时候更像是"斗气"。整个东北亚似乎都被"气"左右了。"消气"至少是中日韩之间的必要选项之一。

要走出"气"的怪圈，强的一方姿态高一些很重要。过去日本的实力在东北亚处明显优势，但日本的姿态没高起来，反而不断挑动是非。今天中国强大了，我们应有比日本当初更有气度、与大国身份更相称的表现。

中国人应真诚同情日本的地震，真诚愿意看到日本走出持续了20年的经济低迷。中国人应当愿意与日本分享发展的机会，不妒忌日本继续保持对华的相对先进和发达。中国必须有胸怀真心盼周边国家好，我们自己的民族复兴才能走得更远。

这不意味着我们将在日本右翼的挑衅面前让步。同样这种不让步也不意味着我们可以忘记自己已经今非昔比，我们有比动气更重要的事情要做，我们面对的地平线已经推得更远。一个人同时把握、平衡各种目标挺难的，国家也是一样。

但这就是大国的宿命。我们得活得比别人更矛盾，更顾及其他，也更理解什么是真正的自我。把日本作为我们在精神上成长壮大的磨练地吧，我们不会因此而吃亏。

(2012.03.12)

居住证改革再驳"改革停滞不前"

中国公安部 10 日透露,居住证管理办法已形成草案。中国户籍改革很可能面临更大突破。

户籍改革是消除中国社会不公平最重要的基础制度建设之一,近年来它一直在往前走,但也一直"没走痛快",这可以看成整个中国改革面貌的缩影。在北上广等一线城市,户口的福利含量在缩水,但仍把着教育等关键性资源。

与此同时,在心态上,包括大城市户籍居民在内的中国公众已经形成共同认识:教育、住房等各种福利迟早要在户籍和非户籍人口中拉平,当前的各种不合理不可持续。这种心态的逐渐形成实际为推广居住证制度做了重要思想铺垫。

户籍改革的最终目标应是让户籍回归信息服务,让城市内部、各城市之间以及城乡之间的福利不再有等级差别,让全国人民共享改革和发展的成果,共享公共财政。

现在阻碍户籍改革一步到位的,大城市户籍人口的不情愿已经很难说是头号因素。大城市资源有限是阻碍户籍完全放开的刚性因素。尽管舆论对户籍问题仍有诸多争论,但户籍改革显然难在许多问题和利益的彼此缠绕,而非仅仅缺执政者推动进一步户籍改革的决心。

中国的改革和发展是相互推动和相互保障的关系。改革是利益调整的过程,但中国改革是在资源边增多边调整利益的过程中实现的。如果没有资源增多,只靠就地调整,改革就类似"革命",将痛苦不堪,根本推行不下去。

户籍改革的渐进性，实际是给城市形成更多福利资源创造缓冲期。城乡发展越快，消除不公平就越有条件。比如大城市的购物不公平在第一轮改革中就被消灭了，现在医疗不公平、住房不公平也有了很大松动。教育不公平成众矢之的。一些今天看来仍是无解的难点，未来很可能有柳暗花明的拐点。

中国的其他改革未必不是同样的逻辑。每一个领域都有利益既得者，这是历史积淀和中国近年快速发展的结果。世界各国也都有利益既得者，他们对改革有更多担心是正常的。

但中国的既得利益者们现在都清楚，推动利益新平衡的改革必然要发生，中国就是不断出现既得利益又不断改革的运动体，准备承受改革，这对各领域的既得利益者大概都不是意外。

改革事实上已成为中国社会的强大惯性，各种利益和诉求形成的合力，在中国奇迹般地达到了积极的平衡。中国的改革一直在往前走，也一直避免了激进，与中外历史上的利益既得者相比，今天中国的利益既得者对改革有了一定的自觉，改革首先偏重于对增量的再分配，也客观上减少了既得利益者的抵触。

既得利益者是中国改革的最大阻力，这句话既有一定真实性，又在当下舆论中被大大夸张了。最根本的原因还是改革制造的受益面很大，中国这些年从改革中完全不受益的人几乎没有。用既得利益者阻碍了改革来概括当前中国的改革现实很不准确，它已是一句人云亦云的口号。

改革必须前进，而且事实上在前进。看看仅仅最近几个月就有多少改革在推出，其中有多项涉及政治领域。"改革停滞不前"，这样的说法应该慎用了。

(2012.03.12)

士兵频频犯案，驻阿美军的迷失

一名驻阿富汗美军士兵 11 日被曝开枪打死 16 名平民，另有 5 人受伤。这件事紧接着驻阿美军烧毁《古兰经》事件，其对美军形象的打击是灾难性的。

美军连续进入伊斯兰地区，都是开始时仗打得很顺，因为对手不堪一击。但接下来的长期驻扎都很艰难，无论在阿富汗，还是在伊拉克，美军都未能被驻在国的公众和舆论广泛接受。他们差不多被当成了"占领军"，一个个基地成了他们不敢轻易走出的"孤岛"。

美军在阿富汗和伊拉克的境遇，完全不同于当年他们在日本、韩国的经历。美军驻扎日韩是二次世界大战的结果，冷战的出现使日韩迅速对美军的"保护"形成了依赖。尽管美军在日韩都有过出格的丑闻，但两国对美军的需求一直压过各自社会对美军的反感。

伊斯兰世界完全是另一回事。美军去阿富汗、伊拉克究竟是干什么，这个基本问题就挺模糊，美军的解释和他们实际干的有很大程度对不上号，一开始就被怀疑"全是私心"，后来又像是"赖着不走"，或者"想走走不成"。

美国人内心深处关心的目标，如改造大中东，维护美国的能源利益等等，没有一个拿得到台面上。只有反恐能公开说，但美国在阿、伊两国打死的老百姓，显然比他们打死的恐怖分子要多得多。

由于没有明确并大体一致的政治目标，美军与当地伊斯兰社会的隔阂无处不在，摩擦一点就着。对美军士兵来说，整个阿富汗社会都不可信，每个阿富汗基层百姓都像是潜在的敌人。他们处在一个分不清敌友的社会里。

　　美军内部的现实思想状态，也不允许它承担长期驻扎伊斯兰世界的使命。美军官兵普遍缺少对伊斯兰文化的真诚尊重，其实整个美国社会也是这样。美军对战区老百姓的生命，也远没有给予对西方人生命那样的珍惜。他们是带着类似"救世主"的强烈优越感进入阿富汗的，他们压根就没打算与当地老百姓打成一片。

　　互联网时代把美军的具体丑行传遍世界，它们被与"文明冲突"等大问题对号入座几乎顺理成章。美军根本无法平息他们在阿富汗越滚越大的麻烦，他们只能把自己的士兵尽量看管得更严些，减少士兵与当地人的接触。

　　实际上，不仅是一些美军士兵的思想出了问题，整个北约军队都在阿富汗失去了方向。他们接受了无法消灭塔利班的现实，塔利班在阿富汗的控制力，甚至不比北约军队小。但阿富汗政府开始同塔利班谈判，有个结果又谈何容易。事情实际在僵着，耗着。

　　美国决非无所不能，阿富汗对这点已是一个明证。强大的美国应该克制一些，战斗力强的美军士兵也应克制一些，克制自己的傲慢，克制用简单和粗暴处理复杂问题的冲动。美国和美国人都应习惯与自己无力解决的问题相处。

　　美国得从骨子里接受世界的多元，接受一些国家和人群对美国的不顺从，重新审视他们今天必欲除之的东西是否有其存在的自然逻辑。只有这样，美国的对外战略才不会失去清醒，才不会干蠢事，或者因为极端和走火入魔把好事做成蠢事。美国的士兵们也才会更有道德。

（2012.03.13）

中韩各自记住：尊重对方是自重

苏岩礁（韩方称"离于岛"）的事有在中韩之间热起来的苗头。中国国家海洋局日前表示，苏岩礁处在中方管辖海域，属海洋局巡航范围。韩方反应强烈，连总统李明博都出面做了表态。韩国媒体争先恐后发声，大有将苏岩礁炒成东北亚新热点之势。

苏岩礁所处海域位于中韩专属经济区主张重叠区，其归属须双方通过谈判解决。但韩方在苏岩礁上单方面搭建永久性建筑，并悬挂国旗，试图强行制造韩方控制该礁的"现实"。此外韩方还设立了"离于岛日"。他们从没想过，如果中方也这么干，他们会多么不高兴。

看看涨潮时韩方私搭的"违章建筑"在海水中孤零零的样，以此硬说此处为岛，真让人哭笑不得。如果韩方不做自我克制，其引发中方的一些反弹将不可避免。

中韩双方已经有过共识，由于苏岩礁只是礁，不是岛，它不具有领土地位，中韩双方不存在领土争端。如果韩国硬要把苏岩礁当"岛"来对待，搞出中韩领土纠纷，那么韩国必须一起来承担这一纠纷的后果。

中韩之间的很多纠纷，中方都相对低调、克制。韩国舆论的炒作总是很起劲，韩国政府往往随波逐流，最终导致中韩外交危机的出现。目前仍在折腾的"脱北者危机"，就是这么闹出来的。

中国作为大国，有不与韩国斗情绪的意识，主动维护中韩友好大局，但中国的正当权益必须维护，中国不会为了哄韩国高兴，任由韩国在原则问题上"打醉拳"。

在苏岩礁问题上,中国不会主动将分歧升级为冲突。中国政府没这份精力,中国社会也没有这个兴趣。中国通过谈判解决分歧的态度很明确,没有变的理由。如果韩方想把事情闹大,那请他们提前想好了。中国没有选择,一定奉陪到底。

韩国必须清楚,它决无用大闹迫使中国就苏岩礁问题妥协的任何胜算。无论它在苏岩礁上搞些什么,只要中国不承认,所有这一切都只是韩国人的自娱自乐。

如果韩国不断推动苏岩礁问题升级,他们只能把自己气着,搞出一些虚幻的民族主义悲壮。中国社会可不会被他们吓住。

中韩良好的合作关系是两国社会的共同财富,中国人在意并珍惜它,但显然没有理由比韩国人更害怕它的受损,从而把韩国人维护它的那部分义务,也都包揽下来。如果韩国人拒绝尽维护友好的义务,他们应当知道结果是什么。而中国抗这个结果的能力,肯定比韩国更强。

希望韩国媒体上的一些叫嚣,不会主导韩国官方对中韩关系的思考。韩国不应娇惯自己,要求中国处处顺着它说话,满足它的各种要求和任性。中国是比韩国庞大、复杂得多的社会,中国人也有自己的感情和愿望,我们不可能把韩国放到所有排序的最前面。

诚请韩国人相信并记住,中国政府不会主动找韩国的麻烦,中国社会也不会主动挑衅韩国社会。大多数中国人都有同韩国友好的愿望。中国不是咄咄逼人者,今后也不会是。

希望韩国也不做咄咄逼人者。让我们彼此尊重对方。尊重对方其实就是自重。

(2012.03.13)

稀土官司，多动智慧少动情绪

白宫称奥巴马 13 日将亲自宣布向世界贸易组织（WTO）起诉中国限制稀土出口，欧盟和日本也将加入。这是美国建立跨部门贸易执法中心后的第一次起诉。

这将是一场旷日持久的贸易官司，由于今年初美欧赢了针对中国 9 种矿产资源的另一场世贸官司，增加了西方对在稀土案上赢中国的信心。

虽然又主要是西方国家绑在一起对付中国，但这件事首先不是政治官司，而是利益冲突。在强迫中国低价出卖稀土的问题上，美欧日的利益高度一致。

但这种利益绑定会加强西方国家的站队意识，使问题在一定程度上政治化。而且把问题上纲上线后，西方国家总是更得心应手。

稀土及其他贸易争端，都有理、规则、实际操作几个层面。在"理"这个层面，中国根本不是西方的对手。原因是世界影响大的主流媒体都在西方手里，西方什么都是有理的。比如同是限制出口，中国限制稀土出口就不对，西方限制对华高科技出口就是对的，对和不对的标准，都由西方说了算。

到了规则这个层面，情况稍好一些。世贸规则基本是西方定的，中国是加入并适应者。很多规定对中国天然不公平，但它毕竟不能像"理"那样可以随意翻手为云覆手为雨，因此世贸官司多得无数，但中国有输有赢，不像在舆论中那样，中国几乎"永远输"。

在具体操作层面，对世贸规则和判决执行得有多认真，各国不太一样。西方决非世贸规则的模范执行者，各国都有很多办法让世贸规则和判决打些折扣。因此奥巴马的起诉决定不了中国稀土的命运，它第一要打很长时间，第二中国有针对败诉提前做准备的各种机会和条件。

有一点我们心里很有底气：中国管理稀土出口不是存心跟西方过不去，故意把稀土当政治武器。中国限制其出口一是因为价格太便宜，交易所得无法弥补稀土产地的环境损失，对当地发展弊大于利。二是中国国内稀土需求快速增加，中国的剩余稀土储量已经并不宽裕。

中国的稀土出口必须做调整，世贸判决必须与这些现实形成对应，否则就属于瞎判，而瞎判就是白判。就像判决一个人必须交出他的口粮，这种判决根本就别指望能得到不折不扣的执行。

中国在稀土问题上已经犯不上同西方"争理"，因为没理的西方有足够本事把自己说得很有理。但中国必须认真同西方打这场官司，即使败诉也要想办法让西方得不到便宜或少得便宜。

中国内部调整稀土生产和出口的空间很大，有专家提出征稀土生产的资源税、环境税等，这些增加稀土生产成本的办法，世贸判决都很难管得着。

稀土之争只是全球化时代对外商贸一个稍纵即逝的片段。中国在高速发展，我们在世界资源生产和消费链条上的位置也在变化。很多具体的赢输都是一时的，利弊会随时转换。因此我们在稀土问题上需多动智慧，少动情绪，我们"玩弄"世贸规则的能力应当向美欧看齐。

中国的议价权、对买什么卖什么的决定权都在逐渐提升。我们用不着为近期在世贸遭遇的压力而气馁。我们正在一次次争执中变得更聪明、更强大。

(2012.03.14)

别把明星当"反爱国主义"噱头

中国网球运动员李娜12日在美国参加一场比赛后对记者说了一席话:"我来这里比赛不是为了国家,只是为了尽力去做好自己的这份工作。"她这些话实在说不上有出格之处,尤其考虑到她是在外国媒体环境下说的。

李娜有点突出个人主义,但她的摆幅始终保留了分寸感。至少迄今为止,她的个性化表达并没有让国人感觉受到伤害,公众更多把她看成中国社会多元化的一个亮点,她带来的信息和感受大多是积极的、愉快的。

中国舆论场上迅速对李娜的话出现一些"深度解读",似乎要把这个专注体育的女孩当成抵制爱国主义的一支标枪,这是舆论本身的错乱和胡来。希望李娜不会被这样的舆论推着走。

中国社会舆论中积累了一些对过度宣扬爱国主义的逆反情绪。这种情绪会随着爱国主义教育的逐渐改进和成熟而慢慢消散。现在有一些人试图发酵舆论中的情绪,总想把各种事情都往"反爱国主义"上引申,这会形成一些临时的噱头,但决成不了大气候。

对体育来说,公众的大块感情和兴趣都明摆在那里。人们愿意看到鲜活的李娜,以及鲜活的其他中国运动员。他们同说话谨慎的运动员相比,往往更受欢迎。但与此同时,大家关注那些明星,很重要的原因是因为他们是中国人。爱国主义与竞技体育相互构成"兴奋剂",这在全世界都不值得任何怀疑。

对祖国这个概念,我们不能做简单好与坏的价值判断。舆论中有些人强调"国家"与政府、人民的不同,但在体育场和电视机前的那个"中国",是拒绝任何细分和装腔作势深究的。与竞技体育连在一起的爱国主义是最纯净的,对它的任何抹黑都是脏的。

竞技体育里融入了现代生活的多种要素。那里面有励志和荣誉,有运气和诡谲,有艺术和美,有泪水和感人,也有爱国主义的跳跃。它们彼此的配置越原生态,体育带来的快感就越多。

"举国体制"对原生态形成了一定偏离,但它是在中国最困难时候出现的。过去的中国太需要激励,体育的成功对形成这种激励最直接。时至今天,"举国体制"自然出现松动,对爱国主义在体育中的过分追求,也早就受到舆论的质疑。

但把爱国主义逐出竞技体育,是更反自然的偏激,而且连"举国体制"曾经发挥的正面意义也不会有。它顶多能制造一些起哄,根本成为不了严肃的主张。

别把体育和体育明星政治化了,在政治争辩日趋激烈的当下,请留几块远离政治的净土吧。各路明星也有必要保持大的清醒,不轻易卷入自己并不熟悉的纷争。

成熟的中国应当把政论逐渐归入相对专业的人群,而不是让这个国家的所有人每天都去分辨形形色色的政治口号。

(2012.03.14)

总理记者会，中国政改的新细节

温家宝总理昨天的记者会引起海内外潮水般的关注。他对所有问题的不回避，给中外舆论带来信息的浇灌。温家宝的记者会得以开成昨天的样子，这本身就是中国政治运行更与时代呼应，改革不断有收获的结果。

温总理昨天讲了政府工作，也谈了一些个人抱负和感受。他或许可以为中国最高层打开一扇面向公众的精神窗口。人的情感总是有很大一部分属于他的位置，温总理对人民和历史负责的自觉，既是个人的，也是执政者集体的。

那么多敏感问题一股脑提给总理，说明今天的中国的确不那么简单。改革需要激情，更需要符合国情的运筹和作为。多说改革比少说改革好，多落实改革比少落实改革更好。但正如温总理所说，改革只能前进，不能停滞，更不能倒退。

温总理履任九年，从他的肺腑之言中，我们能感受到这位中国政府首脑的艰难。中国的所有位置都不容易，极限般付出的故事数不胜数。但位置越高，责任越重，被误解的机会也更多。

整个中国政府，或者我们通常所说那个"权力"所肩负的责任，其实就是温总理个人履职艰难的放大。这个权力要管理好、照顾好13亿多的人民，面对数不尽的、似乎都有道理的集体甚至个性化要求。在遭到大量误解和指责的同时，其实每一层级的政府，或许都有一肚子道不尽的酸甜苦辣。

温总理昨天细数了本届政府成功推动的各项工作和改革。习惯了总是看到变化的中国人,大概仍觉得不过瘾,我们的确很希望中国能用一只篮子痛快地装下人类文明的全部成果,我们有理由对改革仍然"没有改到位"而抱怨,并让这些抱怨转化为对政府继续改革的鞭策。

从理想主义的角度看,没有绝对好的政府和执政者,只有对他们做得更好的期待。这样的评价方式正在进入中国舆论,深刻影响公众同执政者之间的相互关系。

从前两天薄熙来在两会上对个人问题的坦率回答,到温总理昨天的一些个人感情流露,我们高兴地看到,中国政治的顶层已经开始与社会的多重关心互动,政治的个性化空间在扩大。妥善把握好这个动向,会增加中国政治与社会的贴近性。

温家宝昨天说出了没有政治体制改革的成功,"文化大革命这样的历史悲剧还有可能重新发生"的警世之言。类似中国民间的警言从国家总理口中说出,这代表了中国社会和执政者的忧患这些年一直没有关闭。

昨天互联网上对温总理答记者问的各种评价相当开放,这样的互动也达到了新中国政治史上的最高峰。我们认为,这个变化也是中国政治运行机制边走边改的典型细节。

中国政改的参与者正从执政集团扩大到中国全社会,中国上下都对这个新局面表现出较强的适应性。中国过去的一些政治禁忌在松动、改写,而各种轰动形成得快,消散得也快,社会对稳定的感受在逐渐变得不那么抠细节,也不那么大惊小怪。

为温总理表示要坚决做好"最后一年"而鼓掌。我们愿意相信,恪尽职守是换届之年绝大多数中国官员的共同心声。

(2012.03.15)

中国必须吃透世界金融的诡谲

高盛一名高管反水，近日发表公开信斥责高盛血液里"有毒的贪婪"，将客户当成"傻瓜"和"木偶"。公开信引起高盛股价下跌，在美国金融街和舆论中都掀起轩然大波。

高盛是美国资本主义宝塔尖上的一颗珠子，同摩根士丹利等投资银行一样，其对美国资本的配置和使用具有超乎寻常的影响。它们的跨国化，又极大引导了新兴国家资本市场的发展，这对新兴国家利弊参半，但它们的超级控制力始终令人不安。

高盛在美国内部都不断被质疑"没有道德"，出过多次丑闻，它在中国等新兴国家如果不干点"违背道德的事"，似乎不太可能。

高盛等投行在美国就是"公关"高手，投行高管同美国政府官员之间的"旋转门"是公开的，以至于英语中有一个专有名词"财政部－华尔街共同体"。高盛在新兴国家招募员工非常注重他们的"社会关系"，以此将影响力迅速渗入各国的一些核心圈子。

但如果因此就拒绝同这样的投行打交道，新兴国家资本市场的摸索或许会付出更多学费。我们并不清楚，究竟哪样做我们蒙受损失的可能性更大。

中国经济快速积累规模，但这些积累的金融含义，中国人的理解大多数是西方教给我们的。就像一个穷人好不容易存了一笔钱，但用这笔钱的环境是在富人堆里，这些钱意味着什么，应当怎么用，只能慢慢体会。

中国一个比较糟糕的问题是，本来尖端金融人才就不多，但国有金融系统无法形成有吸引力的福利待遇,让这些人才专心为国家服务。中国金融人才的"外流"仍是大趋势,何时能变成"内流",目前看上去遥遥无期。

在当下追求社会公平的大氛围下,让中国形成一个与高盛竞争力旗鼓相当的人才集合,是很难的一件事。

金融安全在中国国家安全的地位越来越突出,中国"存的钱"也是全世界最多的,但中国的金融系统仍很质朴,基本没见过欧美金融界经历的那些世面和风暴,我们独立形成对一些重大金融事件的判断还有困难。

换句话说,如果高盛等忽悠中国的话,他们胜算的可能性大概不是零。

中国必须像冲击"两弹一星"那样,彻底吃透世界金融里那些诡谲的东西。未来美国朝中国扔原子弹的可能性很小,但它在金融上给中国致命一击,无论是精心设计还是"顺手牵羊",这大概不是不值得任何防范的科幻故事。

与高盛等投行认真共处,把它们琢磨透,向它们求教,但也不言听计从,寻求与它们合作和防范并规范它们的平衡,这是中国在搞不太清楚美国那些大投行时,相对合理也相对保险的态度。

中国有世界一流的工厂和建筑队,但如果长期没有世界一流的金融,那我们就可能永远是这个世界的"苦力"。改变这个情况,是未来几代中国人的使命。

(2012.03.16)

党保持纯洁性，中国政治的"纲"

党的纯洁性这个话题近日再成热点。胡锦涛主席和习近平副主席今年以来对这个问题的先后强调，引起党内和中国社会的广泛思考。

在市场经济蓬勃发展的今天高呼党的"纯洁性"，这是一种挑战。从世界范围看，尤其不寻常。

物质主义在侵入世界每一个角落，一个政治组织能保持从思想到作风的纯洁性，实在太难了。中共大概是当下唯一把它作为公开自我要求的大政党。"为人民服务"这个牌子，至今立在中国很多党委和政府大院的门口。

在西方国家，组建政党就是为了参选执政，因为执政了才能封官，获得各种利益和资源。而为了执政就要使尽一切手段，有益于民众的做，未必有益于民众，但能够哄骗民众的也要做。西方社会通过政党之间自私对付自私实现平衡。

中国政治的根基完全不同，党的长期执政与党的自私水火不相容。尽管中共有8000万党员，他们与中国社会的复杂性构成千丝万缕的联系，党的纯洁很难做到向所有成员落实。但它作为中共整体坚定不移的目标，却是今天及未来中国政治的"纲"。

"为人民服务"作为中共的政治及利益定位，在各个方向上都为中共的成员们设置了"天花板"，形成强大约束。中国公众恰恰是在这些"天花板"的周围，来测评中共是否"纯洁"的。

实事求是讲，中共是在一个廉政基础条件并不好的社会里，提出党的"纯洁性"的。从一定意义上说，这是中共一场自我逼迫的"大考"。因为如果"考"得不好，很容易失信于民。

党实际做得怎么样呢？现实是，一方面这些年来批评声不断，另一方面，中国社会这些年无论在哪个方向上，都获得了更快进步。

中国社会当前对廉政的要求在世界所有新兴国家中非常突出，对社会公平的呼声也在发展中国家里排在前面。中国公众目前把世界各国的优点，都作为了中国社会的参照目标，从而形成了中国前进的强大动力和压力。这个局面的出现是中共自身高要求与中国社会高要求的综合结果。

中国目前有大量问题，但与经济发展水平大体相当的国家相比，中国的社会进步显然走在了前头。中国公众当前的实际心态是，不愿意与同水平的国家作比较，要比就拿世界最优秀的水平来对照。

实际上从19世纪末开始，中国社会一直对自己的落后很不耐烦，他们不肯给政治力量犹犹豫豫的时间和机会。

中共是唯一跟上了中华民族急迫进步心态的政治组织，这是它以极高要求自我鞭策的结果。中共与中国社会的互动总体是成功的，共同促成了中国崛起。

但中共今后"纯洁化"的任务仍然很重，而且很可能越来越重。仅仅廉洁这一条，当前与公众的要求就显然还不达标。从组织到作风，各种问题数不胜数。在"纯洁性"这面镜子前，一些领导干部应当找个地缝钻进去。

中共未来继续"纯洁化"的速度，很可能是中国所有发展速度中最关键的。GDP重要，发展教育和医疗重要，但中共的"纯洁化"跟上时代的要求，这最重要。从一定意义上说，这是国家长治久安之本。

(2012.03.17)

劝朝鲜难，因为劝韩美日也难

朝鲜宣布下月将发卫星，韩美日一片谴责声，中方也召见了朝鲜驻华大使表示"忧虑"。看样子朝鲜半岛又要有一轮新紧张。

每当朝鲜有"莽撞"之举时，中国都挺尴尬。一方面中国要在朝鲜半岛秉持公道，反对一切冒险。但同时中国又要维护中朝友好，不能一味用韩美日主张的制裁对付平壤。中国必须在这中间寻找平衡。

从现实看，朝鲜的核能力和导弹运载能力似乎都在增强。外界虽有重重压力，但朝鲜实际获得了研发战略武器的较大空间，朝鲜的战略打击能力越来越强似乎挡不住。

韩美日总是希望中国向朝鲜施加更大压力，以为对朝制裁只要补上中国这块"短板"，朝鲜的屈服指日可待。

这种思路完全是错的。中国应理直气壮地与韩美日的对朝政策拉开距离。

韩美日应认真思考，朝鲜为什么在民生很困难的情况下，将大量资源用于发展既不能吃又不能喝的战略武器？为什么让其他国家感觉很难受的国际谴责，平壤却不为所动？

原因很简单：因为朝鲜感觉不安全，平壤政权对外部的军事入侵或干涉一直很担心，它觉着用核武器和弹道导弹最能吓退外部的野心。因此只要韩美日不给朝鲜基本的安全感，朝鲜就会变着法对它们进行"反恐吓"。

朝鲜至今处于封闭状态，东北亚的繁荣和它无关。外界再怎么谴责，朝鲜可以装听不见。本来就处在被制裁中，朝鲜用不着担心再失去什么。它又何必关心外界对它的看法和态度？

目前不仅朝鲜的安全观常走极端，韩美日对朝安全观也很畸形。韩美日总是担心遭到朝鲜的"攻击"，而它们的力量组合与朝鲜相比，简直就是一群狮子老虎对一只刺猬。

中国劝不动朝鲜，其中有相当大的原因是劝不动韩美日。朝鲜的态度总体看就是韩美日态度的反射体。外界不该对中国的作用抱过多幻想，中国自己更应清醒。

在目前的大僵持中，中国的位置并不像一些人认为的那么糟糕。中国尽了力，这点外界有相当程度的认可。中国延续了与朝鲜的友好关系，韩美日虽有不满，但同中国保持了朝核问题的较好沟通。

如果从最坏的角度看半岛问题，中国今天的位置意味着，半岛一旦爆发全面战争，中国不处在第一轮受威胁的目标之内。至于是否卷入，中国有一定的主动权。

朝鲜半岛问题过于复杂，远远超出了中国的控制能力。中国应接受这个局面，采取现实主义的态度应对每一个变数。

中朝友好应重点保护，它是中国在整个东北亚外交利益的核心一环，也是中国发挥作用的重要出发点。中国应寻找影响朝鲜的新途径，让韩美日相信，中国并非对朝鲜一味迁就，如果不是中国施加了独特的影响，它们看到的朝鲜要比现在更桀骜不驯得多。

中国无力塑造让韩美日满意的朝鲜。但中国的确要借较高的互信，把实话说给朝鲜领导人听：总这样僵下去，看上去输的、被动的总是外部，其实最紧张、吃苦头最多的还是朝鲜政府和人民。朝鲜需要解放思想，探寻国家发展道路的平衡。

(2012.03.19)

"亚太军备竞赛"非中国之过

瑞典斯德哥尔摩国际和平研究所的最新报告称,过去5年亚太地区武器进口占全球近一半(44%),印度以10%位居榜首,亚洲已是军备竞赛"重灾区"。

西方舆论认为,中国崛起是亚太军备竞赛的"根本原因"。这话最多只说对了一半。中国是现代史上最温和的崛起大国举世公认,亚太军备竞赛真正的"根本原因",是人类没有处理大国和平崛起的经验,无力摆脱强烈的相互防范之心。

美国对中国的战略警惕与日俱增,它对中国的每一个防范动作,都会带来中国的潜在反应。很难说中美谁对谁错,挑起军备竞赛的帽子也不能随便乱扣。如果从"动机论"分析,倒是美国从这种竞赛中受益最多,因为亚太地区进口的多数是美制装备。

消除军备竞赛本来就很难,但如果美国因为受益连这种愿望都没有,整个话题就无从谈起了。

有人说,如果中国减少军费,少发展国防,亚太地区的军事竞争压力就会小很多。但在当前的国际秩序下,这完全不现实。中国怎敢拿自己缺少防卫能力的现代化,去赌整个亚太的和平呢?

亚太地区一定强度的军备竞赛无可避免,这其中印度、日本甚至韩国、越南的国家志向也在发生越来越大的影响。西太平洋海权争端的加剧,以及台湾问题悬而未决,都具有分量。

现在需要的是,控制亚太的军备竞赛不要变成恶性的。各国各实体有钱买就买了,但大家都应对这些混乱防范的无奈给予理解,而要防止军备竞赛演变成亚太地区的仇恨,进而把"防范型军备竞赛"逐渐演变成真正的战争准备。

军备竞赛成为亚太地区的一笔冤枉钱,比它有一天真正被派上用场要好得多。值得注意的是,带头炒作亚太军备竞赛的,总是美国和欧洲的舆论及智库机构。美国的"巧实力外交"重在挑拨亚洲的紧张不像是瞎猜的。

随着中国继续发展,中美需要就各自的安全观做认真沟通,尽量促成两国都接受的西太平洋地区安全形势。只要中美两国都获得更多的安全感,亚太地区就会轻松很多。其他各种修补都是小打小闹。

美国应协助中国从根本上消除台海军事危险,它还应在南海问题上成为真正的劝和者,放弃支持其他国家与中国作对的战略姿态。此外美国应确立与中国和平竞争的原则,不对中国内部做北京无法接受的干涉。这样的话,中国发展军力的动力就会一下子小很多。问题是,美国有兴趣做上述调整吗?

只要美国不在上述领域做清晰的调整,中国选择有备无患很可能是注定的。当然,中国有必要增进军事透明,它还应多发展制约美国野心的非军事手段,但这些都影响不了亚太军事形势的全局。

中印等亚洲新兴国家继续增加军费的后劲很大,但军备竞赛不会增加该地区总的安全感,只要不减少各国安全感的总和就不错。中国没有力量控制整体局面,应当说,美国也未必有。

中国有意愿与美国合作,尽量对亚太地区旺盛的军备需求做些抵消。如果美国真的不愿意,中国只有好自为之了。我们相信,只要中国保持强劲发展,无论未来是怎样,中国都不会是输家。

(2012.03.20)

围绕涨油价的沟通需锲而不舍

中国石油产品再次较大幅度涨价,每升破了 8 元,舆论怨声载道。由于中国的成品油价格同国际油价挂钩,国内汽油和柴油越卖越贵是大趋势。我们或许早晚会迎来每升破 10 元的时代。

但高油价制造通货膨胀的能力,几乎和高粮价相当。高油价在一些国家被当成强制环保的利器,但在另一些国家却成了社会稳定的克星,油价上涨在世界各地区都引发过动荡。

中国社会对高油价的不满,与要求大型国企改革的呼声复杂搅成一团。舆论形成了一种相当流行的看法:高油价是"两桶油"(中石油、中石化)捞取巨额垄断利润的结果。

中国的油价原本是经济问题,但现在逐渐掺入了大量阶层性利益情绪,包括部分政治情绪。为化解这个问题,如果只从经济层面向公众解释,大概不会有效果。

"两桶油"是中国的顶级国企,垄断性较强,它们同政府几乎是形象绑定的关系。社会对它们的不满,会有很大一部分转移到政府身上。

因此在这个油价不断攀升的时代,政府必须让公众相信,他们买到的汽油,确实是当时最便宜的"良心价",政府已经从这个价格中,拧掉了与公共利益无关的所有"私利"。

这样的信任当前显然不存在。围绕"两桶油"的内部利益存在各种传言,"天价酒"事件更增加了对腐败的推论。随着油价越升越高,不禁让人担心,老账新账或许有一天会同时爆发。

中国油价的生成机制大概将不得不做出调整。调整的核心至少应有两点，一是让油价从确保油企一定的盈利规模，转向用它平衡全社会的利益。二是增加透明度，让油价生成机制得到社会大多数人的认可和授权。这样就可以提前拆除油价不断上涨对社会稳定的潜在威胁。

中石油、中石化必须看清看准自己在中国社会的位置，积极、主动地配合国家和社会做调整，与舆论做锲而不舍的艰苦沟通，扭转目前舆论对它们的不信任和不理解。

客观而言，大型油企对中国改革开放是有功的。它们的员工走向世界很多动荡地区，与世界石油的老牌巨头竞争，大体保障了中国飞速增长的用油需求。它们虽有国内"垄断"，但在国际上堪称孤军奋战，不像美英的油企，有国家军事力量的护卫。"两桶油"的很多员工值得全中国的开车人向他们敬礼。

但大型油企的"不透明"也是出了名的。它们与舆论的沟通之差，与一些民营企业和国外同行形成鲜明对照。它们给社会留下了"官僚机构"的印象。不了解它们的人，总会天然地把它们往坏处想。

在中国这样的耗油大国，靠国家大量补贴维持低油价很不现实，但超出社会容忍度的涨价无论对经济还是对社会稳定都有风险。从长远看，能不能处理好石油产品的不断涨价，实现它的平稳，这是对中国社会的综合考验。

油价生成机制被中国公众理解并接受的过程，就是人们重新认识中石油、中石化这些大型油企的过程，这对改善中国大型国企的集体形象，对它们重新确定在中国社会的定位都很重要。甚至这还会影响到公众对国家的认识和感受。

(2012.03.21)

不妨在伊朗摸一把美国老虎屁股

美国缩减了因为与伊朗搞石油贸易而受制裁的国家名单,中印等国被突出了出来。中美就此发生摩擦的危险在上升。

美国的所谓制裁没有联合国授权,完全是按照自家王法管别国的事,因此中印在国际法上完全站得住脚。但世界舆论美国说了算,中国的孤立感还是很快就会浮现。这个思想准备中国必须有。

其实美国的制裁已经不可怕,它顶多伤一点中国的皮毛。美国现在能搞痛中国的经济制裁手段越来越有限,它最多能在中国的手指头上取一滴指血。

中国可以根据美国的出手轻重来决定是否报复它。由于从伊朗的石油进口占到中国石油进口总量的约11%,跟美国纠缠的这点麻烦对中国完全值得。

但问题是,如果美国"下决心"要阻止中国从伊朗进口石油,并为此"不惜任何代价",中国怎么办?中国是否应不惜提升与美国摩擦的规模,甚至不惜与其冲突?

我们的回答是"是的"。保持中伊石油贸易对中国的利益之重要,一点不小于封锁伊朗对美国的价值。中国没有理由拿牺牲自己如此关键的国家利益,来换取中美之间的相安无事。

中国需要在美国面前有一次对自己国家意志义无反顾的展现。伊朗问题对中美都非边缘性的,但也构不成能让中美战略对撞的引子。中美都不会从伊朗轻易后退,但美国对因伊朗卷入大冲突的担心,一点不比其他国家少。

如果美国为伊朗问题与中国正面摩擦，中国就该动用自己积累的各种资源奉陪它。中国的消耗能力决不比美国弱，它制裁我们，我们就反过来制裁它，不能双赢就双输。最后有美国经济顶不住的那一天。

即使发生超出经济制裁以上的摩擦，中国也用不着慌张。美国在世界范围内有求于中国的地方很多，中国应有理有力有节地让美国付出具体的代价。

这些年每当遇到中美外交摩擦时，美国总是认为中国应当让步。伊朗应当是扭转美国这种对华认识的地方。

我们应当清楚，"只有准备好了才能与美国叫板"是不现实的。中国在未来几十年都不可能真正做到"准备好"，但中国随时都可以对美国转为强硬坚持的态度。因为中国的坚持不是同美国无限度地对着干，而是在自己原则和合法利益半径内的坚持。再弱的国家都可以这么干。

要让美国重新认识中国的国家意志，中国必须冒一些风险，并准备付出一定代价。只有在这之后，中国才可以真正称得上是大国，整个世界才会增加对中国利益的尊重。

大胆地向美国表达自己的态度，把我们的立场、限度和决心讲清楚，然后平静、坦然地迎接美国的任何态度。无论发生什么，天都塌不下来。让世界看一看，中国不是一个神经质的脆弱国家。

中国不妨试一试，在伊朗问题上摸一把美国老虎的屁股。让我们微笑着这样做。

(2012.03.22)

重庆调整后的中国社会理性

重庆事发后，中国社会议论很多。这很正常，因为事情值得这样的关注度。与此同时，这些议论与王立军刚"出事"不久的那些议论差不多，大体处于自然状态。

看上去传言纷纷，实际上全社会都在等待党中央的进一步权威声音。中国社会的人心是稳定的，大家对十八大开好开成功的期待，对中国未来一些年的期待都没有改变。

中国的快速发展就像机体的成长，总会有我们不熟悉的新细节。处理和适应它需要时间，也需要坦然。以中国这么大的国家来看，我们的一次次调整和思考，大多都不是笨拙的，它们总是推动了社会的进步。

相信党中央，这成了中国社会在声音纷杂时的整体理性。这是中国社会凝聚力的重要质量线，也是中国改革开放以来多元而不散乱的根源之一。尽管无处不在的争论也涉及了这里，但"相信党中央"，无疑是中国社会最强大的思想和政治现实。

一些人认为，"相信党中央"是一种灌输，其实不见得。它是中国政治体制自然的思想和意识形态派生，是远在新中国成立前革命队伍里就已形成的一贯感受。它也是中共执政的成就逐渐收获带来的。

中共正带领中华民族走向复兴，国家的大方向是正确的，中国社会对这些判断的认同度相当高。在重大问题上相信党中央，团结在党中央周围，这是中国把重大决策顺利转变成行动的现实选择，这实际上也是中国社会不断追求稳定发展的结果。

相信党中央和解放思想不矛盾，没有思想的解放，相信党中央就是盲从。正是因为我们有了多元化，有了其他选项，我们才真正发现，相信党中央，执行党的路线，比任何别人教我们的方法都更可靠，更能为保障国家和个人的发展创造条件。

处在党中央的地位上，不意味着不需要与民间快速变化的具体心态和诉求做对照。其实中国社会丰富多彩的变化，对党中央的工作方式和节奏不断产生影响。中央和中国社会的互动越来越触动实质。

我们相信党中央目前正加紧围绕公众的政治关切开展工作。我们也希望一些结论的形成能更快些。权威声音来得越快，社会就越清晰，公众也越踏实。在一些时候，速度的意义远远超过速度本身。

十八大是第一次在互联网信息高度发达下举行的党代会，中国的换届更是第一次真正来到舆论的"大庭广众"之下。整个中国社会都没有这方面的经验，轻重的拿捏谁也不太清楚。这种情况下，谨慎是必要的。但这种谨慎同过去的谨慎是截然不同的。

中国的积极向好需要宽松的环境，需要公众把对于一点的关注同时转化为对过程的信任和理解。我们相信，这就是社会的成熟。

(2012.03.22)

西方兜了个大圈子，还得回安理会

联合国安理会21日通过了关于叙利亚问题的主席声明，曾经对立的投票这一次形成了统一。各方都宣称自己的立场受到了尊重，西方认为主席声明有助于遏制叙利亚政府使用武力，中方认为政治解决的原则在主席声明中得到了体现。声明没有提及要叙利亚现政权下台。

看来各方做了一定妥协，至少表面上看是这样。由于西方过去一年多对阿拉伯地区的影响相当强势，这种妥协印象的形成，对中俄更有利。如果这能成为一个趋势，那么中东各国政权"哪个有罪"主要由西方说了算，这个"阿拉伯之春"的主要"潜规则"就可能打破。

但不排除这是西方使的一个招数，即把中俄拉进来，一起限制叙利亚政府的行动能力，同时再通过其他途径，继续要求巴沙尔政权下台。

解决叙利亚问题的真正共识远未在大国中形成。这次安理会的主席声明做了文字调整，各大国都投赞成票，合作显然是临时性的。

但这的确反映了一个现实，美英法等西方大国并非在叙利亚问题上无所不能。它们绕开安理会兜了一大圈，但终于搞明白，没有安理会的支持，它们所有行为的合法性都成问题，号召力大打折扣。

它们现在回到安理会，并且对应俄中的立场修改主席声明文本，与它们在俄中否决安理会决议后发出猛烈抨击相比，已经有很大不同。至少在过去的几个月里，俄中在西方面前没有输理。

这说明叙利亚的确不是利比亚，俄中否决西方的主张，与顺着它们给世界带来的政治后果也的确不一样。叙利亚的人心向背与西方描述的差距很大。而俄中两国一旦联手做事，它们的力量完全不是西方可以忽视的。

俄中两国应当坚持已有的选择，引导局势继续朝政治解决的方向挪动。这不容易，但西方拉局势朝相反的方向走，至少同样难。

无论西方舆论怎样解读，但西方现在看到了叙利亚问题比利比亚问题更棘手，对发动军事干预比几个月前更加犹豫了。这些大概都是事实。现在俄中应当加紧做阿盟和叙利亚反对派的工作，让武力解决不了问题逐渐成为越来越多人的切身感受。

安理会主席声明要求叙利亚双方立刻停止军事行动，但没有直接要求双方谈判。主席声明强化了联合国前秘书长安南对解决叙利亚问题的作用。俄中应尽力将安南朝调解人的角色引导，只要谈判能搞起来，就将是俄中立场的重大胜利。

政治解决叙利亚问题，再艰难再曲折，也比通过内战和外部军事干预来解决，给叙利亚人民制造的痛苦要小得多。这条阳关道让西方故意说成了独木桥，只要它能有机会在叙利亚人民面前展现，它的吸引力想挡都挡不住。

坚持才有成功的机会。叙利亚问题有可能变成一场马拉松式的危机，俄中和西方都认为自己的理念是对的，那么最后要看局势能朝哪个方向坚持得更久。

(2012.03.23)

中国改革和崛起同时走入深水区

中国能成功崛起吗？如果不继续崛起，中国有退路吗？

这个国际政治当下和未来几十年的根本性问题，在中国内部提及的越来越少，中国人的兴趣在迅速回到身边现实政治的各种细节中。在中国需要高度团结应对外部压力的时候，这个国家却露出它以往很不熟悉的社会内部利益纷争，思想辩论空前激烈。

中国对国内民生的专注，以及社会多元化的急剧发展，使它同以往激进的崛起大国看上去都不一样。中国的对外政策很谨慎，避免了冒险和扩张，中国军队已经30多年没打过"像样的战争"，中国从骨子里没有德日及苏联当年针对地区甚至全球的野心。

中国国内舆论已经开始影响对外政策的制定，由于舆论的分裂度越来越高，外交政策无论朝哪个方向制定，都会遭到部分舆论的批评和钳制。这使得某个极端外交政策主导中国的可能性越来越小。

但任何事情都是利弊参半的。不极端帮助中国避免了大的国家悲剧，但内部凝聚力的弱化，也会使外部压制中国相对变得更容易。随着中国在"世界第二"的位置上逐渐坐稳，并被认为有更大"抱负"，一些我们现在尚难预料的压力，很可能逐渐降临到我们头上。

中国内部的自我批判与历史上的各崛起大国相比都已不逊色。一些批判者指责国家在政治上一团糟，质疑军费的合理性。高铁等中国领先技术受到批判，在世界上有竞争力的大型国企不断遭遇丑闻。在对利比亚、叙利亚的态度上，舆论中反官方政策的声音相当突出。

美国国会过去给中国制造的麻烦似乎最多，现在中国国内的批评声浪一点不比外部的轻，而且两股声音在很多时候有了交汇点。

　　这些无疑有利于加强对中国政府的监督，中国在世界舞台上的谨慎几乎有了"双保险"。但问题是，这有可能造成中国在受到无理打压时，也忌惮过多，无法放手一搏。

　　中国迄今化解了同外部的大部分利益冲突，但接下来中国能继续避免与外部所有尖锐冲突的可能性很小。如果中国以忍让为主，国内舆论不会答应。以强硬对之，国内舆论的钳制同样很大。

　　现在没有一个声音能把中国的舆论高度统一起来，但中国的形象仍然是苏联式的"专制国家"。批评中国政治是外部对中国的主攻方向，国内的一些批判者对此高度认同。为了使这种批判更有效，爱国主义也被一些人列为舆论攻击的靶子。

　　我们经常说，中国改革现在进入了深水区。其实在国际上，中国崛起也已经进入了深水区。两个深水区必须受到兼顾，它们都关系着中国人民的未来。我们不能只专注其中的一个。

　　不能从难度上对比两个深水区，但有一个区别是显而易见的。第一个深水区是中国人之间的纠结，中国人是它的总体控制者。而第二个深水区，中国人没有主导权，我们只能寄希望于自己的力量和意志。

　　中国是在内部凝聚力不断损耗的情况下走上崛起之路的。对内部变化的历史含义，我们目前并非很清楚。中国确实在摸着石头过一条人类历史的大河。在无经验可循的情况下，整个民族的清醒至关重要。就像没有"不改革"的退路，我们同样没有"不崛起"的退路。必须走向对岸。

（2012.03.23）

厘清台海现实，顺应历史大势

国民党荣誉主席吴伯雄22日在会晤中共领导人时，提出了"一国两区"的主张。大陆官方媒体的报道有意回避了这一提法。岛内的评论则很多。

"一国两区"原本是个老概念，时空转换，它今天给人的第一感觉是有"一国"两字，显得积极。但它能否在两岸政治进程中发挥实际积极的作用，则有待观察。这首先取决于台湾社会在善意解读它的方向上能有多少共识，以及它能在多大程度上帮助两岸未来在政治上走近。这些都尚为悬念。

其实两岸当务之急或许不是在"一个中国"的新表达模式上逗留，两岸得急着赶路。对台湾社会来说，有件事始终很重要，即看清台海政治现实，把握准亚太发展的大趋势，彻底走出前些年民进党主导的政治误判。这样，台湾就可脚踏实地。

台海的现实究竟是什么呢？主张"台独"的人一直宣称，台湾是"独立主权国家"，大陆政权管不着台湾，这个现实是"明摆着的"。

台湾不受大陆行政管辖确实已经很久，但这只是台海现实的一部分。台湾处在中国主权之内，中国人的这个主张受到全世界尊重。世界主要国家都拒绝承认台湾是"国"，不与台湾发展官方关系，这些都是台海现实的一部分。

大陆民众坚信两岸最终将统一，坚决反对事态朝相反的方向发展，台湾的任何选择，都必须同时面对这一强大的民意，谁能说这个因素就不是台海现实的一部分呢？

中国大陆发展很快,抵御外界干涉台海事务的能力在同步增强,未来撬动统一的杠杆不断增多,谈台海现实,这些因素同样不能视而不见。

把台海现实看清楚了,就会发现"台独"完全没有希望,顺应两岸越走越近的大势,才是有前途的选择。台湾过去的几次选举总体上证明了这一点。主张"台独"的民进党赢了两次,但都赢得很勉强和侥幸。认同"九二共识"的国民党也赢了两次,但赢面要大得多。

现在谈两岸统一为时尚早,但台湾的执政者朝着这个大方向,而非逆着它组织台湾社会的生活,在政治上终将得大于失。这样的计算具有历史概率的精确性。

所谓两岸"维持现状",是得维持两岸不断走近的趋势,因为这个趋势是真正的"现状"。绝对的静态现状是不存在的,事物的发展规律决定了,不朝着一个方向发展,就必然朝另一方向发展。

民进党当初想不断做大"台独",但他们失败了,因为"台独"是个长不大的怪胎。但"一个中国"则不同,它的历史基础和现实元素都强大而丰富,它是台湾政治的真正金矿。

希望两岸不囿于抠字眼,多做实事,为灌溉"一个中国"挖渠引水,为两岸政治互信积累资源。两岸政治商谈早晚要搞起来,历史不应总在原地打转兜圈。

两岸需要全面扩大接触和合作,把障碍从各个领域拔除,这对台湾民众形成实事求是的两岸观很重要,对防止极端思想挟持台湾社会亦是关键性的。台湾再不应被一两个煽情的分离主义口号左右了。让台湾永远远离那种不理性,这样的政治力量值得历史记住。

(2012.03.24)

坚守社会对谣言的抵御防线

最近一段时间，一些谣言在互联网内外扩散，活跃度相当罕见。一些谣言甚至纠缠上了长安街和中南海，非常离奇、荒唐，形成了对舆论的纷扰。中国社会应对此有所警觉，不可对谣言的传播听之任之。

诚然，中国官方的正面信息有时跟不上社会的需求，使得谣言出笼更容易找到机会。从传播学的角度看，谣言有多少、多强，大约相当于事件的重要性乘以事件的"模糊性"，官方信息越多越明确，越能针对公众的关切，谣言传播的机会就越少。

但最近一段时间的谣言，有些是自然发生的，有些则得到了不正常的强化。除了官方透明度对谣言的对冲外，社会还应对谣言有理性及道德层面的抵御防线。但现在有一些人在鼓吹拆掉这些防线，公开吹捧谣言的"正义性"，宣称"谣言倒逼真相"，"谣言倒逼改革"。他们似乎有意让谣言成为脱离现行体制控制的"新政治轴心"。

中国官方信息的发布体系的确需不断改进，但这种改进不可能是推倒式的。在一些重大问题上，谨慎常常很重要。快速发布信息的风险，有时的确大于搞清楚后集中发布的风险。这些风险由很多因素共同促成，包括社会有可能误读阶段性信息等，它们都是真实的。

对于一些关系特别重大的事，认识事件、营造共识都需要时间。正确、到位地处理好问题，往往同时具有引导中国社会的意义。一些时候信息不得不发布得稍慢一点，这是中国当前的真实国情，不正视它不是实事求是的理性态度。

回头看这些年，中国官方在信息披露方面一直在向前走，整个中国社会的透明度呈明显不断增加趋势。客观而言，这是中国改革最复杂的领域之一。推动透明度继续不断增加，和给中国的核心领域留出必要宽松度，这两者之间的协调和统一，对中国的前进至关重要。

"谣言合理论"无视中国各种现实，是激进主义经过草根打扮的表演。它实际要的是在现行政治框架外营造一个公众认知的另一个世界，不断腐蚀现行体制内的权威认同。"谣言合理"了，让这个国家在思想和政治上散架就有了相当廉价的工具。

实际上，人类历史上没有一个国家的进步是靠谣言"倒逼"出来的。谣言在各国历史上的总体负面作用都是压倒性的。它们总是使真相更加扑朔迷离，败坏世风。

应把抵制谣言看成中国社会当前人人都可践行的公益活动。中国在"有缺陷地"快速发展，但如果把当前各种谣言汇成一句话，它就是"中国糟糕到了极点"。这些谣言的流行在悄悄损害社会的内力，给社会的理性系统植入有迷惑力的病毒。

清除这些病毒需要更加强大的理性编程，既需要点对点地对付它们，也需要系统整体的不断强化和升级。很多人曾不经意与病毒有过交道，吃过它的亏。在"杀毒"和"病毒"之间，我们绝大多数人无疑是前者的同盟军。

让我们一起维护中国的进步和团结。我们每个人都有权利鞭策这个国家，同时我们每个人又是中国凝聚力的一个因子。我们就生活在这个国家里，最清楚这个国家改革的必要，也最了解这个国家特有的艰难。但毫无疑问，中国不应是"谣言共和国"。

（2012.03.26）

内地真心愿意香港继续"独特"

  57岁的梁振英昨天当选香港特别行政区新行政长官，中央的态度和香港的民意在明显合流。5年后香港就将转入行政长官直选，本次选举在香港引发的各路反响比以往热烈得多，它很像是一次成功的过渡。

  香港回归祖国已经15年，但它和内地的彼此磨合并未彻底完成。香港一些人对内地尚有戒心，他们对香港"内地化"以及"北京插手香港政治"都有警惕。香港和内地都需要以更多的"平常心"看对方。

  《基本法》是内地和香港关系的总纲，但人的具体感受，永远比法律条文更丰富。内地和香港要习惯"感受的摩擦"，形成避免一些分歧"小题大做"的政治及文化豁达。

  从内地方面来说，要对香港各种激进舆论真正做到见怪不怪。"一国两制"下的香港，注定与内地不同，一些具体意见甚至格格不入。这没什么，内地胸怀越大，香港一些人的"闹事"越不是事，只要《基本法》得到遵守，香港给整个国家引来麻烦的可能性就会很小。

  香港方面以正常的心态看内地，任务更重些。香港社会有"内地化"的担心是正常的，希望延续香港的特殊文化也是正常的。但要防止对内地"过于敏感"，这样的提醒对香港并非多余。

  香港完全不受内地影响的可能性是零，这不仅是中国收回香港主权的结果，也是内地这些年快速发展，香港从中受益的必然结果。对"内地影响香港"，不应总是做政治解读。

  香港的特点是一方面很现代化，同时又地域狭小，历史短。内地的特点是发展迅猛，由于大和国际政治地位重要，北京的政治经历丰富，视野更容易宽阔。在涉及香港的重大问题上，内地和香港在《基本法》的框架内做沟通，香港要考虑这个背景，而不仅仅从"防止北京插手"的角度琢磨。

其实香港回归祖国15年总的来说比较顺利，香港今天的变化，很难指出有哪一条是内地强行在"政治上影响香港"造成的。对整个东亚，中国内地的影响都处在高峰期，香港回归和中国内地崛起叠加在了一起。

这15年来，香港的民主进程是不断上升和扩大的趋势，香港在一步步接近直选。中央政府确保了香港在稳定的基础上走向民主，整个过程积极而有序。这次选举也因此成为香港全面发展进程中的重要节点。

我们真诚希望香港社会巩固这次选举的最新民主成果，并通过这当中与北京的一系列互动，更全面地理解内地的善意，化解以往的一些疑虑。

中国只有一个香港，国人对香港很珍惜，他们不希望香港"内地化"的心情，和香港人是一样的。内地人很愿意香港继续独特下去，大家希望中国是多元的，如果内地人去香港旅游，发现它和内地城市"差不多"，那他们会比香港人更失望。

祝愿梁振英有一个顺利、完美的任期。希望未来5年内地和香港加深对彼此的了解，对对方都多一些体谅和鼓励。我们处在中国的不同部分，共同组成了国家和民族的骄傲。我们是血浓于水的同胞。既如此，我们完全有能力包容彼此的不同。

（2012.03.26）

核安全重如山,但别用其他风险换

第二届核安全峰会昨天和今天在首尔举行。直到昨天,会议的核心内容世界舆论谈得并不多,奥巴马在"三八线"和记者会上一些不太相关的表态反而吸引了更多眼球。韩国作为东道主也有些分心,不时把世界的注意力往朝鲜半岛的矛盾上引。而不谈朝鲜核问题,已是与会各国对这次会议议程的共识。

这是一个很多国家都难以静下心来办一件重要事的时代,各种纷扰往往又多又短线。无论是奥巴马还是李明博,他们的心思似乎都没在会议桌上。他们的选民都对会议要谈的事情所知甚少,尽管那些事情比奥巴马举着望远镜往朝鲜一侧看到些什么,要重要得多。

选举制度同现代传媒的高度结合,在把奥巴马这样的领导人逼成政治演员,他们经常失去明晰的目标,不得不把公众的时下愿望摆到国家长远利益之上。比如在朝鲜半岛问题上,美国到底想要什么?他们实现了自己目标的几成呢?

美国连续几任总统似乎都把防止朝鲜拥核作为首要目标,但朝鲜离完全拥有核武器还是越来越近了,朝鲜的导弹技术也在逐渐升级。如果这就是美国在朝鲜半岛的主要追求,那么它这几年无疑是失败的。

如果美国同时明确追求朝鲜半岛的和平与稳定,并为此不遗余力,那么它的失败就比现在的情况要小得多。

美国一大选,全世界都跟着晕,不知道现任总统哪句话是美国的稳定政策,哪句话是说给国内选民听的。美国这样做先是把世界搞乱了,但最终会把自己搞乱。

各国选民的权利都在扩大，政治家决策的掣肘因素在增加。美国是这个趋势的代表性国家。美国的对外政策越来越分散化，白宫、国会、舆论莫衷一是，国家的决策有时很任性，像是在互联网的某个聊天室里做出来的。

防止核扩散，美国非常关心，其他大国很愿意在这个领域与其携手。但美国从没有认真听进去过别国的意见，它除了制裁并战争威胁伊朗等个别核门槛国家外，拒绝对消除拥核的动因做些有效的工作。而现实是，少数国家拥核的决心一旦形成，很少能被恐吓回去。

让美国在安抚敌对国家上做点让步，似比登天还难。美国舆论就通不过，决策者根本就不敢碰这样的话题。选择强硬对它们来说在政治上总是更安全。

中国的经济和社会运行规模不断增大，跟美国类似的难处和担心在逐渐增多。但中国的国家定位与美国不同，中国不谋求超级权力，恪守国家本分，因此仍同广大发展中国家有身份和感情上的认同。对世界事务，中国的意见往往有更多利益代表性，值得美国认真听。

核问题的根是安全，但安全不仅仅在核领域才重要。核安全重如山，但它必须有其他安全配合并保障。最近这些年，世界不断在追求核安全的同时，将自己置于其他的巨大风险中。这至少在性价比上是很不合算的。

希望这次核峰会开得扎实、冷静、通情达理。让参加者多些踏实，未临会的国家听着不刺耳。把好事办好，不办成坏事，这是稳妥的，也是聪明的。

(2012.03.27)

舆论不应鼓动超现实的福利目标

"全世界只有20多个国家没实行免费医疗",这个对世界稍有了解的人一听就很假的说法,前一段时间在中国互联网上流行。

这个假消息是一名学者率先发布的,说他为讨好民意而不顾事实,大概算不上冤枉他。然而现在有不少人喜欢这样干,他们宣扬无限制发展福利,提不切实际的目标,即使被证明他们说了假话,舆论对他们的压力也很小。

曾有名人在两会上宣称美国的电话如何便宜,后被证明说错了,但没受到什么谴责。

拿外国的福利、甚至虚假的外国福利要求中国,这种不理性的做法受到中国舆论鼓励,决非好的征兆。中国社会自我认识的参照系出了问题,全世界最好的东西、甚至不存在的好东西在一股脑涌过来。它们似乎要把中国往乌托邦的陷阱里推。

中国当然要朝着更高福利标准的社会前进。而且总体上看,中国的福利水平还很低,上升空间很大。发展民生已是中国当前的首要国家目标,对医保和退休金制度实现社会全覆盖,中国有很强的紧迫感。

但全社会对福利保持清醒,是中国无论如何不能丢的。欧美的前车之鉴清楚显示,在福利问题上走极端是多么容易铸成的错误,而改变起来又是多么艰难。

医保全覆盖和全民免费医疗是截然不同的两个概念,现在不断有人故意混淆它们。其他福利口号也不断有人喊出来,比如要求中国所有高速公路停止收费等。

西方"福利主义政治"是选举文化造成的,每一届政府都承诺给予,寅吃卯粮,这已促成了选举政治同国家福利能力之间的结构性矛盾,它今天看上去就像是一个死扣。哪个政府想解它,迎来的都是最终逼政府屈服的举国大示威。

中国社会切不可往这样的死扣里跳。普惠式的福利制度对中国这样的大社会有害无益,它其实就是中国当年大锅饭的升级版。中国已经被害过一轮,不能跟着欧美的屁股再学一回"洋大锅饭"。

有人问,难道中国永远不能像北欧人那样享受普遍的高质量福利吗?至少这几代中国人肯定不能。北欧各国人口加起来只相当于中国的一个小省。在未来很长时间里,中国社会的奋斗方向都不能集中于财富分配和对财富的享受,而必须追求创造财富与分配、享受财富的平衡。中国创造财富的任务依然很重很重。

中国社会切不可为自己立超出国力的福利目标,那只能是我们自己害自己。中国的家庭文化仍与奋斗浑然一体,只认享受的人即使在年轻一代中比例也不高。宣扬高福利的舆论在强行扭曲社会的草根价值观。作为一种非主流主张,它并非毫无积极意义。但它决不应获得主导中国社会的力量。

中国是各种人权发育尚不成熟的社会,只要是推动人权的主张,即使偏激也有存在的合理性。中国最重要的是实现各种推力的平衡,这个平衡点就是与国家大现实的对应。

当前的新危险是,非理性的福利主义主张在成为互联网上的主导性声音,它的影响在层层传递,甚至开始对国家决策形成压力和扰乱。因此现在是社会认真反思这种影响力的时候了。我们的主张是,不应让福利主义成为压住实事求是,没人敢于质疑它的"道德高地"。

(2012.03.27)

金砖国家不需要价值观的粘合

金砖国家今明两天在新德里举行第四次峰会，五国领导人的见面次数和二十国集团差不多。巴西贸易部长透露称，这次会议将讨论成立金砖国家开发银行。金砖国家加强合作的趋势看上去挺明显，但这个组织最后能发展成什么样子，现在不太确定。

金砖国家如果能展示团结，对中国显然有利。任何西方体系之外并有中国参加的多边组织发展起来，都对中国有利。由于金砖国家都有发展快的特点，这个组织有助于稀释世界对中国崛起的过度关注，印证中国是新兴国家崛起大潮的一部分，尽管中国崛起的确很突出。

国际上不少人对金砖的未来不大看好。他们举出的头一个原因是：金砖国家彼此的价值观差异很大，缺少有效凝聚力。

这话有一定道理，但说的有些绝对。其实二十国集团成员之间的价值观差异更大。因为价值观往一块凑的国家组织，都是冷战时期的产物。不仅北约和华约，连七国集团的成立也都有当时的巨大国际政治压力做背景。

冷战以后的国际组织，打破意识形态站队是主流。七国集团拉上了俄罗斯，但还是因为"主义"太多，经济实力却相对萎缩而逐渐边缘化。二十国集团登上历史舞台，它在价值观上有些"乱"，如何决策在摸索、磨合，但这就是今天世界主要力量彼此关系的实情。

金砖国家结成一个组织要做的事，与价值观是否一致没多大关系。因为价值观的矛盾，根本就不是当今世界的主要矛盾，今天在世界上搞价值观斗争，有点像中国上世纪五六十年代搞阶级斗争一样荒唐和扩大化。

最近几年世界针对气候、贸易、安理会扩大等问题的争执，都没以价值观划线。人权之争的价值观意义似乎最明显，但它这些年从没有真正主导过国际政治，它一直有很强的表演性和工具性，在大国关系中充当讨价还价的筹码。

金砖国家能否有更深的合作，关键还在于它们是否有这样的需求。

客观而言，全球化让很多国际组织的价值都下跌了，人类文明对野蛮的限制，使一国加入某个"小集团"的政治紧迫性不再像过去那样大。这些年新成立的政府间国际组织，生命力主要在于它们能否解决成员国所面临的共同问题，为大家都带来好处。

指望金砖国家成为七国集团那样的组织，这不仅不现实，而且反历史潮流。时代没有给金砖国家这样的启示和呼唤。

金砖国家的最大共同点，是它们都处在强劲发展中，并受到现有发达国家的一定挤压。它们与发达国家的矛盾不是意识形态的，而是利益的。

金砖国家有加强合作及团结的强大需求，因为利益之争已是当今及未来国际政治的本质。金砖国家有协调立场、相互支持的必要性，也有这样的空间。轻视彼此的合作和团结，是金砖国家的共同损失。

以印度来说，它作为"新兴国家"的身份，远远压过它是个"民主国家"。后一个身份被西方舆论强调，更像是他们想用印度平衡中国的把戏。

金砖国家应十分清楚自己是谁，为什么要走到一起。千万别让外界眼花缭乱的评说搞乱了。

(2012.03.28)

用升级战略反击力量应对反导

美国宣布正在寻求在亚洲和中东建立导弹防御系统,"就像在欧洲所做的那样"。那么此举给亚洲引起的骚动和对立,大概也会像是在欧洲发生的那样。受美国邀请参与该反导系统的日韩澳三国,都该认真想想,美国此举究竟会给它们和亚洲带来什么。

中国应坚决反对美国在亚洲建反导系统这件事。美国此举名为针对朝鲜和伊朗,实则"项庄舞剑,意在沛公",而这个"沛公",就是中国和俄罗斯。

中国应认真评估美同盟国发展亚洲反导系统对中国安全的长远危害。这不是美国的新主张,早在克林顿时期就提出来了。但今天正式启动,给中国的战略感受比当初还要糟糕得多。

由于这些部署终究发生在日韩澳的领土上,主动权不在中国手上,中国予以阻止的难度有可能很大。悲观的看法甚至认为,中国几乎无计可施。

但中国可以做自己的事,平衡反导系统对中国的冲击。毕竟要保护中国战略威慑的有效性,中国自己的决心和行动最重要。

美国借朝鲜发射卫星来制造部署反导系统的"合法性",它做得很聪明。中国完全可以跟美国学,以它部署反导为理由,对中国战略反击能力做一次大的升级。

中国应当较大规模地增加战略武器的生存能力和突防能力,包括增加数量,发展攻击型核潜艇,使中国的各种弹道导弹成为任何反导系统都阻拦不住的战略威慑力量。

中国的核武器是核大国中最少的，而且中国还在核大国中唯一承诺了不首先使用核武器。建亚洲反导系统，是对中国保持核威慑效力这一核大国权利的不尊重，也是对中国保持低调核政策的不尊重。

美国已经打破原有平衡在先，中国做出强烈反应，包括增加、优化核力量已在西方舆论的意料之中，在道德上不丢分。如果中国无动于衷，那才是奇怪的。

美国和盟国不应在反导计划上做得很过分，那样的话，他们就是逼中国改变核政策。

日韩澳如果都参与美国反导计划，亚洲很可能出现恶性军备竞赛。这对中国当然不是好事，但中国显然也没必要害怕它的发生。中国对军备竞赛的经济及政治承受力肯定都不是最弱的，它一定要来的话，我们只好面对它。

美国把亚洲搞乱的能力很强，如果亚洲国家不予以抵制，未来的亚洲很可能有很多矛盾激化。中国应做最好的努力，同时也应做最坏的准备。

在涉及中国战略威慑力有效性的大是大非上，中国必须有主见，并敢于坚持。中国是占理的，要抬着头对美国及日韩澳说话，把它们这样做的后果和中国不准备退让的态度都讲清楚。

中国没必要跟美国或日韩澳为此翻脸。中国只需在自己的主权范围内坚决做好战略反制措施，就可不怒自威。

（2012.03.29）

莫让"非对称"信息博弈影响中国

英国人海伍德去年 11 月在重庆死亡。近日外媒传出,英国外交部门要求中国重新调查海伍德的死因。西方多家大媒体纷纷将海伍德之死与重庆近来发生的事情做联想,不断增加爆料。给人的总印象是,外媒对重庆调整后的情况很有兴趣,并希望能产生触动。

中国党代会之前,舆论的声音总是比平时更加复杂和活跃。猜测很多,传言也很多。外媒有它们的特殊优势,有时能制造出其不意的效果。这需要中国社会在思想上有足够的定力,不让外媒成为有能力调控中国的"无形的手"。

围绕重庆的调查正在中央的主导下扎实、有序地进行。如果海伍德之死确与重庆的这场变故有某种联系,这种联系一定躲不过这番调查。如果这个联系不存在,相信调查也会实事求是地排除它。

西方媒体把当前的中国描述成"像克里斯蒂侦探小说一样神秘",似乎是希望激发中国内外的各种想象,使中国落入无论如何也说不清、解不开的政治谜团。他们不像是在关心一个明确的结果。

由于中国官方对于做结论很谨慎,在最终结论形成前,会有信息的空当期。中国内外都有一些人学会了利用这个空当期设置议论点,制造关注方向,使这些议题在官方信息到来之前,就已先声夺人。这些"非对称"的做法正变得越来越有力量。

任何质疑都有其存在的合理性,但质疑越多,越自由,就越需要维护权威声音的强大。否则社会就会从思想层面的多元堕落成真正的一盘散沙:只有争论,没有共识;只有对立,没有统一。

在外媒也大举参与向中国政治领域传递"重量级信息"的时候，我们更需要相信中国司法，相信党中央，以司法的正式调查和中央的结论作为我们认识事情的根本坐标。

在党中央的主导下，调查的公正性能得到中国现实中的最高保障。党中央对中国人民和中国国家命运负责，司法的总目标是中国的秩序和公正。而中国内外一些人和力量发布信息时，总会有与他们利益相关的偏好和目的。

一方面我们希望中央能早日对重庆的事情给出权威结论或阶段性信息，防止各种猜测甚至谣言主导舆论。另一方面我们不欢迎外部力量掺和中国的这些事。外部力量不应获得在重要时刻针对中国事务的发言权。

十八大前的中国，多元化更突出，但决不像西方媒体所说的那样神秘莫测。确定性是中国的绝对主流，多种可能性的并存都是具体层面的。由于中国这些年消化各种事情的"政治容量"空前扩大，中国并非处于某个特殊的"临界点"。

最重要的是民心。中国的老百姓支持改革，要求发展，希望稳定，这些大的愿望在中国社会里相当平衡。这种平衡是中国政治的决定性因素。

我们相信，当前各种信息的竞争和碰撞，终将对中国人的理性形成新的洗礼。人们对信息本身和信息背景的认识，都会有新的升级。对于相信中国司法和相信党中央，我们同样会有一轮更加透彻，也更加坚定的领悟。

(2012.03.29)

半岛局势再次逆转令人惋惜

朝鲜坚持要发卫星，美国宣布取消不久前承诺的对朝 24 万吨粮食援助。朝鲜半岛局势又一次逆转，中国官方的表态透出惋惜和担心。

朝鲜半岛局势颠过来倒过去，但总趋势更像是越绷越紧。没有真正的获益者，要评只能评谁的损失最多。如果以东北亚地区经济发展水平和百姓生活做尺子，那么这些年围绕核问题吃亏最多的，显然是朝鲜。

朝鲜是中国的重要友好国家，对朝鲜在核问题和运载火箭问题上进退两难的处境，中国人能在很大程度上理解，甚至感同身受。我们相信，朝鲜执政者很希望以大手笔创造突破口，带领国家走向繁荣富强。

朝鲜发展核武器、发射卫星的举动与其国力相比都极不寻常。朝鲜强顶韩美日的压力，对东北亚的各战略力量确实用得很巧，一次次找到通常情况下难以置信的战略空间。朝鲜真正做到了"小国开展大外交"。

但尽管这样，朝鲜的处境仍是艰难的，而且通过延续现有路线彻底扭转其在东北亚被动局面，至少从外部看障碍非常多。平壤或许认为，只要有了战略核导弹，朝鲜的国家安全就有了根本保障，韩美日的对朝态度就会彻底转变。但其实不会。

即使对俄中两国，核盾牌对国家安全的作用也不是全方位和全天候的。在两国的大量现实威胁中，核武器帮不上忙。发展战略威慑力量只能置于国家经济、社会发展的全局之中，它不能是不顾一切的。

一个稳定的东北亚理应对朝鲜发展和国家安全更有利，如果矛盾激化反而对朝鲜有利，这当中一定有某个环节出了问题。短时期这样尚可，如果长时间都这样，就会很糟糕，朝鲜就应想办法摆脱这个局面。

我们知道，朝鲜当前强硬的外交姿态并非都是平壤造成的，韩美日的责任很大。它们施加了那么多压力，对朝鲜这样的小国是不公正的。半岛及整个东北亚安全环境最恶劣的国家是朝鲜，而不是别的谁。平壤对核武器的欲望最强，不是偶然的。

韩美日如果不做大的调整，朝鲜做战略调整的可能性就很小。东北亚各方安全的增加，只能同朝鲜安全环境的好转同时发生。

正因为看到了这一点，中国对朝鲜的态度一直与韩美日不同。在任何时候，中国人都把朝鲜视为朋友。

朝鲜也应当看到，如果因为它某个举动造成了中国的为难，实际上这些为难最终会有一部分曲折转回到朝鲜自己身上。朝鲜紧挨着中国和中国的强大及安全，是朝鲜现行体制长期安全稳定的根本保障。这个因素的重要性，不会比朝鲜拥有核武器更小。

中朝友谊经过长期的考验，中国社会对朝鲜的善意由衷而无私。朋友的建议值得认真倾听，因为中国在东北亚安全问题虽多，但资源更多，中国不会仅仅顺着自己的利益给朝鲜出主意。朝鲜是中国的跨世纪朋友，中国不会在中朝关系中犯短视的错误。

希望朝鲜在发卫星的问题上保持理性和审慎。韩美日更应慎行。它们的安全与朝鲜比起来堪称牢不可破。它们吓唬朝鲜一直没收效，它们得试着换个方法了。

(2012.03.30)

中国无惧朝鲜半岛任何事变

日本防卫相昨天正式下达拦截朝鲜"运载火箭"的命令,把围绕朝鲜发卫星的东北亚紧张又提升了一级。如果卫星拦截真的发生并且真拦住的话,东北亚的热闹很可能要比今天轰轰烈烈得多。

中国当然不希望这一切发生。首先朝鲜最好认真评估发射卫星对自己的弊端。如果它一定要发,周边国家最好能克制些,别把发卫星真的当成试射洲际导弹,把朝鲜作为一个小国的特殊姿态搞成全地区压倒一切的中心事件。

然而这个愿望很可能落空。中国不是东北亚的主宰,这里的所有力量都在一定程度上随波逐流。幸好无论这里发生什么,中国虽然躲不开,但也不会首当其冲,更不会因为支撑不了而最先倒下。

中国能劝还是要劝,劝朝鲜也劝日本和韩美。但中国一定要加强对东北亚严重事变的应对能力,不怕这里的军备竞赛,不怕朝鲜和任何一方直接摩擦甚至冲突。这样中国劝和就更有底气,冲突各方谁也不能用制造僵局的升级来绑架中国。

东北亚目前没有发生大战的战略性推力。朝鲜的总力量太弱,战不起。韩国则因首尔紧贴三八线,不敢战。日本与半岛隔海相望,无紧迫利益战。美国的战略兴趣不是朝鲜,不值得战。一般的小打小闹,都伤不到中国。

朝鲜半岛问题对中国很重要,但这种重要性再高,也只是中国外交利益的一部分。中国有必要尽最大力量促半岛局势稳定,但中国犯不上比别人更怕半岛乱。乱就乱了,中国应变就是。

现在各方都有错觉，一旦局势升级，中国最担心。这在一定意义上是对中国善意的常规解读，但他们不可猜过了头。其实肯定有比中国更担心的。他们公开相互强硬，但实际出手也都小心翼翼。中国巨大的回旋余地非很多国家可比。

中国需要对东北亚安全尽地区大国的责任，但中国不可被这个责任捆住自己。中国需要发展更强大的海空军力量，提升快速反应能力，加强对半岛任何事变朝非理性方向发展的战略威慑力。

中国的国力很快就会超过日韩朝的总和，美国在东北亚使用"巧实力"的空间只能越来越小。东北亚外交一环套着一环，中国不能落入其中纠缠。中国最终要用实力在这里说话和博弈。能以变应变则好，如果别人变得太快我们跟不上，就不妨以不变应万变。

新中国历史上经历过的涉外危机有很多，有的应对比较准确，有的应对偏了。但都过去了。今天中国的力量与当年不可同日而语。中国国内资源的数量和质量，国内事务对国家安全所占比重都快速增加，今后涉外危机更不可能把中国难倒。

中国当然还是要很认真参与东北亚事务的，"先东北亚之忧而忧"。但中国不强求任何事。中国的豁达是全方位的，因为这种豁达有强大物质基础，是从内向外的，用不着装。

最后劝日本几句。日本也是东北亚重要国家，虽然半岛动荡会对应日本的一些短线需求，如给日本发展军力提供理由等，但日本从东北亚乱中得利的大逻辑肯定不存在。日本应真心促半岛稳定。日本一直想做"大国"，但日本究竟"大"还是"小"，是日本做出来的。

(2012.03.31)

菲律宾扭动不了东亚大方向

在昨天闭幕的东盟峰会上，菲律宾总统阿基诺三世带头强将南海话题塞入会议议程，试图推动东盟就南海争端达成统一立场，然后跟中国谈。但菲律宾不可能将自己的立场扩大为东盟立场，很多西方媒体认为东盟围绕南海出现"分裂"。

如果菲律宾、越南等国要拉东盟帮它们同中国在南海问题上对抗，东盟的"分裂"将是注定的。因为这样做不符合东盟多数国家的利益，这只是少数国家的幻想。

阿基诺三世这一次虽然挟持了东盟峰会的注意力，但他仅仅做到了对菲律宾立场的一次宣讲。他没有能力改变东盟的地缘政治性质，把东盟与中国大的合作关系变成博弈为主甚至对抗的关系。

中国应当对这次东盟峰会上发生的事淡然处之。即使菲越等南海声索国真的串通在一起，中国也应不予理睬。我们只同具体国家谈具体争议，这个原则只要中国坚持，谁都奈何不得。

菲律宾如果以为它能把自己的主张强加于中国，那真是可笑。马尼拉近来的表现，让人怀疑它被国内的民族主义和西方舆论的一些支持搞昏了头。它的很多做法不切东亚实际，它的一些得手是表面化的，从长远看只能是菲律宾的自娱自乐。

中国尊重东盟，但东盟作为整体一定清楚，国际间的尊重都是相互的。如果东盟在南海问题上集体支持菲越等国的立场，将彻底打乱东亚的合作局面，将地区置于巨大不确定性之中。

阿基诺三世从来没有当过行政长官，他对华的很多具体态度都明显出于短线考虑,他在点燃国内的民族主义,而如此高烈度的民族主义根本无法让菲律宾在东亚立足、站稳。

即使东盟国家有一些人附和阿基诺三世,这样的激进主义也不会受到东南亚民意的广泛支持。加上美国的推动,东南亚也不可能成为不顾一切的反华地区。原因很简单:凭什么?

菲律宾想在南海问题上占中国的便宜,但这不是整个东盟的便宜。制造"狼群战术"对付中国,等于开地区集体对抗的头。对于东盟很多国家,用这种方式与中国打交道没有任何理由。大家不愿意看到四分五裂、矛盾激化的东亚。

马尼拉应当就南海争端采取现实态度。它目前的对华政策既不可取,也难以持续,如果它坚持这样做,究竟是菲律宾在东亚变得孤立,还是中国孤立,大概不会是马尼拉想的那样。

中国并未在南海问题上咄咄逼人,菲律宾的反复挑衅则十分刺眼。但菲律宾可以支撑其政策的后续资源捉襟见肘。它甚至自己的对华政策就很分裂:一方面对华展示强硬,同时希望同中国保持并扩大经济合作。

这次东盟峰会并非菲律宾的胜利。阿基诺三世一定要说南海,别人管不住他的嘴。但地缘政治的潜规则是强大的。菲律宾遵从这个规则,它就是东亚正常国家。否则它就是另类。菲律宾扭动不了亚洲的大方向。

(2012.04.05)

装不懂的人，你永远无法给他讲懂

12名诺贝尔和平奖得主给中国领导人写公开信，借藏区僧人自焚事件向中国政府施压。他们未在信中对鼓动自焚的境外政治势力做一字一词的谴责。

不公正的劝说毫无意义，更何况，没有调查就没有发言权。这12名和平奖得主几乎都未去过中国藏区，根本不了解藏文化的来龙去脉，对藏区的今天更是所知甚少。他们这样插嘴大概是合着西方舆论的拍节做廉价表演，而且他们很像根本就不知道自己在说什么。

中国藏区发生的事情不是宗教问题，那些年轻的自焚僧人，是达赖集团为与中央政府对抗，因地制宜找到的政治牺牲品。而达赖集团本无力，完全靠西方政治力量向其输血生存。这个事实受到大量伪装的扰乱，这封公开信其实也会成为很不错的伪装之一。

在"西藏问题"上，中国同西方想相互说服对方都是徒劳的。12名和平奖得主有的就是西方精英，有的是西方价值观的坚定同盟者。他们很清楚这封信改变不了什么。他们真正想影响的是国际舆论，向中国喊话只是他们说话的一种方式。

中国社会有一个很坚定的认识：如果没有全球化时代西方的插手和鼓动，所谓"西藏问题"根本就闹不起来。人们对个别所谓"民族问题"会忽然间莫名其妙地"小题大做"，已经有了思想准备。这个国家有足够适应这类事端的能力。

达赖集团和西方大概都很愿意看到，藏族僧人自焚产生突尼斯小贩自焚所带来的效果。然而事实证明中国不是突尼斯，中国就是中国。西方在反复将它看错。

带着先入为主的愿望看中国,以小的"真实细节"代替中国的全貌,西方不把中国看错才会很怪。准确地说,他们在自我欺骗。西方也能做到给部分中国人洗脑,但他们忽悠不了全体中国人民。因为西方在通过"西藏问题"等对中国搞不正当竞争,中国人没那么傻。

12名诺贝尔和平奖得主,一个看上去很强大的道德阵容,但由于这一次他们不真诚,这个组合和12名为西方意志帮腔的三流评论员联合签名没什么区别。

达赖集团的藏区政治地位主张就是要分裂中国,但它完全没有可能实现。这一点全世界都清楚。但搭"西藏问题"这个台子,西方可以用小投入给中国添些麻烦,各路西方精英和他们的盟友可以站到台子上表演。中国别指望把这个台子拆掉。西方则别指望台上的表演成真。

为阻止藏区僧人自焚,当地政府和中央政府都尽了力。只有境外的达赖集团称自焚者为"英雄"。谁是自焚的推动者,谁在反复制造这些悲剧,早已一目了然。装看不懂的人,你永远也无法给他们讲懂。

中国今天发生的各种事,构成了中国崛起的复杂性。我们承认中国发展有些粗糙,我们在不断致力于各种细致。但大的事实并不模糊,比如藏区在跟随国家一起进步。我们不理解为何在西方讲述这个事实如此难。但有一点我们看得比西方更明白:西方舆论在涉华时丧失实事求是精神,其对西方社会的危害,终将超过对中国的危害。

(2012.04.05)

咋咋呼呼的"围攻"奈何不了中国

无论稀土的事，还是南海的事，中国近年涉入的国际纠纷，常面临"一对N"的局面。一些与中国摩擦的国家热衷拉其他国家或国家集团助阵，力图用"狼群战术"对付中国，加强对中国的博弈地位。中国有时看上去似乎挺"孤立"的。

中国人切不可被这种"围攻"吓住，以为自己真的"失道寡助"了。中国没做错什么，突然冒出来一些"统一战线"也是被西方媒体吹得咋咋呼呼，很像"摆拍"，根本无力实际影响中国什么。

必须看到，因为中国强大了，一些"合纵"的意愿才出现得如此频繁。今天的中外摩擦，对方单独一国很难压中国让步。

随着中国崛起逐渐触动原有的世界秩序，阻挠中国崛起是那个秩序的本能性愿望。远近的各种不适感会往一起凑，但这些情绪和心理的集合能否真正形成遏制中国的力量，是另一回事。

迄今为止，虽有美国参与或鼓动，"联合制华"大多是舆论或诉讼层面的。对中国的舆论攻击越来越猛，但只要中国别太当回事，这些舆论最终就是些废话。和中国打官司，双方输赢参半，更不足惧。

美国加强环中国的军事同盟，是在玩悬的。但这个风险大家共担，日韩澳帮美国给中国加多少压力，它们自己就会感受多少压力的反弹。

中国今天的大多数麻烦都是自己崛起带来的，但如果我们放弃进一步崛起，我们会一下子获得如释重负的轻松感吗？只会更糟。中国崛起已无回头路。

一个基本的道理是，中国崛起会给自己带来更多力量，只要我们运用得当,不胡来,虽然看上去麻烦很多,但实际上我们更安全了,而非更不安全。

中国现在第一要对自己更有信心,不能害怕崛起。第二要沉得住气,把突如其来的各种骚扰看透,清楚那不过是外界焦躁的表现,然后不慌不忙地应对之。

中国不能面对每一个挑衅时都像被戳了心窝,很动感情。我们得清楚面对各种挑衅就是崛起中国的命。我们需搞清什么对自己最重要,围着这个目标进行回击和捍卫。其他的我们应以维持现状为主,用主目标的实现带动次级利益的逐渐推进。

中国继续崛起应是中国的核心战略目标。只要中国国力在未来几十年能再翻几番,中国的不怒自威就会成为整个亚太政治的现实,中国周边国家的对华态度都会调整,美国的力量也会自然而然地从东亚往后退,根本用不着中国把它往外推。

对于菲律宾这样带头骚扰中国的国家,中国也要下得去手,给其以教训。中国应胡萝卜与大棒一起用,切莫让外界误读中国,仿佛我们要搞一次"突围"或者"决战"。完全没这个必要。

教训菲律宾的方法很多,我们首先要做的大概是说服自己,别把制裁菲律宾看得太重。这就是中国崛起路上的一个小麻烦而已。即使菲律宾因此变得更"反华"也无所谓。交不成朋友,菲律宾付出的代价肯定比中国大。

美国、俄罗斯都不怕遭遇敌意,中国也不能畏惧。甚至可以说,有敌意的对手是大国崛起的衍生品。少数敌意和冲突触动不了中国崛起的根。我们有这份坦然和承受力,外界会更尊重中国,任何国家加入围攻中国的"狼群"之前都会三思。

(2012.04.06)

中国人是无法分割的命运共同体

一段时间以来，中国舆论场中的"道路之争"很活跃，似乎国家又来到了某个十字路口。其实这是假象，当下的中国是在路上而不是在路口。中国已经走上了一条属于自己的现代化道路，中国的方向已经确定，现在是"铺路搭桥"的问题，是永不停歇的具体修正与完善。当一个社会一旦走过历史的十字路口，激进转向就会从政治选项中消失。

中国改革与国家力量的全面崛起发生了重合。中国往前走需要驾驭的国内及国际政治面过于宽大，难度极高。资源和利益的丰富让一些人产生错觉，似乎无论中国的未来命运如何，他们都有足够多的自保手段，甚至可以从中国的动荡中渔利。

其实全体中国人已经结成了命运共同体。如果中国的改革和崛起以失败告终，所有中国人的命运指数都要降级。中国政治上的独立自主将不复存在，中国的很多政治力量将沦为外部力量的傀儡，国家统一甚至有可能不保。

中国内部的各种争论，都应在命运共同体的大框架内进行，多元化决不可向社会分裂演变。百家争鸣应被鼓励，但大的共识也要不断培育和保护。国家必须有能力把握好两者的平衡。

中国社会切忌有对国家大方向的困惑。中国之大，永远要有在大战略、大路线上一锤定音的权威存在。只有在战略上方向明确，社会上的各派纷争才不会扩大化。这也是中国作为后发国家追赶世界的加强性条件。

中国舆论场里谈改革的很多，具体争议也很多。现在急需围绕改革形成坚定的政治共识，防止对改革路径的具体分歧被夸张放大，使社会上出现国家动荡不安的误读。

中国应坚决反对喊口号、划阵线等曾经搅乱过社会的那一套，不让互联网上各种激进的政治苗头在现实社会中滋长。各种政治及学术争论不应与互联网的口号大战合二为一，中国社会的理性应当有源源不断的主流思想材料做保障。

中国社会一旦失去大的政治共识，各种所谓的"民族问题"、"宗教问题"就会借力，释放分裂中国的能量，西方就会找到撬动中国的杠杆。如果中国政治上出了大口子，这些今天听上去吓人的东西会变得相当容易。

苏联解体之初，很多人期待西方会伸出援手。但这种想法过于幼稚。西方可以救一个小国，培育个"示范"，但对中国这样的潜在战略对手，遏制与落井下石则更符合国际政治的逻辑。

经过三十多年的改革开放，中国克服了很多苏联体制舶来中国所埋下的弊端。中国当前处在全面上升的大周期，而非尖锐的危机期，中国现阶段的各种问题实为国家发展中的常态，需要不断地进一步改革去消除。这个大判断应当排在中国社会自我认识的前列。

现在似乎有一股舆论力量，在向中国公众传播对国家现状完全相反的认识。这种传播形成的根源性要素，很多都在西方。西方在借助全球化激活中国内部的不自信，培育它与中国一些力量的意识形态结盟，助其与中国做地缘政治博弈。

中国人是无法分割的命运共同体，这个事实已然被那种舆论差不多埋了一大半，露在外面并受到关注的，尽是些枝枝杈杈的东西。

中国舆论界到了必须自我警醒的时候。中国社会需要一个基本道理上的启蒙：我们是崛起大国的国民，现在这条大船已经远航出海，我们能不与它共命运、而独善其身的概率微乎其微。

(2012.04.06)

开发西沙旅游，中国没什么可犹豫

关于中国是否向普通游客开放西沙旅游，近日媒体报道了相互矛盾的信息。给公众总的印象是，有关部门早已就此在做认真考虑，但尚未形成尽快开启这个旅游项目的决心。

我们认为，西沙群岛的旅游值得中国花些力气去做。谁都知道，在南海政治形势十分复杂的今天，这个举动具有丰富的战略含义。除了对越南就西沙的主权宣示构成直接回击外，还可针对整个南海复杂局势为中国提供新的博弈资源。

开发西沙旅游必须厘清两个问题。一是西沙的生态环境比较脆弱，特别是淡水很有限。二是越、菲等周边国家很可能做出较为强烈的反应，西方舆论必站在越、菲一边。

第一个担心是正当的，但它不是不可规避的。世界有很多成熟的海岛游，有大量经验可以借鉴。有人提出加强西沙的海水淡化能力，可让游客更多时间住在船上，等等。在现代技术高度发达的今天，只要认真去做这件事，技术性障碍说到底都不难克服。

第二个问题，根本不应是中国人的烦恼。因为越南早就在做南沙海岛游，菲律宾也在打造自己的南沙"旅游中心"。此外菲、越都在南沙有石油开采活动。中国开发西沙海岛游，在整个南海的现实博弈中一点都算不上激进。

开发西沙旅游是中国加强在南海维护主权一个很好的突破口。我们就是要通过这一举动，对外展示中国不会在南海退缩的决心，让外界对中国将维护主权付诸日常行动有所适应。中国决不可把自己变成手脚都被捆住的国家。

　　最近这些年，中国周边一些国家在对华领土纠纷中态度激进，小动作不断。但它们对中国采取反制措施很不习惯，中国稍有动作，西方舆论就一起帮着它们指责中国"强硬"。这种对中国不利也不平等的"规则"必须打破，开发西沙游就可成为破局的重要一步。

　　对于生态问题，需认真评估并加以解决，但西沙游决不应被它绊住。保生态和护主权都很重要，在两者中间显然不能为了保一个而舍弃另一个。

　　开发西沙游可以是象征性的，也可以是实质性的。我们很希望有关部门能朝着后一个目标努力。如果西沙游能达到一定规模，它会成为一个绝好的国土意识教育基地。愿意前往的中国人一定会络绎不绝。

　　有学者提出大陆应与台湾探讨联合开发南沙群岛旅游，这确是一个很有创意的主张。太平岛是南沙最大的岛屿，目前处于台湾实际控制中，有飞机场和相对较好的生活设施。两岸共组太平岛游，既可加强中国在南海争议中的地位，又可将两岸的感情通过双方都接受的爱国主义，做有血有肉的拉近。

　　南海岛屿游只要得体有度，既不会损害岛屿周围的生态环境，也不会恶化南海的政治形势。它会成为中国发展岛屿旅游生态技术的契机，也会带来外界对中国为维护主权"该出手时就出手"的逐渐接受过程。

　　中国需要在各种对外争议中坚决、自信，为此遭遇一些摩擦不必太在乎。同时也要把握分寸，用力有度。这么大的国家操作西沙旅游，完全应当做到得心应手。

（2012.04.07）

顺历史而行，个人力量才能激活

据外电报道，方励之于4月6日在美国病逝，享年76岁。他这些年的逐渐销声匿迹，对上世纪八九十年代之交移居美国的政治对抗者来说，有一定的代表性。

方励之曾是中国有名望的科学家，后来因从事政治对抗，受到美国驻华使馆的庇护。自近代以来，美国及西方其他国家的支持，在中国被习惯性看成很有分量的力量生成元素。在方励之前后去美国的那批对抗者后来都一事无成，渐被中国社会遗忘，其中一些默默客死他乡，这是很多人当初没想到的。

根本原因是今日的中国已经强大起来，在正常的开放条件下，外部影响中国的能力总体上在下降。看上去又是全球化，又是互联网，外部的思想渗透无处不在，但中国改革、发展的方向盘，实际上已历史性地牢牢把握在中国人自己手里。

当中国弱的时候，外部力量通过支持、庇护中国内部的各路精英而影响中国，是比较容易做的事。在一个多世纪里，这几乎成了一种模式。对中国的实际影响则十分复杂。

当中国在国际上毫无竞争力，并且与外部力量没有形成政治对立时，外部的这种庇护会相对单纯些。但随着社会主义中国的出现，特别是随着中国逐渐崛起，这种庇护很快走形，成为外部力量与中国做地缘政治竞争的手段。

西方庇护最多的中国人是达赖喇嘛，西方对其他政治对抗者提供庇护时，考虑都差不多。这些人原来都曾在中国多少有一定影响，西方庇护他们，是希望能够维持、放大他们针对中国现行体制的对抗力量，增加与中国博弈的杠杆。

但达赖又何尝不是悲剧人物。他受西方支持了几十年，落了个表面风光，其实他的"事业"越来越无希望。他给中国添了些麻烦，但从历史的长距离看，这些麻烦就是他脱离中国社会时一些拖泥带水的挣扎，对历史的结果来说不具有任何意义。

移居美国的那批"精英"，不如意的程度更甚。首先，他们的追求和用力与中国的前进没有合上拍子，甚至完全相逆，因此他们离开中国后，影响迅速溃散。西方也因此逐渐轻视他们，直到他们实际上被抛弃。

那批"精英"在美国的遭遇提供了一个启示：对中国来说，少数人受外国庇护与国家对抗的模式难以为继，它总体看属于旧时代，是在往回走。而中国的前进风生水起。

中国早已走在改革开放的路上，社会多元化已成现实，知识分子合法影响国家的途径越来越多。很多关心国家命运的人，选择与国家的改革做建设性互动，在中国法律框架内推动民主建设。非跳到法律之外从事对抗活动，都不会有前途。

随着中国与西方的地缘政治竞争越来越明显，挟洋自重也将越来越不被中国主流社会接受。当年"跑出去"的政治人士，包括后来在国内受到西方支持的"异见人士"们都让人有脱离草根和主流的感觉，这是原因之一。

逝者已矣，愿活着的人更有理性。国家和民族复兴中国人梦想了一二百年，今天它就在眼前。支持它、推动它应是海内外所有中国人的共同行动。而且顺其势，个人力量才能激活。逆其行，个人的才干和生命只能空耗，最终被这个时代淹没。

(2012.04.09)

中国社会需摆脱网络带来的错觉

看清中国,一直是中国人需要认真对待的一件事。自近代以来,中国人不断犯国情判断的错误,革命队伍里也曾多次这样。

围绕中国的现实国情,如今社会上的争议又多了起来。互联网成为描述当下中国的重要力量,它的影响面相当宽大。

互联网舆论受官方影响的因素很小,生动而活跃。这种自由释放了大量反传统情绪,催生了全新的话语系统。互联网填补了以往传统媒体很少触及的信息和意见空白。

但久而久之,互联网上的信息传播逐渐形成新的价值倾向性,中国社会里以往只选择某一类信息的毛病,以另类的形式在互联网上流行。由于没有有效的制衡,这个毛病甚至被放大。

时至今日,互联网对中国社会的国情认识已有很大影响,其中有不少被反复强化的认识偏离了事实,造成了不少人对国家实际情况的错觉。

其中一大错觉是:今天的中国糟糕透顶,基层民生一塌糊涂。此外改革没什么进展,民怨已经沸腾,中国随时可能"天下大乱"。

只要离开互联网,走入现实世界,大多数人都会发现,中国远非那么糟。不仅国家呈全面发展,社会心态也总体上积极向上。人们在忙挣钱和置业,忙子女教育,忙中老年养生,这一切哪像是悲观社会的表现?

对于改革、发展、稳定这三项中国社会的要素,公众的真实愿望是追求它们三者的打包。但到了网上,它们被完全拆开,稳定这一要素被污名化,"维稳"几乎成了贬义词。

互联网集中了社会的大多数负面情绪,并给很多人留下它们就是中国社会主流情绪的印象。互联网上经常关注低概率的负面事件,它们的低概率特征被忽略,不断制造一个错觉:中国就是这些负面事件的集合体。

互联网正在一定程度上走向其开放性的反面,表现出越来越多的封闭性。志趣相投者形成圈子,传递他们彼此喜欢的信息,强化他们彼此的价值观。整个国家的负面性被越说越像,越说越真,大家彼此印证,互相反馈,而且越说情绪越大。

这是多元化时代的信息单元化回潮。五花八门的中国社会被互联网筛选成一个灰暗的模板,发表不同意见的人经常受到围攻和"制裁"。互联网上的多元化显然不够深入。

必须指出,网络上发生的事情已经远不是网民们的"自娱自乐",它开始影响现实社会中人们对国家的看法,甚至开始影响一些官员的判断和决策。

中国社会必须摆脱互联网制造的一些关键性错觉,尤其是要摆脱它对国家的某些偏激政治判断。互联网对中国舆论的议题设置权也已经大得失衡,很多传统媒体已经开始围着互联网团团转,这很奇怪,应当认真予以拆解。

我们写这一切,并非否定互联网对中国发展民主的正面意义。其对个人表达提供的自由,是其他舆论载体无法取代的。

但互联网带来的混乱和错觉,也必须受到正视。当然,光靠堵不会起持久作用,堵了很多年,也就是今天的样子。更重要的是发展能与网上激进声音有效竞争的主流舆论力量,使它们进入互联网参与竞争。这样网上的负面声音就会回归其只是舆论一角的本位。

(2012.04.10)

俄罗斯应避免向南海发模糊信号

越南油气集团与俄罗斯天然气公司日前签署天然气开发协议，计划共同开发南海两块油气区块。有报道说，这两个区块"不在中越争议海域内"，但越南借与俄罗斯合作来加强对抗中国的筹码，这一意图十分明显。

中国外交部发言人 10 日就此表态说，中国"希望域外国家的企业尊重和支持有关当事国通过双边谈判解决争议的努力，避免以任何方式卷入南海争议"。他的话说得相当客气。

俄罗斯天然气公司是国有控股公司，尽管它与越南公司合作有可能就是为了挣钱，但它的行为在很大程度上会被看成代表俄罗斯国家的态度。这不仅是中国人的感受，也是世界舆论的直觉。

中国人希望自己的权益和感受都受到俄罗斯的尊重，我们对俄的这份期待算不上过分。我们也很愿意相信，这样的尊重我们能得的到。

中俄早已是战略协作伙伴关系，但大国之间的关系永远有它的脆弱处。世界上有很多力量想往中俄的相互信任之间打楔子，中俄只有认真、悉心地爱护两国关系，才不会给那些力量提供机会。

最近一个时期，布热津斯基等美国精英强调西方要"拉俄罗斯"，俄国内也有亲西方学者主张与美国为首的西方亲近。这些声音描绘了更复杂的地缘政治远景，很容易给中俄战略协作增疑。

中俄都应意识到中俄关系稳定对维护两国战略利益的重要性。在未来相当长的时间里，中俄背靠背的战略关系越稳固，两国与西方大国保持正常关系的主动权就越大，中俄都不具备无条件融入西方的可能性。

换句话说，如果中俄的战略互信出问题，中俄对西方来说都会"贬值"。

南海是当前中国最棘手的地缘冲突点，越南、菲律宾都想拉域外国家介入，似有意将它们与中国一对一的岛礁争议，变成它们与域外国家联合起来对华"N对1"的实力对抗。中国不可能不对域外大国在南海的行动保持警惕。

俄罗斯不应在此时向南海发出错误或者含混不清的信号。一方面这会增加中国在南海的困难，一方面它会引发世人对俄这一举动背后是否有其他考虑的情不自禁的猜疑。实事求是说，这个消息在中国媒体上一出现，就直接影响了俄罗斯在中国公众心中的好感度。

莫斯科会不会用这个举动制造其与北京保持战略关系时的"更多自由度"呢？即使主观不是这样，它会不会成为俄天然气公司此举的实际政治结果呢？俄应当清楚，这样的疑问在中国人脑子里经过时，我们的感觉是很不舒服的。

中俄都是世界性战略力量，两国战略协作伙伴关系的每一项内涵都是双面的，不可能是单向的。一旦有不愉快，负面效应也必然是共担的。即使短时间不，长远也一定是这样。

中国高度重视中俄战略关系，但中国很清楚，这不能靠求俄罗斯。冷战后国际舞台的反复冷暖变化擦亮了两国的眼睛，使双方都看清了自己的战略利益所在。这是两国发展友好之本。

俄越间的这道天然气协议，其意义毕竟有限。但小事亦见大智慧，能量大胸怀。相信俄罗斯人的战略思维无愧于他们面向未来的国家抱负。

(2012.04.11)

对薄立案调查显示中国的确定性

中央昨天宣布,薄熙来同志涉嫌严重违纪,被停止政治局委员和中央委员职务,中纪委已对他做立案调查。有关部门对新华社说,对王立军案的相关调查显示,去年11月15日英国公民尼尔·伍德死亡系他杀,薄熙来的妻子薄谷开来和一薄家勤务人员有重大作案嫌疑。

这起很轰动的事件,到昨晚有了完整的初步结论。两个多月来,各种传言很多,但将整个过程连起来看,对突如其来王立军案的处理,表现了中国强大的确定性。它不是可以被一些偶然性和变数轻易扰乱的国家。

首先,中国对问题采取实事求是的态度,并勇于在任何层面依法依规处理问题。这是中国法治成熟的表现,是保持国家制度健康的重要政治基础。王立军案在很高的层面"破"了问题,今日中国已不会去"捂"它,调查随即依法展开。中国已经告别讳疾忌医的时代。

依据调查结果,中央对薄熙来做出处理决定,这再次显示法比人大,党纪比人大已在中国牢牢确立。在法律和党纪面前,多大的权力都不能滥用,任何特权都是幻觉。中国任何地方的事务都不可能被某个人的个人利益支配和主导。

中国对改革发展的全局,包括各种问题有着很高的把控力,这也是事件全过程给我们的重要启示。中国太大,总会出一些意外,总会有一些问题隐藏或突然爆发,但这些意外和问题最终都要触到边界。

中央的权威是中国政通人和及出格案件得到坚决查处的根本保障。王立军案的查处过程表现的就是这种权威。这一段时间舆论对中央声音高度期待，反映的也正是人们对中央权威的认同和支持。

这两个多月中间，事情有时看上去挺曲折甚至戏剧性。但回过头看，时间把这些曲折拉直。整个案情处理得还是很顺利的，而且没有离开社会大的分析和预期。十八大前的中国，这个"坎"迈得平稳而有序。

当前和今后的中国，最需要的就是这种确定性。无论发生什么，国家都很从容，都不会离开它的主要关注，不会在国家的大方向上走神。

其实中国的确定性不仅来源于决策层的表现，它更来自于中国民间。通过公共信息平台发出的民间声音虽然常常显得混乱，但中国的民心其实非常稳定，那就是中国人追求个人及社会的发展，不希望这个进程被各种突发事件或外力扰乱。这是中国最真实的主流民意。

这一切决定了中国有两件大事会很稳定，一是对改革开放路线的坚持，一是对国家基本政治制度的坚持。其实在中国做了这个大的政治选择之后，很多具体的事情当时或许会有所轰动，但它们进入历史的身段都会缩得很小。

王立军案牵出的这些事，是中国大局中的偶然事件。中国走得很快，几个月后就是举世瞩目的十八大。相信中国社会的兴奋点很快就会从重庆发生的那件事上飘走。十八大将带中国人前进。

（2012.04.11）

一次在南沙海域维权的成功之举

一艘菲律宾军舰前天和昨天在南海黄岩岛海域同中国海监船和渔船发生对峙。菲律宾驱赶、抓扣中国船只的企图没有得逞。到昨天晚上，尚无双方结束对峙的消息，但双方都透出和平结束对峙的愿望。

这件事中方完全在理。首先事件发生在中国的传统渔区黄岩岛附近海域，菲律宾从未对该岛有过实际控制。二是菲律宾以军对民在先，中方与其对峙有理有力有节，如果双方擦枪走火，中国走了"先礼后兵"的程序。

这次对峙打击了菲律宾近来在南海问题上的嚣张气焰，有效保护了中国渔民和渔船。它在南沙地区开启了中方在不动用海军的情况下，用执法船保护本国渔民的成功案例和模式。这是中国对南海诸岛行使主权的新进展。

这次行动也会改变外界对中国今后在南海争议中态度的预期。中国仍会追求南海的和平稳定，但不会对菲越的任性做无节制的忍让。中国会采取坚决的维权行动，并且会用国家不断扩大的实力来支持这些行动。

南海的复杂性在于，中国与菲律宾及越南的各自争执已很难保持在与外界隔绝的封闭系统里。美国的力量已在渗透进来，它鼓舞了菲越两国，加剧了它们的不理性。

如果中国跟着菲越两国掉入力量纵横捭阖的错综计算中，我们只会越来越被动。因为菲越当前寻找南海地缘政治的盟友，要比中国容易得多。中国应当化复杂为简单，制定自己行动的清晰原则。

中国渔民应当去所有他们传统捕鱼的地方,他们的每一艘船都是一面飘动在南海海面的五星红旗。过去中国渔民在没有保护的情况下前往被争议水域捕鱼,常遭抓扣。如今中国的海监船和渔政船应紧随他们,渔民船队走到哪里,中国执法船只就应跟到哪里。

一旦出现菲越试图扣押中国渔船,中国执法船只就应挺身而出与其对峙。中国执法船只都非海军力量,它们前往被争议海域维权巡航已是南海的政治现实之一。

如果菲律宾或越南用军舰对付中国海监和渔政船只,向它们开火,那么南海冲突就进入了新阶段。那将是菲越跨越鲁比洞的举动,它必将招致中国海军的坚决回击。

中国只需按照自己在南海维权的计划我行我素,碰到谁拦路,就毫不客气地与其对峙,但也不主动将其升级为擦枪走火。我们应把球踢给对方,看他们究竟谁敢先对中国的执法船只动手。

如果菲越两国想打一场海上战争,那么第一,请他们打第一枪。第二,中国一定会坚决奉陪,送给他们一个不能动同中国打仗念头的沉痛教训。

中国没想通过武力解决南海问题,中国有通过谈判与相关国家慢慢解决争端的耐心。中国也没想针对南海维权搞很激进的举动。中国迄今做的事,都是菲越两国经常干的,这顶多算与两国"扯平"。菲律宾夸张的尖叫是其国内政治面向南海的变态之举。

中国没有向菲律宾嘴里塞糖果哄它的义务。还请菲律宾自重。

(2012.04.12)

只要中美不对抗，谁都不是输家

希拉里·克林顿近日在美国海军学院发表演讲时说，"今天的中国不是苏联，中美并未在亚洲站在一场'新冷战'的边缘。"她还说，"只有成功地建立卓有成效的中美关系，我们才能成功地建设和平繁荣的亚太地区。"她的这番话是其对华强硬姿态的一次回调。

希拉里刚当国务卿时曾说过，中美关系将"决定21世纪国际关系的基本性质"。但那之后，她不断在批评中国时做"遣词造句的创新"。比如她指责中国"站在历史错误一边"，还称中国是"恶心的"。这次她说的话像是朝着国务卿正常理性和智慧的回归。

随着中国崛起和全球力量分布一些意义深远的变化，美国对中国有更多警觉似难避免。但美国不应掉入这些单向的警觉中不可自拔。中国崛起不含有针对美国的主观恶意，形成这个判断并不难。

美国的力量仍在全球遥遥领先，但新兴国家纷纷自强，美国从对世界权力的"绝对控股"向"最大持股人"转变已是注定了的。美国因此不安并且为难中国于事无补。

中国崛起是由历史的积蓄力和无数细致原因共同促成的，这些原因同时也给中国带来麻烦。中国崛起既是中国人对全球机会的成功把握，也是这个国家民间活动总量挡不住的溢出。美国人现在或许开始意识到了，遏制中国这样的超大型国家，完全没有胜算。

把中国当成上世纪的苏联来批斗，这只是美国和西方一些人把内部问题变成朝外撒气的廉价自欺欺人。而这样做的政治后果却可能很严重。最近几个月，一些美国国内智库也认识到这一点。他们批评希拉里没有把美国"重返亚洲"向中国解释好,进一步损害了中美本来就很脆弱的战略互信。

作为崛起国,中国对霸权国的应对显得更耐心和成功。2010年中国制造业总量超过美国。这是继1895年美国GDP成为世界老大以来,世界老二从来没有取得过的成就。中国的后劲大得难以估量。

这些年,包括基辛格、布热津斯基等美国战略家都提出美国应与中国避免冲突,或"相互适应",美国向中国长期保持高傲姿态的精神支撑逐渐在溃塌。

中美之间形成的"崛起—霸权"关系,是近现代大国关系史从未有过的经历。它出现在21世纪,人类以往的大国政治悲剧对两国都提供了足够的警示牌。现在看来,只要中美不走向对抗,两国和世界就都不会是输家。

中美防范对方的心理都很重,这来源于历史给全人类留下的阴影。但中美现在都以防对方为主,力量分布变化导致冒险主义抬头的危险情节,迄今尚未在亚太地区上演。这是亚太种种坏苗头中让我们聊以自慰的一个亮点。

中美肯定还会各自做"坏的准备",尤其是两国军方。但美国国务卿朝哪头说话,对亚太战略大环境绝非是无关紧要的。中美关系的性质将长期飘忽不定。两国政治家给对方什么脸色,是重要的量变积累。是他们在决定两国社会看对方的方式和心情。

希拉里国务卿在海军学院对中国的那番描述值得欢迎,当然我们更欢迎希拉里的这些话能得到美国行动上的验证。目前,这些话中国人听上去仍将信将疑,因为美国实际对华政策中流露出太多对中国冷战思维的蛛丝马迹。避免说一套做一套,这是我们对希拉里国务卿的新期待。

(2012.04.12)

立威是中国在南海的当务之急

菲律宾昨天向黄岩岛海域增派海岸警卫队船只，但同时有消息称它撤走了军舰。如果是这样，黄岩岛海域就形成中菲两国执法船只相互对峙的局面。是中国的坚决态度促使菲律宾考虑降低对峙级别，中国海洋执法船为我在南海立威做出了贡献。

立威是中国在南海的当务之急。菲律宾、越南等国长期不把中国警告当回事，这使它们与中国发生摩擦的概率变得更高。两国在领土问题上往往表现得很激进，常有不惜与中国冲突的头脑发热。

用抗议和规劝让菲越冷静下来大概是徒劳的。中国只有采取坚决维权行动，通过几次对峙和摩擦，才能让马尼拉与河内醒悟，对南海争端采取更加现实主义的态度。

这次黄岩岛对峙提供了这样一个重要的机会。中国必须做到这次摩擦的完胜，重塑其他南海声索国对中国维护主权决心的认识，使它们对今后与中国的摩擦三思而后行。

中国有必要向黄岩岛增派海监力量，同时要让中国海军做好应急增援准备。海军是海监和渔政执法的强大后盾，中国对此用不着遮掩。

中国同时还应通过此次摩擦在南海立信。这个"信"就是中国会坚持和平解决南海争端的原则，不会主动挑起军事冲突，中国的这个大原则不会因黄岩岛摩擦的升级而改变。

由于中国的南海和平政策一直有较高的可信度，在寻求立威和立信平衡的同时，当前应把立威放在更突出位置。因为只有"威"的保护，"信"才有价值，才会受到南海其他声索国和域外国家的普遍尊重。

中国应在此次对菲摩擦中展示自己的大国力量。中菲之间的实力悬殊是事实，它至少不应遭到菲律宾方面的无视和嘲弄。马尼拉经常暴露的以小欺大之狂妄，是国际关系中最危险的无知表现之一。

中国应借这个机会，全面提升海监渔政力量在南海巡逻执法的密度和级别。中国应加快大吨位海监船的建造和部署，敢于使用包括撞对方犯境船只在内的各种对抗手段。中国还应认真研究、尽快落实一些学者关于组建海岸警备队的建议，并考虑在黄岩岛设立永久设施和相关的保护力量。

中国有必要实质性加强和扩大自己目前在南海的执法优势，使其成为南海无可动摇的政治现实，最大限度地压缩菲越对南海诸岛"宣示主权"的空间。

中国不必怕菲越及西方舆论的指责。之前中国更克制时，也没有得到舆论的便宜。中国事实上已没有什么可以在西方控制的舆论中进一步失去。

当然，我们不能指望只要调整自己的态度，南海形势就会有立竿见影的好转。这不切实际。南海局势的复杂性中不仅仅有菲越的贪婪和无知，还有民族主义在东亚全地区兴起对各国政治的牵制，以及美国为重返亚洲向南海战略资源和意图的注入。

这不是个能把看上去简单的领土问题做一劳永逸解决的时代。中国崛起所获得的那些力量也并非都能转化为我们在南海的行动能力。对此中国社会必须清醒。中国注定会被"南海问题"搞得很累，菲越很可能因此比我们更累。

南海面临"持久战"。让我们把心态放平，不惧不急，也不怒不躁。这样的中国会令所有挑战者沮丧。

（2012.04.13）

团结是中国前进路上的空气和水

围绕党中央近日的决定,各地纷纷表达支持。党的团结和中国社会的团结都得到新的强化。这种团结是中国前进的前提性保障。

中国社会在经历前所未有的多元化过程,这一过程对国家治理各个层面的触动都很细致而深入。这是中国现代化不可避免的过程,它的历史进步意义无需质疑。但中国对多元化的管理十分陌生,考虑到中国的庞大体量,多元化的一些临时性挑战是否会导致猝不及防的全局性后果,我们不太清楚。

中国需要给多元化多留一些空间,宽容并适应它带来的一些麻烦。同时社会团结的骨骼必须更坚固,与多元化形成卓有成效的互动,构筑中国的弹性。在我们对多元化加深了解的过程中,这一点尤为重要。

总有一些人轻视甚至反对营造团结,认为多元化的无限发展会自然生成社会的平衡和向心力。决不可让这种不经实践检验的推断主导中国人的思考。中国根本没有冒这个风险的资本,中国对社会治理的开放必须有放风筝式的可控性。

社会团结和多元化并非毫无矛盾,但也相互促进。社会对团结的感受越清晰、自信,就越不会因为多元化的发展而出现不安。因此削弱团结,最终一定会殃及多元化的展开程度。

支持社会团结,特别是在国家政治路线上促进全社会的共识,往往是解决社会各种长远问题的钥匙。

今天的中国面临一个有较强牵动力的具体调整,党内和全社会迅速形成统一意见,就会使这个调整来得快和斩钉截铁。中国社会的活力首先取决于它的政治效率。

　　历史证明，中国的平安和繁荣对团结的倚赖，远远超过人口数量较少的西方国家。中国对各种重大问题制造全国共识的速度，对这些问题未来发展的方向和性质常常是关键性的。

　　中国人都应对此有一定的认知，并把这个道理作为安身立命之本，带到这个国家的日常生活中来。

　　所有共产党员尤其应当做这个道理的高度觉悟者。中共不仅是一般意义上的执政党，更是国家统一和民族团结的核心与根基。8000万党员同中国社会的血肉联系和他们所起的中坚作用，使中国社会的凝聚力超越了这个国家人口数字通常意味的风险。

　　来自西方的舆论不断向中国灌输一个观点：中国可以通过中共内部"合法分派"实现"民主化"。这种忽悠十分阴险。但它也从反面说明，外部力量其实清楚，中共的团结既是中国现实凝聚力的最大来源，也是它的根本保障。只要中共的团结牢不可破，一些人希望的中国混乱与解体就不可能发生。

　　宣扬团结常常不像鼓励多元化那样，更容易做到形式上的多姿多彩。但团结永远是中国命运的口粮，它不像啤酒、果汁口味万千，但却是中国只要"活着"就离不开的空气和水。让我们珍惜团结，也珍惜培育、保护团结的各种手段和工具。

　　只有团结的中国才会被世界尊重。也只有团结的中国才能成为中国人发展权利和福祉的平台。

（2012.04.13）

莫让展示强硬的竞赛主导东北亚

朝鲜昨天发射卫星失败，但事情很可能没有完。美日韩是否会推动安理会进一步制裁平壤，以及朝鲜是否会在"一怒之下"搞第三次核试爆，都是悬念。

中国下一步在朝鲜半岛的政策选择空间不是很大，但中国未必就是游戏规则杂乱无章的东北亚政治的随波逐流者。值此半岛局势各种可能性并存的关头，中国应发挥自己所处中间位置的主动性，争取斡旋效果的最大化。

中国应阻止安理会形成针对朝鲜的激进决议，同时向朝鲜表明反对其搞新核试验的坚决态度。中国需不厌其烦地向各方讲述保持克制的长远回报，防止互相展示强硬的竞赛导致不可收拾的意外局面。

在整个地区的经济社会发展序列中，朝鲜明显低周围一大截。这个常常被看成地区威胁的国家，大家实在有必要对它做些换位思考，想想它从美日韩不由自主感受到的威胁有多大。两种威胁感完全是不对称的，美日韩的战略自信不知是朝鲜的多少倍。

在朝鲜卫星发射失败、美日韩针对朝鲜的警报至少可以短时间舒口气的时候，把这个问题想透，避免给朝鲜的不安再加码，逼其采取不可预测的新行动，这是以往遭遇对朝政策多次失败后美日韩有必要做一次的新尝试。

但问题是，美日韩在半岛舞剑，心里最惦记的观众都坐在国内的舆论席上。民主政治的蔓延让国际关系中的妥协变得越来越难，给一国强硬外交姿态定调的往往是对地缘政治学一知半解、甚至一窍不通的一些人。

朝鲜半岛现在成了堆放各种冷战废料的垃圾场。平壤似乎在创造性地处理、利用这些垃圾，为自己获得通常难以置信的外交战略空间。但再怎么好，被垃圾包围着的坏处也显而易见。朝鲜和韩国都应努力摆脱持续了半个多世纪的半岛畸形政治。

整个东北亚实际上对半岛的对峙形成了惯性的适应，围绕半岛缺少认真结束冷战残余机制的动力。最重要的是美国对此不积极，其他国家想推动也没有用。朝鲜作为最突出的承重者，搞了一些激进、极端的抗议和自我防护，整个局势的破坏性在螺旋式上升。

但外界应当通过这次朝鲜发卫星看到，金正恩时代的朝鲜是有变化的。平壤这一次提前一个月公布发卫星计划，并邀请外国记者前往朝鲜报道，而且火箭升空后不久即公开承认发射失败，这些开放性姿态对朝鲜意味着的变化含义，不应被外界忽略。

美日韩应鼓励朝鲜与外界接触、沟通的所有愿望，包括对其中的每一个细节做善意的回应。他们这样做与不做，在很大程度上将影响年轻的金正恩形成什么样的国际观。

总之，究竟是谁在决定半岛地缘政治竞争的基本性质呢？我们认为首先不是朝鲜，也不是中俄，而是美日韩那一方。美日韩常常要求中国采取令北京为难的具体动作，制约朝鲜。其实改变朝鲜行为方式的真正钥匙就握在他们自己手里。

朝鲜作为直接当事方，它手里的主动性当然也不是零。由于结束半岛核危机，最大利益关切者毕竟是朝鲜，平壤朝着不加剧危机的方向施展谋略，比朝反方向用力，好处将是长线的。这样的好处来得可能慢些，但可持续并且可靠。

(2012.04.14)

朝鲜的细微变化也应受到鼓励

朝鲜昨天举行纪念金日成百年诞辰大阅兵，金正恩在一改其父亲金正日不在群众集会上讲话的习惯，发表了令外界惊奇的公开演讲。虽然其讲话内容以"继承性"为主，但讲话发表形式的不同寻常，留给外界大量回味。

金正恩年仅29岁，他的年轻有可能影响朝鲜新政权与外界交往的性质，也促其对建设"强盛国家"采取更开放的思考。年轻通常意味着对变化的追求和更有政治勇气，自古英雄出少年，这个道理最看重的就是年轻人在重大障碍前的不拘一格。

朝鲜发卫星并遭遇失败的全过程伴随了美日韩的激烈抗议，但朝方能提前通报发卫星，并在事后坦率承认发射失败，这些似乎都是金正恩这位年轻领导人"刻意"带来的。

针对金正恩政权的开放性姿态，外界应予以鼓励。这会不会成为朝鲜走上改革开放的历史性开端，不仅取决于平壤新政权的后续计划，还在很大程度上取决于外界对平壤新姿态的反应。

如果外界能以积极态度回应朝鲜的细微变化，这些变化就有可能持续并扩大。反之如果外界对其进行打压嘲弄，变化就可能退缩或停滞，结不成有地缘政治意义的果实。

外界与金正恩新政权仍处于相互认识的过渡期，这期间推动一些"新意"的发生，相当于给未来埋下种子。

外界、首先是美日韩，要对朝鲜做一个更贴近现实主义的定位。朝鲜不会做否定前任领导人治国方针的激进转弯，朝鲜无论怎么变化，政治的传承性大概都不会丢。此外，朝鲜的独立自主也不会为新的国家政策做牺牲，平壤对国家安全的追求将始终高于其他追求。

在这样的框架里，朝鲜变化的空间仍然足够大。只要外界予以配合，平壤对外界侵略或颠覆的警惕就有可能从不断加码的惯性中跳出来，新领导层就会有兴趣尝试与外界做新的互动。只有这样，半岛政治才谈得上从朝不保夕的动荡转向对问题的耐心克服。

美日韩应当清楚，它们压朝鲜的弹簧已经触底，对"孤立的朝鲜"来说，"更严厉的孤立和制裁"毫无意义。鼓励比谩骂更有可能触动平壤看问题的方式。

中国是朝鲜的友好邻国，我们从不忽视朝鲜对维护中国在东北亚战略空间的重要意义。但外界不应以为中国的半岛政策仅仅是自私自利的。中国全社会都希望朝鲜走向对外开放和繁荣，这个愿望高于中国人对朝鲜开放可能带来外交不确定性的担心。

中国改革开放的成功经验，是类似政策对朝鲜吸引力的重要来源。但鉴于朝鲜对独立自主的特殊在意，中国不宜向朝鲜主动推销改革模式，中国必须尊重朝鲜学习什么或者坚持什么的自由。美日韩不应对中国的现实对朝政策指手画脚，进一步增加环朝鲜政治环境的复杂性。

美日韩是否真的想要一个更有对外合作意愿的金正恩政权呢？它们迄今的做法大多是反方向的。而现在是它们改弦更张，向平壤传递新政治信号的大好时机。

（2012.04.16）

美菲军演让华盛顿更不可信

美菲昨天开始举行"肩并肩"联合军演。它虽然是美菲年度例行联合军演,但这一次的演习地点从菲律宾的东北方向移到靠近九段线的南海边缘,紧贴南沙群岛。菲律宾反复宣称军演不针对中国,这样的声明不会对中国关于南海形势的战略评估起作用。

菲律宾要拉美国海军撑腰,早已是公开态度。美国在中菲争议中支持菲律宾一方,也被普遍当成了美国的公开姿态。现在的情况是,大家都有兴趣暂不捅破最后一层窗户纸。

美菲联合军演对南海形势的影响力不太确定,评估只能在今后做出。但毫无疑问的是,这样的搭配对干预南海争议没有"合法性",中国视其为邪门歪道,不会接受它的任何暗示。东盟很多国家也对美国这样做忧心忡忡。

随着中国的发展,美国海军能在南海绝对威慑中国将受到越来越多怀疑。美国敢于发动这种威慑的战略决心也决不像菲律宾想象的那样肯定。但美对中国搞"模糊性威慑"驾轻就熟,它不会放弃南海这个好机会。

美国需要在亚洲"凝聚人心",军演是维系它与盟国的主要纽带。它急于用战略圈框住中国,增加中国在崛起路上对美国的敬畏。

但华盛顿很可能事与愿违。南海局势当然还远未到各方认真谋划战争方案的时候,中国对和平解决争端的意愿相当稳定。但美菲此次在黄岩岛危机期间搞军演,会向中国提出一些更广泛和长远的战略问题,提醒中国需要应对更多变数和可能性。

这次军演使美国表示其重返亚洲不是为了遏制中国变得更加不可信，美国要增加与中国战略互信的说法也显得更加虚伪。

中国官方的反应很谨慎，不等于中国社会对美国的警惕不会因此而升级。去年以来，美国军舰包括航母一直在环中国水域参与各种联合军演，美国在加强环中国军事同盟的构筑。这些分析不仅是中国人的，也是全世界的。

中国别无选择，唯一可做的就是在保持外交平静的同时，在行动上做出周边一看就懂的坚决回应。中国应当在南海搞相应的军演，地点选择一定要对菲律宾形成压力。整个东南亚都在看中国对美菲军演的反应，中国如果无动于衷，意味着给更多这样的示威开绿灯。

南海问题的背后被普遍认为是中美博弈。中国近制菲越，远必须"制美国"。中国须加快解放军的海军力量建设，第一步要逐渐做到对美"反介入"威慑的有效性，压倒美海军给予中国的威慑力。作为长远目标，中国一定要发展在西太平洋可与美国平等对话的综合军事力量。

中美暗中军事竞争，对整个亚太地区都意味着一定程度的痛苦，但中国没有能力单独帮亚洲避免它。当美国和周边国家没有兴趣与中国承担同样的责任时，中国的顾全大局之举不会有实际效果，它只会被视为中国逻辑不清的患得患失发作。

中国目前感受到层层压力，要把这些压力反馈给参与给中国制造压力的国家，它们的痛苦一定不能低于中国。只有这样，整个地区的理性才有可能慢慢转向回升。

(2012.04.17)

希望平壤不搞新的莽撞之举

安理会16日通过主席声明,对朝鲜发卫星进行强烈谴责。中国对该声明投了赞成票。声明呼吁加强对朝鲜的制裁,并表示,如果朝鲜继续搞发射或者核试验,安理会必将采取行动。

这是中国一段时间以来首次明确加入谴责朝鲜激进行为的行列。分析认为,这是朝鲜在发射卫星问题上对中国的劝阻置若罔闻的结果。这也是金正恩接班以来,中国第一次对平壤新政权公开采取严厉态度。

中国这样做很有必要。金正恩很年轻,其对中国的认识仍在形成之中。中国对朝鲜政权平稳过渡是起了促进作用的,世人对此有目共睹。但中国不可"哄"朝鲜新政权。中国需对平壤的各种作为坦率表达自己的态度,高兴就是高兴,不高兴就是不高兴。

中国要避免金正恩政权误判中国的对朝思维。中国支持朝鲜半岛稳定,支持朝鲜的稳定,但中国是大国,中国对外战略的口袋里不仅只装着一个朝鲜。中国的利益面相当宽阔,朝鲜如果同样珍惜中朝关系,就应在中朝利益之间不断扩大共同面,防止两者的不协调。

外界常有一种议论,即朝鲜认为它已经成功"绑架"了中国。它可以随心所欲,无论做什么,中国都只能承受,并且在国际舞台上护着它。

不知道平壤是否真的这样想。我们希望这只是外界的误传。

中国视朝鲜为朋友,但朝鲜必须同样将中国当成朋友。如果朝鲜真以"绑架"之计谋对待中国,它一定会对此付出代价。

因为中国是绑架不了的。中国如此大,国力上升如此快,不可能绊倒在一个具体的外交困局中不可自拔。朝鲜一定要清醒自己对中国的战略意义究竟有多大，切不可夸张之。

中朝友好毫无疑问有利于维护中国在东北亚的战略空间。但中国不会为避免中朝关系的不和谐，就改变自己的核不扩散等根本性政策。中国一些周边国家近年来的对华关系发生了调动，但中国同亚洲国家关系的总态势没有变。

中国有足够的自生性力量确保自己在东亚的位置，中朝友好是对中朝两国互利的，不是单向的。

或许朝鲜应当对中朝关系保持更高的冷静和理性。朝鲜紧贴着中国和中国的强大与繁荣，是朝鲜政治稳定的最关键保障之一。甚至可以说，中国因素对朝鲜维护政治上独立自主的促进意义，决不小于它拥有核武器和战略导弹。

由于金正恩初掌政权，中朝高层沟通尚需磨合。中国人民尊重金正恩，真心希望朝鲜在其带领下走出一条符合自己国情的发展之路。也希望金正恩在核问题上不仅考虑朝鲜的利益，也要考虑中国的难处。因为中朝的战略利益本应相辅相成。

希望平壤汲取这次的教训，不搞新的莽撞之举。我们同时希望，朝鲜解决问题的过程是中朝友好不断发展的过程，两国友谊在真诚的基础上历久弥新。

(2012.04.17)

东京花钱买不到钓鱼岛主权

日本东京都知事石原慎太郎对外宣称,东京政府决定从私人手中购买钓鱼岛。此举目的是要通过购买钓鱼岛的程序化操作,留下历史痕迹。但这只是日本内部自娱自乐的耍小聪明。钓鱼岛的标价不是钱,东京花多少日元,也买不到属于中国的钓鱼岛主权。

钓鱼岛存在中日的主权之争。日本想借其控制钓鱼岛的优势,搞出一些小勾当,从而让中国把打掉的牙齿咽到肚里。这不仅恶劣,而且很天真。

石原慎太郎是日本极端民族主义领军式的狂想者。他喜欢设计一些民族主义的创新之举,制造轰动,凝聚日本右翼对崛起中国的愤怒。他把日本人思想中最狭隘的那部分不断朝日本主流精神方向推。

石原培育了一些日本人在全球化时代神风队飞行员般的慷慨激昂和悲壮,他给日本人戴上3D眼镜,那些成队驶来的中国商船看上去就像攻击日本的航空母舰。日本成了随时都需要奋不顾身进行保卫的国家。

钓鱼岛存在争端的事实无法回避,石原很清楚,日本人只要挑衅,中国必将有所回敬。但他很愿意做中日钓鱼岛争端升级的推动者。

今年是中日恢复邦交正常化40周年,但是年初冒出一个否定南京大屠杀的名古屋市长,现在石原又推出新的节目单。看来石原很想成为推动中日互相仇视的总导演。

很遗憾,中国人没有义务以超乎寻常的耐心区分东京都购买钓鱼岛,与日本政府做这件事到底有多大区别。我们的感觉是受到新的挑衅,反击是必须的。

钓鱼岛是中国的固有领土,这种归属也是二战的结局性确认。2010年9月,中俄领导人发表了关于二战结束65周年的联合主席声明,声明表示,"《联合国宪章》和其他国际文件已对二战结果作出定论,不容篡改"。在日本不断对钓鱼岛打"法律牌"的情况下,中国可以打的牌只会更多。在必要时候,中国应当展现维护二战成果的决心。

中国的台湾地区将钓鱼岛及其附属岛屿划归宜兰县管辖,中央政府可以考虑绕开行政区划,成立中国法律框架下的钓鱼岛独立警备机构,任命相关官员,使钓鱼岛与中国的日常国家运行连为一体。

围绕钓鱼岛的中日博弈十分复杂,牵动面很大。日本国内对钓鱼岛换个所有权契约,决定不了它在历史长河中的漂流方向。中国应非常自信地与日本过招。

回击日本右翼,中国须很坚决。但我们要清楚,钓鱼岛之争最终比的是中日之间的耐力,而非一时喊口号的嗓门。其实日本方面不断搞极端动作,暴露的恰是它对与中国博弈越来越不自信。石原之流像是一阵狂跑之后把头扎进沙子里的鸵鸟。

钓鱼岛作为中国固有领土,只要中国坚持对它的主权,日本就休想将它拐走。钓鱼岛就像中国崛起路上的一个无形灯塔,告诉我们在世界上所处的实力位置,以及我们还有多少未竟的事业要做。中国之大之强,但我们仍有很多软肋。

一系列岛礁之争,是东亚地缘政治的宿命之一。欧洲在历史的野蛮时期通过战争解决了海上分界,亚洲如何解决这些纷争,弹性很大。

中国致力于通过谈判和平解决海上分歧,但这需要相关国家的认真配合。谁对中国撒野,都不会得到便宜。

石原慎太郎似乎崇尚诡计,但他看来低估了中国人的政治智慧,以及中国人捍卫钓鱼岛主权的决心。

(2012.04.18)

改革在接近塑造公平的核心位置

中共中央、国务院决定分类推进事业单位改革，涉及 126 万个单位，3000 多万人。改革将解决事业和企业不分、事业和行政不分的老问题，逐步将事业单位分化成行政机构、企业和公益属性的事业单位。仅看涉及人数，就可知道这是中国改革的战略性大工程。

这项改革除了要提高中国社会针对公益事业的效率，还要在全社会做一次对公平的重大实践和厘清。一些事业单位借行政权力赚钱，多头利益均沾的特权将从此终结，每个人吃行政饭，还是吃市场饭、公益饭，将变得一清二楚。

对公平的追求是中国革命发生的原动力，也是革命胜利 60 年后，中国社会最困惑的地方。社会上的各种特权在快速滋生，很多正常的权力在被使用者朝着特权的方向改造。事业单位的全面改革，可以看作对"事业单位"这部好经被逐渐念歪了的总清理。

我们根本不用回顾事业单位为这个国家做出了多大的贡献。但今天它们的重重问题在重塑其与中国社会关系的性质。"事业编制"对很多人来说成了有价物，对"事业编制"的难舍难弃亦成很多单位、很多人走向改革的头号障碍。

中国的改革就是要不断打破非公平的利益固化，还社会以平等，使竞争的生成动力在国家的每一个层面和角落都源源不绝，川流不息。

当然，我们也注意到，中国的农村改革、城市企业改革都早已大面积发生，现在事业单位改革也将轰轰烈烈开始。这些改革都制造了或即将制造活力，但同时也都带来了一部分利益牺牲者。他们大多是普通人，缺少重新参与社会竞争的能力。尽管改革包含了对他们的补偿设计，但他们为整个社会前进而付出的个人牺牲，仍显而易见。

在中国国力已经相当强的今天，国家应尽量减少改革对具体个人的痛苦。国家的前进重要，但个人拥有安全感的权利同样重要。改革切不可成为国家"甩包袱"的过程，连这样的念头都不应有。

要求被改革者用"觉悟"来对待利益损失是虚伪和不负责任的。为被改革者设身处地着想，是改革领导者们应有的品德和责任感。

在事业单位改革全面启动后，政府部门的吸引力将身价更高。对公务员队伍与其他职业之间的鸿沟有可能更突出，国家应有提前预警。它可能带来社会不满向公权力的进一步集中，导致舆论层面新的失序和混乱。

面向政府的具体改革应当与事业单位的全面改革齐头并进，不可给社会有任何"其他领域都改，就是政府不改"的印象。对政府的改革设计切不可疏忽潦草，而要针对舆论有可能出现的曲解和误读，给出强有力的设计性回应。

事业单位的全面改革，已经接近了中国社会围绕公平争论的核心位置。但改革还会有更深的触动。中国得站直了，从容应对前方的考验。

(2012.04.18)

试射远程导弹的印度更需清醒

印度宣布启动"烈火-5"远程弹道导弹试射程序。该导弹射程超过5000公里，可携带核弹头，并能"覆盖中国全境"。印度显然希望由此进入洲际导弹俱乐部，尽管洲际导弹的通常指标是射程超过8000公里。

印度的导弹技术迈步不算慢，其最远射程达3500公里的"烈火-4"导弹去年就已试射成功，印度人为此欢欣鼓舞。印度舆论一直公开把中国作为印度各项发展的参照系，每一种导弹能覆盖中国的哪些区域，印媒都在第一时间通报，甚至画出示意图表。

印度发展军力的内外部环境都是一路绿灯。印度还很穷，基础设施极差，夏天动辄停电，城市贫民窟很多，但社会普遍支持高投入发展战略核力量。在国际上，西方对印度不与任何核军控和导弹军控条约合作都睁一眼闭一眼。印度军费2012年陡增17%，西方完全沉默。印度还连续成为世界第一武器进口大国。

如果印度没有兴趣给自己留一点地缘政治的清醒，世界目前大概不会有人提醒它什么。中国不方便说很多，西方和俄罗斯没兴趣对它发"逆耳忠言"。

但我们在这里还是要对印度说几句话。

首先，印度不可高估自己今天的力量，以为它拥有了可以覆盖中国大多数地区的战略导弹，就有了可以在领土等争议中对华采取傲慢态度的筹码。印度得清楚，中国的战略核力量要比印度强大、可靠得多。在可预见的未来内，如果印度与中国全面军备竞赛，印度没有胜算。

第二，印度不可高估其对西方的"结盟"价值，以及它有可能从参与"围堵"中国捞取的好处。如果它把远程战略导弹与"威慑中国"划等号，挑起中印两国社会进一步的彼此敌视，那么它因此付出的长远代价，一定会大大多于它从西方得到的补偿。

中印两国应尽可能发展友好关系，即使做不到，也应彼此容忍，认真共存。在两国没有彼此交战前景的时候，两国同为新兴崛起国家的身份，决定了两国在国际舞台上通常需要彼此合作，而非相互拆台。这样两个国家靠彼此瞄准的导弹搞"恐怖平衡"，它们只能是两个傻瓜。

亚洲地缘政治的基本面貌将越来越由中印关系的性质来决定。亚洲和平与否的主要受益或受害者，中印也都在那个圈子里。中印应共同承担起构筑亚洲和平与稳定环境的责任，不可让域外国家把这个局搅了。

中国理解印度人全面追赶中国的愿望，中国作为印度最合适的战略追赶目标，很愿意两国成为相互激励、彼此和平竞争的一对。中印的近现代史都制造了两国一定的心理敏感和缺陷，但客观地说，中国的对外战略警惕向印度分配得并不多，而印度却像是把它的警惕不断向中国身上集中。

总之，我们希望印度保持清醒，无论它的导弹能射多远。这不仅会使中国这个邻居轻松些，对印度自己也决无坏处。

(2012.04.19)

用严惩食药造假为现代治理祭旗

部分工业用明胶流入制药企业，在中国社会引发新一轮轰动。卫生部长陈竺对媒体说，对药企诚信"还是要有信心"。公众也相信，并非所有制药厂都会为降低成本这样干，但食品药品行业漏洞频出是铁的事实。国家监管与公众的期待存有巨大差距。

中国食药行业的问题当然不能全怪监管不严。从根上说，它是中国社会的道德及法制水平与现代工业社会的要求不对称，食药产品的现实安全水平与消费者快速增长的安全要求不对称。只有中国社会的综合发展才能逐渐兑现这两个平衡。

然而在现代信息环境下，每一次食药安全事故都可能成为重大舆论事件，它们对社会安全提出的挑战以及经济损失波及，都可能远远高于其本身造成的生物学危害。对有害食药的担心很容易发展成社会恐慌，进而演变成对政府监管不力的愤怒。

中国最近几次食药安全事故的后果甚至比上述情况更严重，有少数人将这些问题上升为对中国政治制度的质问，一些非理性和扩大化的情绪在互联网上此起彼伏。

根治食药安全问题似乎在我们的社会里无从下手，在道德上向生产者喊话一直作用不大，而要加强政府监管，法律的整体执行水平还形成不了所需要的严厉。

让老百姓"理解"当前的实际情况，给医药安全更多的形成时间，也是枉然。社会对公众安全危机的反应永远是激烈的，一些过头的情绪表现可以理解。

政府唯一可做的，就是加强监管，强行拉高中国法律执行的严厉程度。比如对非法生产的食药企业实行特殊的"倾家荡产"式处罚，并将这样的处罚常态化。对具体责任人坚决追究刑事责任，并且扩大刑事追究面，对犯案者使用高量刑等等。

每个社会的道德和法制水平都不是齐头并进的，都有过一两个突出的领域贡献了特殊的推动和示范。在美国等一些发达国家，食药安全都曾做过"主战场"，美国上世纪初成立的食品药品监督管理局当时就获得了仅次于联邦调查局的权力，制止了嚣张的食药造假。

现在到了中国同前工业化时期社会管理已经麻木的部位做英勇切割的时候。祭旗的这一刀，就应砍向食品药品的造假者，以及对他们牟利提供了协助和方便的人。这样的祭旗一定会带来触动，新的知觉逐渐向其他领域蔓延、传递，社会的麻木不仁面会一点点缩小。

实际上这几年一些食药造假者已经受到了倒退一些年不可想象的严惩。这样的惩罚应当更深更宽，应加强对渎职政府官员的依法追究，这样的严厉会很快转化成社会的信心和希望。

中国不仅处在社会转型期，而且每一个领域的转型速度都很快，衔接不上的情况会经常发生。这很难说是绝对的"坏事"，但它们当时带来的痛苦却很真实。中国社会必须认真降服或至少抑制住每一个具体问题，才能形成驾驭全社会转型的整体从容和豁达。

(2012.04.20)

菲律宾痛了，其背后力量才会沮丧

南海的黄岩岛海域究竟在发生什么？中国海监渔政船与菲律宾舰船对峙的背后含义是什么？这个问题的真实答案将决定中国的下一步行动。

中国在黄岩岛面临的对手是复杂的。除了宣称对那片岛礁拥有主权的菲律宾，还有想借这起摩擦增加亚洲对崛起中国敌意的美国和西方力量。越南、日本等与中国有海上领土争端的国家，也很想在黄岩岛看中国的热闹，探索对付中国的"狼群战术"。

如果把黄岩岛之争只看成简单的中菲实力对抗，结束这场危机实在不需要伤太多脑筋。然而中国要做的事比仅仅保卫黄岩岛要多得多。中国还需同时对付外部力量利用这件事对中国崛起这一根本目标的扰乱和破坏。这些复杂的任务无法通过与菲律宾快刀斩乱麻的对决来实现，但压制菲律宾的猖狂，又是当前牵动全局的最关键环节。

中菲之所以都有和平解决的意愿，是因为菲律宾清楚，它若动手必将输得头破血流。中国也知道，在海上把菲律宾揍一顿，跟我们最需要解决的问题不完全对得上号。

中国现在就像十个手指头摁着十个跳蚤，需要十分清醒。我们不可在一怒之下，为打一个跳蚤而忘了其他。但也不可失去行动的弹性，不敢处置其一。

南海问题错过了一劳永逸解决的黄金期。解决它的艰难和漫长过程，已是中国人必须面对的地缘政治现实。我们实际要做的，是增强对这个过程的主动把控力，而不是被其他力量牵着鼻子走。

为此中国必须表现出定力,展示在南海的坚决和在多股势力不同挑战面前的从容不迫。当前的要务是给菲律宾以教训,在今后一段时间里都让其感到真正的痛。菲律宾的失败感会部分转化为它背后势力的沮丧。

中国应有与菲律宾打一场小型海上战争的备案。一旦开打,必须出手有力,向外界传递中国"不想战争但决不惧怕战争"的清晰信息。我们一方面要清楚,这样的战争不是南海问题的终结,中国人民必须准备为南海诸岛做一次我们很不熟悉的"马拉松式保卫战"。与此同时,我们对临时的冲突升级并不在乎。战与不战,取决于马尼拉的一念之差。

在南海的诸多挑战中,马尼拉的狂妄自大处在最冒尖的位置,要防止它的挑衅成为各方协调排挤中国的一个平台。中国需要开发打击菲律宾的各种经济政治手段,从而确保马尼拉蒙受的损失远远大于它所获得的利益,并使它的这个角色对亚洲所有国家都不具有任何吸引力。

亚洲地缘经济与地缘政治几乎是分离的。中国已经处于亚洲地缘经济的中心位置,但在政治上仍很被动。中国应致力于至少在一定程度上打通这两个体系,不应纵容亚洲经济和政治在利益方向上毫无限度地南辕北辙。

全面冷淡菲律宾应成为中国未来一个时期的明确政策。中国应决心承受因制裁菲律宾给我们自己造成的损失,以此换取对菲律宾来说大得多的损失。下这个决心不应比派海军与菲律宾打一仗更难。

保卫南海诸岛不是空话,它需要我们付出耐心和代价,并持之以恒。

(2012.04.21)

在西太平洋，中俄用不着向谁报到

中俄海军昨天启动首次黄海联合军演。这片美韩日军演频繁的海域，对中俄联合演习还很陌生，周边难免猜测纷纷。

中俄海军联合军演是冲着谁来的？这个问题既有趣，又无聊。或许中俄多搞几次黄海联合军演，提这种问题的人就会越来越少。

整个西太平洋更像是美国与各国联合海上军演的大演习场。美国到处搞联合军演已经常态化，这已是美国在亚太打造更紧密同盟关系的主要方式，也是美国在全球加强"领导力"的看家手段。

中俄黄海联合军演的规模和影响还都是初始的，它是否能带来中俄后续的长期海上战略合作还不确定。因此中俄黄海军演不仅是军事上的一次演习，在追求地缘政治影响力方面，它也仅是一次"演习"。

在全球范围内，联合军事演习对参加国之间的外交意义，总体上压过它们对第三方的军事示威意义。外界看不太清的"中俄全面战略协作伙伴关系"，或许会通过黄海等一系列军演，变得更明朗些。

中俄显然不是"军事同盟"，但也越来越不是普通的友好邻国。两国在战略上对对方的需要越来越强，但又都在小心翼翼把握中俄战略协作同各自与西方国家关系的平衡。这个平衡常常受到压力，有时很像站在十字路口。

至少在今天，中国或俄罗斯如果与他国发生军事冲突，都没指望对方给予直接军事支持。两国对未来军事安全的设计，也都以"自力更生"为主。

但全球力量分布的变化在推动中俄战略合作意愿的不断加强，两国军事合作的角色也在往前排,它不像是两国做给外界看的外交表演。

亚太地区21世纪国际关系的性质仍含混不清,中俄两国各自面临什么性质的外来压力也不很清晰,这些问题的模糊性,决定了中俄战略协作伙伴关系的战略定位尚未最终确定,没有把它自身的一些意义用足。

中俄外交有一个共同的规则:中俄发展亲近,有助于各自同西方国家保持稳定关系。从理论上说,过于亲近的中俄关系有可能把两国同西方的关系搞僵。但到目前为止,这种两国都不喜欢的情况还从未实际出现过。

中俄都是新兴战略性力量,两国都追求在亚太地区不被歧视。随着中俄的复兴,两国不仅有同任何国家联合军演的权利,还应让外界适应两国对这种权利的使用。不能让海上联合军演成为美国和其盟国的特权,从而形成西太平洋围绕美国的军演外交轴心。

中俄应当对海上联合军演做政治和组织编排上的开放性处理,在为两国军演培育战略意义的同时,尽可能扩大这些意义的影响。中俄都守着西太平洋,在这片海域,它们不应是需要向谁报到签字的客人。

(2012.04.23)

西方式选举在异化,失去方向

五年一度的法国总统大选将有第二轮投票,第一轮的两名领先者分别是右翼的萨科齐和左翼的奥朗德,两人得票率只有27.08%和28.63%。法国选民必须从他们都不太喜欢的这两人中"矬子里拔将军",选出法国总统。

其实今天法国右翼和左翼的治国政策差别已经小得难以辨认了,萨科齐和奥朗德的个性化特征,包括他们的女眷是谁,两人谁更擅长用花言巧语讨公众的好,变得更重要。这两人更像是争夺大奖赛冠军的两位超级明星。

然而法国大选可不像明星大奖赛那样轻松好玩,它实际动员了整个法国社会,这个国家的全部政治都在围着总统选举转。这种关系的深刻程度具有决定一切的性质,可以说,法国政治现在就是五年一度的保权和夺权零和游戏。

遥想民主政治在欧美逐渐确立的艰难、伟大过程,它帮助筛选出一批批有魄力的政治家,并把政策选择权历史性地交给了民众。没有民主制度的当年拓荒,就没有今天欧美的繁荣。

然而民主制度今天在西方异化的速度,超出了人们的想象。当政策的选择空间越来越小时,对手们近乎八卦的相互攻击迅速发挥到极致。很多国家现在是用国家政治的大价格,来为越来越商业广告化及娱乐化的马拉松式大派对埋单。

一本好经,很容易被念歪。西方民主制度在某种程度上就像中国的升学制度一样,把一切都搞得"应试化"。各党派以参选为中心,制定自己的全部行动方案。当选第一,没有第二。只要能把对手"搞死",法律不禁止的什么办法都可以用。

就像中国的政治体制需要不断改革一样,西方的民主制度也到了需要改革的时候。它曾对防止专制发挥了革命性作用,但当专制已非欧美的现实威胁时,民主制度实际上失去了方向。民主劣质化令很多人担心。

今天的西方明显缺少决策力,对各种改革都难以形成社会共识,领导人的支持率普遍很低。问鼎"大位"的黑马越来越多,谋求连任则变得十分艰难。领导人最讲究的是竞选技巧,最在意的是竞选结果,他们没有心情甚至也没有空间做认真部署,带领国家真正迈向前进。

民主的精神早已被引入中国。在如何向西方民主制度学习的问题上,中国社会的总体态度是认真、诚恳的。但民主制度的现实问题也已明摆在那里。出于对这一制度的崇拜,一些中国人甚至反对指出这些问题,认为这种指出就是对民主的不敬。这是过激的,不应被提倡。

中国作为接触、运用现代政治制度较晚的国家,确实面临对民主文化的补课。我们的正确做法应当取各种制度所长,为本国政治发展所用。学习不能是膜拜,没有鉴别力的学习,会不断把自己送上歪路。

中国人的集体主义、大一统文化从长远看都是提高国家治理效率的宝贵资源。中国的民主建设不可能沿着西方的路,从头做起。我们需要理性和胸怀,通过改革建设中国的实质民主,也同时过滤掉西方社会当前的政治病,实现中国在民主政治上的跨越式发展。

过去几十年中国人在经济上表现了惊人的创造力,在政治上,我们同样需要一些自信。

(2012.04.24)

中国有力量应对海上争端并发

美越昨天在越南中部的岘港开始了为期5天的"非战斗"海军交流活动,在中菲黄岩岛对峙继续,以及美菲联合军演尚在进行的时候,美越的这一"交流"寓意深长。

中国在南海的最大压力来自美国,美国很容易就拉住了菲越,中国不得不在南海"一对N",即使黄海的中俄联合军演,也很难在南海复制。

如果台湾与大陆在南海携手,局势会顿然改观。台湾目前控制着南沙最大的太平岛,该岛有淡水资源,有机场。但台湾惧于美国的反对,担心破了美国在亚洲的部署,而不敢与大陆做南海上的联合护岛。

但中国大陆并非像看上去的那样没有牌打。中国崛起的前景很强大,菲越与美国的合作都是为平衡中国崛起而来。只要中国的发展继续保持强劲,其力量的增长就会转化为很多具体的手段,将美菲越本来就不成形状且各怀鬼胎的对华"统一战线"搞得更烂。

美国由于没有干预中国与菲越一对一争议的合法理由,它对南海的表态只能是笼统的,其与菲越的联合军演及"交流",也必须保持假想敌的模糊。这些演习除了给菲越鼓劲,没什么实际军事意义。

中国看得见"南海中的美国",但在中菲和中越一对一的争端中,我们应坚决对美国视而不见,就当它不存在。我们不必理睬有美国参与的任何关于南海的政治提议,也不接受美国在中国与南海声索国之间的任何调停,连美国转达的信息都不必接受。

对菲律宾和越南,坚持做有理有节的斗争,谈判为先,但要做好打的准备。我们不开第一枪，但一旦开战，要坚决消灭对方参战的海军力量。如果对方继续挑衅，中国就应准备迎接战争的升级。

即使域外大国如美国试图干预南海冲突，我们也有充足的准备和能力，决不在危急关头向美屈服。美国没有在中国近海取胜的把握，亦无为南海与中国严重冲突的战略决心。中国切不可因过于担心美国的因素，从而不敢向菲越施压。

对于台湾，中国大陆需争取岛内舆论对两岸合作南海护岛的支持，这并非没有可能。对南沙的主权毕竟是两岸最高的政治认同点之一，也是最容易打通两岸感情的地方。只要大陆的吸引力不断上升，台湾舆论对当局的压力就会增加，岛内的官方态度就可能转变。

中国也必须展示和平解决南海争端的诚意，支持并推动南海形成"和平摩擦"的规则。即使发生战争，中国也要不仅出手有力，而且收拳及时。战争升级是对过度挑衅的回应，不是中国的目的。

外界有分析称，无论菲越怎么挑衅，中国都不会在十八大前对其反击。中国要坚决打破这种预期，对严重侵犯我利益者予以实时还击和严惩。

目前是中国周边海上争端并发的高峰期，但中国的力量足以应对它们。中国确需选择一个最冒尖的挑衅者，予以全面打击。经济、政治和军事的压力要同时施加，整个地区没有一方的承受力比中国更强。无论出现什么样的局势突变，中国都能应付。如果我们淹到膝盖，对方就会淹到脖子。绝不会是相反。

（2012.04.24）

不让菲律宾控制南海摩擦的节奏

黄岩岛海域的局势扑朔迷离。中方宣布已经撤出两艘执法船,形成双方一艘对一艘的对峙。但菲律宾方面的口气仍很硬,菲总统阿基诺三世宣称将继续往该海域派舰船,菲律宾还提出了国际仲裁、联合国大会介入等中方不可能接受的方案。菲律宾方面继续通过国内舆论对中国进行猛烈诋毁。

中国驻菲律宾使馆新闻发言人23日表示,"中国撤出两艘舰船再一次证明,中国并非如某些人说的那样,正使黄岩岛的紧张局势升级,而是使那里的局势降级。"希望这番话不会给菲律宾方面造成误读,以为促使局势降级是中国关于黄岩岛对峙的头号目标。

捍卫黄岩岛主权是中国的持久政策和决心。我们不希望菲律宾的挑衅导致局势升级,但中国不会为了避免这一局面而向菲律宾做无原则的让步。菲律宾总统和外长都应死了这条心,菲律宾社会也应死了这条心。

黄岩岛事件突显了菲律宾一些人的狂妄和无知。菲海军一开始试图在该海域抓扣中国渔船和渔民,及时赶到的中国海监船成功阻止了它。中国动了真格,马尼拉不得不有所收敛。

这无疑是菲律宾的丢脸,但当前的局面又显然说不上是中国的完胜。即使中国海军把菲律宾的挑衅力量狠狠教训一顿,也不代表"最后的胜利",南海冲突注定是没完没了的。

中国社会目前对来自各方的挑衅者憋了一口气,而冒头的菲律宾正好撞上了。但这些社会情绪层面的冲动,不会成为中国南海政策的决定性因素。

中国在南海遭遇的挑战既有明的也有暗的,其复杂性很难在互联网的口号环境中进行拆解。中国的官方政策必须是充分清醒的,制定这个政策和具体执行它的难度都很高。

中国绝不会让菲律宾控制中菲摩擦的烈度和节奏。不能菲律宾想闹我们就跟它闹,它想停下来我们就跟它一起收手。如果这样,光一个菲律宾就能把我们累死。

中国需要在南海以不变应万变,把我们的原则和底线标得清清楚楚。这次黄岩岛危机,就是要让菲律宾出丑,至少在一段时间里不给阿基诺政府台阶,把失败的教训深刻留给整个菲律宾社会。要让菲律宾的好斗者知道,一旦他们启动一个针对中国的危机,它的发展和结局都是马尼拉完全不可控制的。

中国在舆论上赢菲律宾很难,但菲律宾同西方舆论的呼应一点也不新鲜,在中国几乎所有对外摩擦中,它们都大同小异。这些起哄的声音,没什么国际政治的实际价值,中国切不可太往心里去。中国国内舆论和情绪,至少比外部的更重要。

南海的麻烦中国已经惹上了,我们既不能怕,也不能烦,甚至也不应怒。最令对手畏惧的是坚决的态度和持之以恒。中国就是中国,它有大吨位的执法船,海上军事力量也明摆在那儿,它同时还有全世界最诱人的经济发展机会。它慎行,但也崇尚果断。该怎样同中国打交道,菲律宾自己去琢磨吧。

(2012.04.25)

从朝鲜到巴基斯坦，沟通的困局

巴基斯坦军方昨天宣布，该国成功试射了一枚可携带核弹头的中程导弹。世界舆论普遍认为，这是巴基斯坦对印度19日发射"烈火—5"导弹的回应。同在这两天，朝鲜即将举行第三次核试验的"情报"传遍西方。亚洲国家对战略打击能力的迷恋显得十分突出。

国际社会没有一个国家该不该发展核威慑能力的绝对道理，但这个世界的武器总和显然早就过剩了。大规模杀伤性工具的分布越来越分散，人类对它们的管理有越来越难之势。

对新发展战略打击能力的国家，外界一方面要尽力劝阻、反对，另一方面也要探究它们形成这种不顾一切愿望的原因。只有消除它们的战略不安与劝阻同时进行，才有可能形成持久的效果，缓解地区紧张。

在印度试射"烈火—5"之前，分析人士就普遍猜测巴基斯坦将有试射中远程导弹的报复性跟进。印度以为它更安全了，其实真的未必。印巴同时拥有核威慑力和两国都没有，很难说哪种局面更有利于南亚的和平稳定。

中国坚决反对朝鲜搞新的核试验。如果朝鲜真这么做，中国不太可能帮其避免由此导致的各种外交后果。与此同时，美日韩需要认真考虑给朝鲜提供更多生存空间，不可将平壤往东北亚的安全死角上逼。逼对方在很多时候就是逼自己，在亚洲整体缺少信任的安全链条上，实际情形就是这样。

谁对谁不对的价值判断取决于立场和出发点，实力地位和亚洲当前脆弱的秩序促成了部分共识。小国和弱国与这种共识对抗不符合地区利益，也不符合这些国家的自身利益。

但小国、弱国的战略安全诉求不应遭到嘲笑。在创造沟通性方面，恰恰需要大国和强国表现出更多的主动。美日韩对朝鲜，以及印度对巴基斯坦给予的理解都微不足道，远远不如排斥或敌意更加抢眼。

中国作为亚洲综合力量最强的国家，却深陷于各种问题的复杂组合之中。我们无法找到亚洲的世外桃源，跳出复杂的矛盾链，不被打扰。

但中国确实在努力推动亚洲更多共识的形成，并在各种争端中克制对自信的表现，给协商和相互理解创造机会。在"中国防美国，印度防中国，巴基斯坦防印度，美国防多国"这个无奈的链条中，中国显然是最温和的。无论中国政府，还是中国的媒体，都相对保持了低调。

在对地区具有破坏性的战略互疑和对立中，更强的一方能否做到不咄咄逼人，对局势的发展方向往往是决定性的。最近几十年，几乎没有大国把小国吓唬住的成功例子，美国和它在亚洲春风得意的盟友，的确该做些怀柔的尝试了。

希望南亚不要走上恶性军备竞赛的歧路。也希望朝鲜新的核试验不会进行。但阻止这一切比喊一个口号难多了。美国需要了解亚洲国家的真实想法，并为亚洲的稳定做些实事。这很重要。

(2012.04.26)

依法、理性对待谢亚龙的指控

前中国足协副主席谢亚龙在法庭翻供并声称被刑讯逼供一事,激起舆论的强烈反响。由于刑讯逼供的事情以往曾多次见诸媒体,谢亚龙的抗辩内容尚未得到证实,但司法机关已经面临新的很大形象压力。

谢亚龙的翻供不会减少足球黑幕本身的罪过,但如果他的指控属实,则确实是中国司法现状的新尴尬。前足球官员犯法,取证过程又被指刑讯逼供,中国官方的公信力堪称"屋漏偏逢连夜雨"。

上级司法机关有必要组成新的专案组,调查对谢亚龙等人取证的合法性问题。如果刑讯逼供的确存在,追究违法者是必须的。鉴于谢亚龙案的高知名度,应将此案的曲折过程当作全社会司法教育的一个契机。

但不管对谢亚龙的刑讯逼供是否真的发生过,都不应以此案否定广大公安干警和其他司法人员对维护中国正常秩序的贡献,进而将对足球黑幕的揭露变成对公检法的声讨。这样做在今天的中国是非理性的。

刑讯逼供现象被深恶痛绝,但却由来已久。它的大背景除了部分司法人员本身法制观念不强外,还有干警少、案件多,大量刑事案件需限期侦破等很多现实原因。实际上在全世界,这个问题都没有得到彻底解决。

新刑诉法修正案就是用来规范司法机关办案过程的,它是中国社会进步的一个里程碑,标志着中国人不仅要求良好社会秩序,而且要求实现秩序的过程更加文明公正。民意的这个指向不仅清晰,而且坚决。

以往中国秩序和实现秩序的过程都比较粗糙,刑诉法修正案不会在一夜之间完全落实到位。舆论借谢亚龙的抗辩而跟着爆发,实际是对落实刑诉法修正案的期盼。

中国社会追求进步的方式以往以动员和鼓励为主，现在正逐渐变成舆论监督和倒逼为主。新的方式毫不留情，以往树好典型变成了今天抓坏典型，社会进步的过程变残酷了。对此所有与公权力有关的人们必须加快适应，做各种法规不折不扣的遵守者。

舆论监督应就事论事，而不应推动社会对司法机关的整体不满和不信任，损害司法的权威。司法机关则应积极回应媒体的每一次追究，既不隐藏问题，包庇违法违规干警，也不因为受到舆论的严厉对待而气馁。社会形成这样的互动关系绝非易事，但它却是我们这个法制基础薄弱、社会现实又很复杂的国家必须锲而不舍的目标。

与先进的现代法治社会相比，中国社会治理的很多部件都还不达标。我们一方面要提升每一个社会公器的运行质量，同时要确保完善改造它们的过程不在任何一段时间里削弱它们的作用，导致社会秩序在某一部位的真空。

如果用一个较长的时间段做观察，开放的社会通常会自然形成这样的平衡。但这种把握决不是绝对的，不需任何引导和促成。

认真追查谢亚龙提出的刑讯逼供指控，同时也把这件事置于它在中国司法建设中的真实位置，不姑息也不夸大它，这应成为中国社会对这一纠纷的集体把握。

(2012.04.27)

中俄的握手更清晰，也更有魅力

李克强副总理26日开始对俄罗斯的访问昨天进入高潮，访问期间签署的一些新协议将给中俄全面战略协作伙伴关系做更多充实。这是中俄两国领导层面向未来的重要举措。

国际关系似乎在走向一些关键性的十字路口，西方世界同新兴经济体关系的性质扑朔迷离。中俄两国都被推到了"非西方"的战略定位上，这种西方主导的划分最终意味着什么，很不确定。

中俄政府对引导两国社会认识中俄关系的意义至关重要。单靠中俄民间的交往量，支撑两国的战略关系会力不从心。两国关系的重要性就是因为它是"战略的"，不是出于琐碎的功利主义。它是由两国国家利益的内在动力所决定的。

全球化的发展使西方的政治阵地在扩大，这个过程为非西方国家提供了政治启发，同时也削弱了它们对发展道路的选择权。最近这些年跟西方跑而获得成功的非西方国家几乎没有，但很多国家又被剥夺了独立探索发展道路的政治合法性，两难的困惑在非西方世界普遍存在。

在未来相当长的时间内，中俄战略协作的最大意义或许是给西方的垄断建一道防护堤，保护从国家利益的独立性到国家政治面貌多样性等非西方世界的基本权利。

中俄加强战略协作会鼓舞非西方国家，包括促使其他新兴金砖国家有兴趣发现并突出自己的非西方特色。西方常以谁在利益从属和政治上跟它们跑得更近一些，来区分非西方国家的"好"与"坏"，这样的压力应当被瓦解。

这不是中俄要公开联手对抗西方,而是把两国并不出格的战略利益连接起来。这些利益需要向内的自我保护,而不具有对外的进攻性。

中俄发展战略协作需要两国社会对它的稳定认识,因为两国民间的互视一直很复杂,外部对两国关系的挑拨又很活跃,两国全面战略协作伙伴关系的内涵经常被西方人士宣称是虚构的。

中国的综合力量发展很快,俄罗斯又是个资源丰富、关起门来也能"活得很好"的国家,这样的两个大国需要慎对在外部共同压力变小时,内部出现的对对方漫不经心的杂音。

中俄内部都有对两国发展战略关系实际回报的悲观主义者,认为中俄即使合作,也在世界上很孤立,只有同西方的亲密无间才意味着"融入世界"。这是两国一些人文化不自信的表现。

中俄都是世界性力量,它们融入世界意味着用各自的战略独立性维持全球的平衡,而不是自贬,沦为西方的"跟班"。无论中国还是俄罗斯,如果把同西方的关系作为自己国际影响力的主要来源,都是错误的。

中俄通过全面战略协作,有能力在世界上制造某个西方主张之外的战略趋势,提供有吸引力的远景。这与两国的国家利益会有更多对应性,非常有助于丰富两国的战略选择。中俄当然也有针对对方的疑虑,但克制疑虑,不断给互信创造更多的资源,这是中俄之福,也是世界多样性之福。

李克强副总理此次访问莫斯科,为强化中俄两国关系面向未来的稳定性提供了适时并且及时的机会。它在特殊的"全球换届年"向世界也向中俄社会展示了两国领导层的决心,两国握手的姿态因此变得更清晰,也更有魅力。

(2012.04.28)

挟洋能自重的时代早已过去

近日围绕山东临沂盲人陈光诚的事情,美国等西方国家媒体出现惊人的报道量。这些报道纷纷说陈光诚已经"闯入"北京的美国驻华使馆,并且向中国政府提出一些个人要求。美国国务院发言人在记者会上连续以"无可奉告"回答包括陈光诚究竟在不在美国使馆等提问,美国领导人则避免提及陈光诚的名字。

陈光诚一段时间以来一直被形容为中国地方政府的"烫手山芋",现在终于美国政府也变得十分难受了。陈光诚不是当年的方励之,也不是不久前的王立军,他的抱怨大多是一个村民针对基层官员的,所涉层面很低,很多都让清官"难断"。他从临沂跑进美国使馆,很多具体的难题一下子变成了美国的。

如果美国政府把陈光诚的要求当成很正经的东西拿到对华谈判桌上,大概他们自己都会不好意思。况且美国政府很清楚,具体"指挥"中国人如何如何做,这犯了干涉中国内政的大忌,北京断不会理睬它。

每个国家都积累了一些民怨,谁也都知道中国一些人上访的复杂性,如果上访失败者转去向美国驻华使馆"上访",这绝非仅仅是中方的尴尬,美方的尴尬只会更多。

谁说美国政府真的有兴趣帮助所有自认为受到不公平对待的中国人?美国使馆大概不想变成接待"告洋状"的"信访办",他们更希望向中国人宣扬"普世价值",偶尔找一两个有价值的典型"帮帮"。他们从未表现出愿意卷入中国社会要多少有多少的具体纠纷之中。

无论最初是怎么回事,陈光诚被西方舆论和中国一些人捧成"盲人维权英雄"，这像是给陈光诚本人造成了"他对美国的确很重要"的错觉。他对自己个人在中国影响力的认识也脱离了实际，一些舆论对他的利用和忽悠似乎毁掉了他的判断力。

中美关系不应该受陈光诚事件的影响，即将举行的中美战略与经济对话也不太可能为了他单独辟出时间，否则将是奇怪的。中美关系没那么小。

挟洋自重仍是一些失意中国人对解决问题的思路之一。其实这种想法已经很烂。今天的中国如此强大，外国政府能够主导或者调控中国人做事方向的时代早已一去不复返。最近几十年，一头扑进西方怀里而不顾及中国社会感受的人，没有一个获得他们期望的"成功"。

人权进步说到底需要一个社会的综合发展和进步支撑，需要全社会投入大量人力物力细心雕琢。西方社会向中国输送了人权观念，中国对它总体上是接受的，在中国没有该不该发展人权的思想对立，一些所谓的"人权对立"通常是对具体难处和矛盾朝人权方向的生拉硬扯。

中国进一步发展人权的动力来自中国内部，西方已无能力继续在人权领域推动中国。西方自己的人权问题在越积越多，既无财力物力支持中国，也缺少在中国崛起并对其构成竞争的时候真诚帮中国出主意的胸怀。西方现在给中国出的主意经常驴唇不对马嘴。"人权"现在更像是美国政府给中国添乱的口实，解决中国的问题非其所愿。

在中国这样复杂的大国里，陈光诚的故事被简单标签化的程度反映了西方舆论的巨大能量，以及它们的胡作非为。过去陈光诚在临沂基层，"错"全怪到中国政府头上。现在他据说进了美国使馆，情况出现戏剧性的变化。

我们很想看看，美国政府究竟怎么做，才能让陈光诚和西方舆论都"非常满意"。

(2012.05.02)

中美需展示两国有能力避免敌对

第四届中美战略与经济对话今天在北京开启。近年对中美关系各种担忧的议论越来越多,中美这次对话虽有一些具体话题,但总体上最需要做的,是对这些担忧的回答。

中美的战略互疑显然在加重,两国的高层级对话需要让外界确信,两国有控制这种互疑,不让它在一些具体摩擦刺激下演变成中美战略敌对的能力。对具体问题的解决应围绕这一目标展开。

推动中美关系有做不完的事,但同时又很像无处下手。问题就出在中美两国可以化解很多摆到桌面的矛盾,但双方都担心对方有藏在桌子下面的巨大野心,这种怀疑让两国有可能把对方所做的一切都当成针对自己诡计的一部分。

尽管中国的力量增长很快,但对美国的绝对劣势近期无望改变。如此强大的美国仍对中国疑神疑鬼,可想而知中国人又怎能放松对他们的警惕。中美两国心理上的挑战在逐渐影响亚太国际环境的冷暖。

就像中国说我们"永远不做超级大国"对美国人不起作用一样,美国说它"从来没打算遏制中国"也做不到让中国放心。因为美国的具体做法发出的都是相反信号,无论在东海、南海还是在更远的岛链上,我们看到的都是美国针对中国纠集军事同盟力量的行动。

如果中美不在消除战略互疑上取得突破,所有改善中美关系的具体进展最终都将失去意义。因为中美关系有可能在某一天遭遇突然的破坏性爆发。

中美两国很可能处在互疑向互信和敌对两个方向都可能发展的十字

路口，南海及中国其他近海的事预示了这样的紧迫感。现在到了两国高层为21世纪的质量尽战略义务的时候。

诡谲多变的美国政治结构向中国人判断力提出的挑战，或许远远大于美国人理解中国政治的困难。我们至少可以说，美国人没有抱怨中国"政治不透明"的权利，因为在中国人的感受中，美国对华政策的不确定性不仅因政府因人，而且会因具体利益甚至因一时心情而变。

解决中美战略互疑很难，首先难在两国似乎都找不到把它放在各自国内政治急迫需求之上的理由，两国政府都很难下为增加彼此互信而耗费国内政治资源的决心。

既然如此，中美就应寻找两国因防范和追求短线利益而有可能刺激对方的底线。美国应告诉中国，中国也应告诉美国什么事情是"决不能做的"，双方不应提要求过高，但应把忍耐的真实底线讲清楚，或者做到心照不宣，形成两国坚定不移的"潜规则"。

美国舆论经常指责中国变得"自信"甚至"傲慢"，原因都是美国利益至上和美国中心主义。美国不应把以往欺负中国的做法看成是理所应当的，可以永不改变的，它应当有兴趣不断寻找中美之间的新平衡点。

中国人口是美国的4倍多，中国已经走上现代化的道路。美国需要调整对中国的基本心态，中国要体谅美国社会面对中国崛起的复杂感受。这听上去像是虚头巴脑的哲学，但或许只有将这种哲学运用到中美的政治上，两国关系和21世纪的世界才会充满希望。

(2012.05.03)

中欧应为 21 世纪签一份保险单

李克强副总理昨天造访欧盟总部,为中欧合作做面向未来的推动。双方对如何消除彼此关系的具体障碍做了深入探讨,更重要的是,这次访问为从战略上思考中欧关系创造了契机,也激发了广泛兴趣。

中欧当前的关系好吗?回答这个简单的问题似乎不太容易。首先它比 2008 年前后那一轮中欧矛盾高发期好多了,但双方的误解、特别是欧洲舆论对中国的误读仍相当普遍,中欧关系的一些巨大"能量块"仍在沉睡。

中欧贸易去年飞速增长,但中国同世界很多地区的贸易都表现不俗,贸易量早已不是中欧关系"一白遮百丑"的唯一要素,中欧关系应有更高志向,它未必不能在政治领域有牵动世界的戏剧性表现。

中美关系被普遍指为 21 世纪最重要的双边关系,这大概是实情。但中美关系面临一个空前困难:两国不仅有政治和价值观的差异,而且逐渐陷入崛起大国和霸权国的地缘竞争中。两种竞争相互强化,中美关系前景的不确定性有可能今后更突出。

中欧地缘利益相互排斥的危险,比中美之间小得多。这使中欧发展对世界具有示范意义的伙伴关系有了更多可能。这样做符合中国和欧洲的利益,对确保 21 世纪的国际关系环境不被中美战略互疑劫持,具有重要意义。

由于没有源于地缘竞争的战略警惕产生经常性干扰,欧洲国家有可能对理解中国的复杂性产生更多兴趣和耐心,对理解中国政治体制作为世界文明多样性的表现之一更少思想深处的拒绝。从利益上分析,欧洲人对中国政治的质疑更多来自文化上的自尊或傲慢,而少一些美国保守派们急于在政治上搞垮中国的紧迫感。

对中国来说,争取西方世界对中国崛起的理解和信任是十分艰难的长期任务。而从欧洲实现突破,要比从美国突破至少容易些。欧洲除了与中国不直接发生战略利益冲突之外,其国家众多的现实使它在利益和思想上都不可能铁板一块。

目前中欧之间的分歧,如所谓西藏问题、中国市场经济地位、对华武器禁运等等,随着中国的继续发展,它们的真实意义都会变化。中欧最重要的是在未来不扩大当下存在的彼此抱怨,而为双方关系开辟崭新的、甚至意外的空间。

中欧建立超意识形态的战略互信,将大大加强欧洲在未来世界的重要性。这很可能是一把破解21世纪难题的钥匙,欧洲成为这把钥匙的打造者和掌握者。这并非要欧洲"背叛美国"或向中国"倒戈",而是要欧洲实事求是地对待传说中挑战西方的"东方超级大国",打开西方困惑甚至有些慌乱的心结。

21世纪的最大危险就是中美走向对抗。能够走到中美之间真正降低这种风险的力量,决不会在21世纪被边缘化。抛开美国因素不说,中欧超意识形态的战略合作本身也具有创造历史的力量。但如果欧洲仅仅追随美国防范中国,那么它倒真有可能成为本世纪国际政治的配角,甚至比美苏对峙的冷战时期更糟,因为那时欧洲是"前线",而现在欧洲从地缘上已经相当边缘。

一个重要的机遇摆在中欧面前,它或被浪费或被抓住——这相当于中欧是否能为21世纪签一份避免动荡的保险单。

(2012.05.04)

中美建立军事互信应从南海做起

中美战略与经济对话对于军事互信的讨论以及中国防长梁光烈昨天开始访问美国，都是今年中美军事交流的大事。它们会创造一定的宽松氛围，对两国从未实际放松的相互军事防范做些平衡。中美关系的大氛围始终很重要，因为它能缩小两国具体摩擦的意义和破坏力。

但中美军事互信需要在中国近海的复杂摩擦和警觉中一点点积累，形成一些消化双方陌生行为，增加适应性的空间。这会为今后中美在更大范围理解对方军事意图，不误读、不臆测对方的攻击性打下基础。

为此中美都应端正对对方的战略定位。美国不应把中国看成只能在近海玩玩的"陆地暴发户"，在中国的利益遍及世界的时候，中国军事力量逐渐有能力被投送更远是必然的。中国也不应将美国在亚洲的军事存在看成是"非法"的，从内心抵触美国对世界安全的特殊影响力。中国应接受美国是亚洲重要力量的现实。

如果中国决心主导亚洲，赶走美国的势力，或者美国要不惜代价阻止中国的军事成长，那么中美军事互信将毫无希望。问题是北京和华盛顿都没有这个想法，更没有这样做的意志。

中美现在处于相互提防的阶段，两国各自设置的防范设施线和心理线，都还有一定距离。这给两国避免仓促走向对抗提供了可能。然而自从美国高调宣布重返亚洲以来，南海热点使中美的军事底线在以模糊的方式相互靠近。

虽然分析家都认为中美在南海发生军事冲突的可能性很小，但如果南海形成两军意志的比赛，并因此出现拐弯抹角的对抗性实力展示，那么南海问题就有可能成为中美从效果虽小但仍未放弃的建立互信过程，走向不受控制地释放互疑甚至敌视的转折点。

中美应把两国彼此要在南海做的事，同中国与菲越的纠纷区分清楚。南海国家之间的领土争端已是现实，菲越是相对于中国的小国也是现实，中国和平解决争端的愿望决不低于菲越两国同样也是现实。现在菲越想挟美国的力量自重，压倒中国，使它们的激进行为合法化，中国对此断不可接受。

菲越应对中国保持对大国的尊重，如果它们粗野就应准备付出小国在大国面前的代价。中国也应尊重菲越，因为如果中国真的"欺负"它们，北京必将面临国际声誉的灾难性损失。这中间的平衡力已然存在。

如果美国向外界传递信号：无论菲越怎么做，只要有美国在南海的军事存在，它们就是安全的，这就构成了对中国利益的直接侵犯，是对中美军事互信劈头盖脸的打击。那么无论中美军事高层在两国首都的五星级酒店里高谈什么"合作"、"透明"，都不会管用。

美国在全球的绝对军事优势在未来很长时间里都难以动摇，这应当用来保持美国的世界性影响力，防止大的军事野心出现，甚至这也可以在美国经济力量衰落时被用来维系它同一些国家的关系。但美国的军事力量决不可直接卷入西太平洋国家的海上纠纷，更不可用来支持菲越向中国挑衅。

南海是美国对中国真实态度的试金石。中美在南海的无声对话和一些含义复杂的动作将留下深刻后果，它们将塑造两国互视对方的一些关键性信念。

(2012.05.05)

别从价值观轴心看中国基层纠纷

中国外交部发言人昨天表示，陈光诚作为一个中国公民，可以像其他中国公民一样，依法通过正常途径办理出国留学手续。美国国务院随即赞扬中国的决定，并发表声明称，陈光诚已被一所美国大学授予奖学金，美将优先给予陈光诚和直系家庭成员办理签证。

我们认为，陈光诚离开中国前往美国留学，这个结局对他本人和对中国社会都无害。由于陈光诚本人明确表示这是他的个人愿望，美国使馆也证实了他的愿望在十几个小时里有了上述改变，我们支持这一安排得以依法顺利实现。

事态的进展证明了中美外交当局合作处理棘手问题的意愿和能力都在加强，在保护个人自由方面，中美两国的政治主张远非像一些人所宣扬的那样有很大差别。

陈光诚事件之前的僵持，更多是因为它涉及了社会秩序。当它仅仅涉及个人自由时，解决问题就变得容易多了。

这件事值得各方都进行总结。美方通过与陈光诚的直接接触，已经了解了与他做沟通的特殊困难。这种困难直接导致了奥巴马政府受到反对党及舆论的猛烈批评。

陈光诚家乡地方政府经历了很多压力和麻烦，这件事提供了一个经验：不与任何批评、包括带着敌意的批评刻意对抗，对付各种骚扰的最好办法就是依法办事。

在华美国外交官及美国记者在与中方人士私下接触时，几乎都认同中国社会的"复杂性"，很多人都理解在中国解决一些看似很简单的问题,实际会牵动不同的道义面,而它们很可能是矛盾的。他们知道让中国基层的问题都获得圆满解决非常不易。

但在涉及公共传播的场合,很多人往往会立刻换成中国人熟悉的"西方态度"。他们宣扬"普世价值",并把中国的现实置于这些"普世价值"的对立面。他们把中国简单化成一个与民主和自由对立的国家。

少数中国人也随这些西方政治的代表性力量起舞,把中国热火朝天的改革开放大潮及中国与西方十分丰富立体的关系都抽象为以价值观为轴心的斗争。中国的大事小事现在都有内外舆论力量试图将它们政治化、意识形态化。

一段时间以来,美国驻华使馆对干预中国内部的事情表现得较为活跃,这有中国社会自身的原因,但美国使馆在这当中的主动性也不难看出。美馆似乎在表演美国在道德上的"完美"和"无所不能",并将中国贬低成"失败"和处处都应向美国盲从学习的国家。这不是中美境况和美国使馆力量的真实展示。

通过陈光诚的事情,中国人可以看到美国舆论的偏激。这种偏激实际也在推动美国驻华使馆对实事求是的偏离。

希望陈光诚本人也有能力做反思。走进中美高层关注视野的他,应对自己的真实位置保持清醒。他还应当清楚,促成他人生这次戏剧性转折的最根本原因,是中国社会不断增加的弹性。没有这些弹性,什么样的外部力量介入都没有用。

希望这件事情成为中国内外进一步看懂这个国家的一段特殊经历。

(2012.05.05)

大选无法帮法国摆脱迷惘

法国总统大选昨天第二轮投票，舆论在选前就普遍预测萨科齐的败局，认为"只有奇迹才能救他"。由于时差的原因，我们把法媒对萨科齐"一棍子打死"的预言摆在这篇社评的开头，读者自会验证。

萨科齐执政5年都干了些什么？舆论最清楚的记忆是他的"夫妻新闻"和所有大事都少不了他的激烈语言和夸张表情。把自己同时当成演员已是西方政治家的"通病"，萨科齐只是"多次露馅并被捉住"的那一个。

整个西方世界缺少清晰的社会前进目标，人们在面对新兴国家的优越感和焦虑之间陷入矛盾。各国的政治很少有认真破解这一困惑的，它们大多成了围绕选举规则越搭越高的积木。这些选举派生出大量的政治恶习，它们能够创造的解决问题的力量则越来越少。

政府更迭已经很难成为法国在巨大公共债务面前洗心革面的转折点，法国的变化需要整个西方世界更大反思潮的推动。而从希腊到法国，遍及欧洲的反对紧缩政策公众抗议显示，这样的反思还远未到来，那些靠讨好选民维系自己执政的欧洲领导人，根本无力引领这样的反思。

萨科齐像演戏一样的5年执政不全是他个人的错，他的"演员化政治策略"是个人投机和法国全民性迷惘的一拍即合。

民主思想在向全世界加速扩散，今天能够继续完全用专制维持国家政权的地区已经所剩无几。而西方等不少国家又面临了民主过滥和选举异化的新问题，对民主制度做出整理，趋利避害，是今后世界各国必将发生的新探索。

　　从身边的日本到远处的法国，中国人清楚看到了"民主"的两面性，它的正面力量和它一旦走向极端会对国家造成的明伤暗疾。中国建设民主的历史和社会发展环境与西方完全不同，我们必须有与这个复杂时代相称的政治悟性。

　　中国人对本国民主建设的设计，应从对几千年封建制度残余的清除，转为在做这种清除的同时，认真搭建民主的界限，不让它走向今天很多国家所表现出来的幼稚与失控。这是未来一段时期中国两个同等重要的任务，不可只顾其一不顾其二。

　　令人担心的是，中国舆论场上对这两个任务的并行性至今认识不足，清除封建残余的道德和政治正确性大大高于对"民主异化"的警惕和限制。在互联网上，一些人对这样的主张根本听不进去。

　　然而世界的真实规律远不像互联网上的口号那样简单，法国的选举既精彩，又像是对法国人民政治热情的浪费甚至耍弄。在社会治理基础不够牢固的国家，这种政治游戏的后果或许远不止是浪费和错失良机，它们有可能酿成无可挽回的社会灾难。

　　所有国家都需要有民主，也要有领导层的决断力。中国的改革开放进程证明了这个道理，法国和西方世界近年的曲折经历同样在证明它。中国现在是世界上少有的有较大战略回旋力的国家，我们必须用好这个回旋力，不把自己推向任何死胡同。

（2012.05.07）

中俄关系要珍惜普京执政这些年

普京昨天宣誓就职俄罗斯总统，这是世界政治的大事。国际舆论普遍将之视为莫斯科将长期对西方执行强硬路线的信号，它还被大多数观察家看成中俄关系的利好。

这些看法的出发点都是同一个：普京的强势执政风格和他的价值观。俄罗斯的国家利益将因为他回到最高位置而被勾勒得更清晰，莫斯科未来被吓唬住或者被忽悠的可能性都变得更小了。

国家关系在很多时候会与领导人的个人好恶南辕北辙，因此不能说普京回到克里姆林宫就等于写好了俄罗斯同西方及其同中国关系的未来大纲。但普京重掌大权，已是中俄顺应"天时"深化战略关系所能期待的最理想的"人和"，普京对西方的深刻认识，以及他的战略构思，都有理由让人相信中俄关系将迎来新的黄金期。

普京面临着带领俄罗斯摆脱对能源经济过度依赖、再工业化并为此开发远东地区的战略使命。中国在对俄罗斯经济互补和地缘便利方面都有天然优势，中俄友好朝今后远远望去，似乎已然是一路绿灯。

然而没有两个世界性的大国会有像模范夫妻一样的和谐相处。中苏上世纪50年代结盟时还闹出了不愉快，并且最终因为没处理好矛盾而分道扬镳。

有中国的俄罗斯问题专家这样总结俄社会对中国的真实态度：看重，借重，怀疑，防范。其中，俄对中国的看重和借重是战略性的，但怀疑和防范始终存在，而且要比中国社会反过来对俄的类似感受强烈得多。

美国和西方对俄罗斯一直持遏制战略,但美国已经出现"应当拉俄罗斯"共同对付中国的声音,俄国内一些亲西方的知识精英也在鼓吹与美亲善。从长远看,克里姆林宫出现战略摇摆的可能性并非没有。

中国应借普京带来的稳定条件,为发展中俄全面战略协作伙伴关系尽全力。但中国不应对普京有不切实际的指望,对中俄关系的上限和稳定性也不应期待过高。只要我们以积极但不失平常的心态看俄罗斯,我们就不会因两国不可避免的一些摩擦,或者俄对中国国家利益的"不够配合"而失望。

中国人应当清楚,俄罗斯是欧亚之间各方面都很独特的大国,外界对它的影响从来都是有限的,全盛时期的西方也没得到过它的全面配合。普京重回克宫只是"客观上"对中国有利,我们不应期待这种有利变成俄罗斯的"主观"目标,我们同时不应忘记中俄关系的复杂性。

中国应同俄一道,尽可能为两国共同利益创造彰显和落实的机会,使两国战略上相互倚重从思维和临时性协作逐渐变成强大的现实和牢固的习惯。对各种问题和摩擦,中俄战略关系应建立足够的包容性。

历史上的大国关系、尤其是相邻大国的关系,往往不如大国与小国的关系处得相对简单。中俄全面战略协作伙伴关系长远的最重要意义,或许是保持这两个大国友好的长期稳定。现在不能说这种长期稳定的挑战因素今后肯定会很少。中俄关系的其他功利性好处应被视为次级意义的。

希望普京真如舆论预言的那样,给俄罗斯带来繁荣,同时给中俄关系带来6至12年的稳定。这6至12年对中俄都至关重要。

(2012.05.08)

捍卫爱国主义，知识精英最关键

香港特区政府2010年提出增设国民教育及德育课程为中小学必修课，原定于今年起推行，不料在香港社会引起争议。一些人担心，国民教育会变成"政治洗脑"。最新的计划是，今年9月先在小学试行，明年在中学试行，3年后设为中小学必修课。

国民教育是身份教育，严格地说就是帮助人们搞清楚"我是谁"，它与爱国主义教育有关，被世界各国普遍推行。

不能因为香港社会的争议，就据此判断香港人"不爱国"。爱国主义在香港有很深的根基，当年的保钓运动就是香港人率先发起的。香港还出过很多爱国主义题材的影视作品，塑造出众多爱国英雄形象，如霍元甲、黄飞鸿等，影响了好几代人。

当爱国主义教育在内地舆论场上都不断遭到攻击时，它在香港受到争议实在不值得奇怪。爱国主义目前在中华文化圈的处境并不妙，西方对中国的政治攻势咄咄逼人，而爱国主义阵地似是整个防线的最薄弱处。

说国民教育是"政治洗脑"的人，恰恰是被西方舆论洗了脑的。国民教育与爱国主义有关，但不等同，而且爱国主义的政治正确性从来不需要证明。西方过去传入中国的各种思潮必须要跟爱国主义合流才能在中国生根。毛泽东曾在接受外国记者采访时说："我首先是一个中国人，其次才是共产党人。"

但奇怪的是，中国在发展的黄金期，却需要为爱国主义正名了。中国舆论中总有一些人斥爱国主义是"爱党"、"爱政府"，试图用社会内部矛盾瓦解中国的爱国主义。美国前总统肯尼迪曾有一句名言："不要问国家能为你做什么，而要问你能为国家做什么"。这句话如果今天有谁在中国网络上说，大概会被"骂死"。

中国需要一场捍卫爱国主义的公共舆论运动。因为中国崛起来到最富挑战的阶段，西方文明的全部批判经验都被动员起来，共同对付我们这个确实尚有很多问题的复杂国家。西方舆论在俘获越来越多的中国人。

反爱国主义决不会在中国有政治前途，但它被用来涣散中国社会的凝聚力，却很可能有散不尽的能量。不断有反爱国主义人士在中国互联网上一时走红，他们不成大器，但此起彼伏，不绝于耳。

香港爱国主义的根其实在内地。内地爱国主义的光辉会对香港形成光明正大的照耀，相反，内地人的犹豫不决也会影响香港人在这一核心问题上的价值判断。

以往的内地爱国主义教育形式，很多已同当前的全球化现实环境脱节。现在年轻人的生活内容和视线常常超越国界，国家利益是个人利益的重要屏障，这个道理对许多人来说相当陌生。"国家与我何干"，这样的幼稚想法在互联网上并非毫无市场。

内地和香港都应探索在国际政治博弈处于弱势时，中国社会开展爱国主义教育的新方式。它们应当不拘一格，能逆西方舆论的批判和嘲弄而上，直达中国人的情感和理性深处。

在这当中，中国知识精英们的态度最关键。现在质疑爱国主义的知识分子比较活跃，却很少有知识精英敢于公开力挺爱国主义。这说明，爱国主义教育要想在基层社会不受干扰地开展起来，知识精英们首先达成大的共识是必不可少的。

学校和社会从来都不是分离的，这是爱国主义教育的挑战，也是需要全社会认真对待的同一个问题的不同环节。

(2012.05.08)

常此摩擦，中菲不动武将是奇迹

中菲黄岩岛摩擦持续紧张，菲律宾看上去斗志昂扬。来自中国外交部的消息说，中国方面已对菲律宾驻华使馆表示，中方做好了应对菲方扩大事态的"各种准备"。有人对此解读说，中方透出"不排除使用武力"的信息。

菲律宾在黄岩岛海域的骚扰挑衅像一块嚼过的口香糖粘在中国脚上，要彻底把它蹭干净看来不太容易，中国将不得不在很长时间里感觉脚底下黏糊糊的。

但中国的确要把鞋底找个硬处使劲蹭几下。对于黄岩岛危机拖了一个月，菲律宾不断有让局势升级的动作，中国公众普遍不解。这个一贯信奉韬光养晦的国家，如今充满了悲愤。

这样来来往往摩擦下去，中菲能最终避免一战将是奇迹。因为整个南海地区缺少"文明摩擦"的规则和实际磨练，菲律宾现在的挑衅姿态很高调，其执政集团看不出有消化国内过热民族主义的一丁点意思，反而不断对民意煽风点火，希望借此巩固执政。

在这种情况下，菲律宾国内的激进民族主义情绪只能接受外力的教训了。中国过去把黄岩岛当成坚守本国主权的阵地，现在中国还须在这片海域里让菲律宾清清楚楚看到它的失败。

如果中国不这样做，菲律宾的舰船就会反复来黄岩岛骚扰。他们会觉得这样做是安全的，他们可以用这种方式羞辱中国，凝聚其国内社会。

事情已经搞到这一步，中国必须在黄岩岛获得一个阶段性胜利。为了这个胜利，中国应当准备付出比过去预想多得多的资源。

　　拖了一个月的黄岩岛危机，它对中国和国际社会来说性质都在发生变化。它在越来越严重地消耗中国的国内团结，它也在成为国际上牵制、为难中国的一个样本。

　　现在到了中国向菲律宾表现出更多坚决性的时候。这必将得到中国国内的广泛支持，西方舆论虽会说三道四，但国际上实际已经对中国向菲律宾更加强硬有了思想准备。如果今天中菲发生海上军事冲突，世界不会意外。

　　西方舆论再怎么炒作，世界也不会因为南海冲突就真的认为中国是富有侵略性的大国。中国的小心谨慎是发自内心的，打击菲律宾挑衅的地缘政治含义虽然容易被夸张引申，但这样做的空间不是无限的。

　　如果菲越真的决心在南海争端中采取进攻性姿态，那么南海冲突的常态化不可避免，中国应泰然处之，逐渐培养世界对中国就领土争端采取坚决行动的适应性。

　　无论中国怎么做，包括使用武力，南海问题都不会在短期内得到彻底解决。但中国要让这个漫长的发酵过程尽量减少对国内公众的折磨，国家的立场和行为应让全社会看得懂，想得通。

　　处理黄岩岛危机固然很复杂，但那些复杂性绝非能够影响到中国国家命运的安危。说到底，所有可能的外界反应相对于今天的中国国力都是小事，我们不妨蔑视它们一次，天塌不下来。

（2012.05.09）

菲律宾调门越高，脸面将摔得越重

菲律宾方面鼓动民众和海外菲侨11日到世界各地的中国使领馆前示威，并称1200万菲侨有能力影响针对中国的公众舆论。我们想对马尼拉说：你们太小看13亿中国人的定力了，你们什么都影响不了。

当涉及领土主权这一核心利益时，中国人的理性和意志决不会被使领馆墙外的一些嗡嗡叫搞晕。再多一些的骚扰和麻烦，我们也有思想准备承受。

世界舆论也没有那么容易被忽悠。一些本来就想帮菲律宾拉偏架的人，用不着这些抗议新素材，他们抹黑中国的话早就编排好了。没有偏见的人，判断对错的依据绝不是看冲突双方谁喊得凶，谁骂得脏。

菲律宾要把中国的固有领土黄岩岛拿到国际法庭上去"仲裁"归属，这是不是意味着，中方可以提出把吕宋岛的归属也提交国际法庭裁决？

菲律宾一些人一直认为，中国很怕国际舆论，很想拽住马尼拉友好。中国周边也有其他国家的人觉着自己对中国重要得不得了。这一次一定要让他们看明白，尊重舆论和睦邻政策是中国的大国风范，但任何不识相的人和国家，中国都不会反对其成为例外。

在与中国的这场对抗中，菲律宾根本没有后续的牌打。菲律宾把对抗调门抬得越高，自己的脸最后就摔下来的越重。马尼拉在自取其辱。

以往菲律宾军舰到黄岩岛欺负中国渔民，现在中国的海监和渔政船高度戒备，菲律宾可以撒野的时候过去了。中国大不了在黄岩岛多有些花费，这点小钱中国花得起。

中国的船只数量比菲律宾的多，吨位比菲律宾的大，要挤要撞，中国都可以奉陪。如果菲律宾军舰敢开第一枪，中国海军一定对其严惩，将其葬入海底。

这场游戏中菲可以玩一个月，也可以玩半年、一年，我们倒是很想看看，到底是菲律宾还是中国最后撑不住。我们也很想看看，那位挑动菲律宾民族主义的阿基诺三世，最后用什么避免在其选民面前丢脸。

中国在清除黄岩岛附近非法进入的菲律宾渔船。中国应坚决建立一个"黄岩岛模式"，用中国在南海的底线做它的框架，让外界的各种疑问都在其中得到回答。菲律宾和越南不切实际的幻想都应在这种模式里破灭。

我们想在这里提醒读者，11日是星期五，它应当是一个中国人开心的周末。我们有海军和海上执法力量，它们会保卫黄岩岛的安全。中国驻世界各地使领馆前，自有当地警察制约前来捣乱的菲律宾人。

中国强大了，麻烦也多了，我们得接受这样的有得有失。美国驻很多国家的使领馆，门前都堆着障碍物和沙袋，简直就像碉堡。中国逐渐树大招风，驻外使领馆门前的是非也越来越多，这可以称为中国"成长期的烦恼"。

向在一些时候成为"前线"的驻外使领馆致敬。也向这些日子里在黄岩岛海域出入的中国所有执法力量和渔民，以及为他们做坚强后盾的中国海军致敬。

(2012.05.10)

新兴舆论场，需要化解的纠结点

中国各级政府同舆论的关系显然变复杂了。非官方舆论的阵地在扩大，批评的尖锐性不断增加，这带来了一些不适和紧张在社会各个层面的形成及表面化。看清这些问题，化解由此带来的一些政治误读，对中国的平稳发展至关重要。

中国非官方舆论虽然仍受到一定限制，但它们的影响力已经在触动国家的运行。其对官方的批评堪称是全方位的，有些甚至是全盘否定的。这是中国崭新的社会政治动态。

从积极角度说，这是中国社会对政府"高标准严要求"的表现。舆论将政府置于"绩效考核"的严厉条件下，要求政府对社会的所有问题和不公平承担责任。看上去到处是批评和否定，实际又隐含了信任和期待。

同中国官员当前承受的责任压力相比，西方官员的压力反而小一些。金融风暴发生至今，西方舆论实际上无处追责，几乎所有官员都是无辜的，政党轮替也大多同对制度和战略错误的追究无关。

中国政治体制的合法性很大一部分来自执政绩效，这使得执政者永远有如履薄冰之感，他们的身上没有政治安全带，中国的社会发展必须处于不断推动的状态。

从消极角度说，过犹不及。"绩效模式"同缺少经验的新兴舆论场结合在一起，会把压力不断放大，直到走向极端。当这个新兴舆论场被混淆成全社会态度时，情况就更糟。

这种批评扎堆出现的局面是互联网突然带给中国的，它们大多听上去都有一定道义上的正当性，但它们合在一起突破了中国的实际，提出的是任何执政者都不可能迅速实现的任务。这种压力强行加在执政者身上，乱在社会一部分人的心头。

新兴舆论场已是为中国前进提供动力的重要杠杆，切不可因为它有问题就对其简单打压，而且从实际效果来说，政府同它对立只会使自己的舆论处境更加艰难。

但中国的确急需为新兴舆论场注入理性，通过支持它的进一步发展，使客观求实在这个舆论圈里逐渐生根，与非理性强有力竞争，最终促使舆论多元化走上健康轨道。

中国官方和民间都应对新兴舆论场带来的变化加快适应，对这个舆论场的实际政治涵义，全社会需有更成熟的认识。当前的情况是，由于它很新锐，社会上下都对它的意义做了高估或错估，它影响社会的权重与它的真实质量不成比例。

新兴舆论场发端于民间，与中国以往自上而下的改革形成对流和对接。把它运用好了，就可能对中国今后的改革形成意外的正面推力。运用得不好，它就有可能把中国的改革开放带歪，引发一些混乱。

社会主义中国发展到今天已不可能推倒重来，那将是民生的噩梦。已经发生的一切是进一步发展的前提和条件，持中并非狡黠，而是真正的政治智慧。新兴舆论场里年轻人居多，要帮助他们领悟这个经历史反复锤炼的道理。

中国在快速进步，这是事实。执政者推动了中国的变化，这也是事实。执政者和中国的体制里还有很多问题，这同样是事实。只要有理性主导，这几个事实之间的辩证关系，就一目了然。互联网虚拟社区中流行"神马都是浮云"，一切看上去都是那么容易，但现实中完全是两码事。

(2012.05.10)

从容应对冲突是大国才有的气度

中菲黄岩岛冲突已经一个月，中国社会被牵扯进去不少精力。我们生了气，跟比我们小很多的菲律宾针锋相对说了不少狠话，军方大概也做了在必要时动武的预案。但客观而言，我们做不到让菲律宾在黄岩岛问题上完全停止挑衅，更做不到让它"闭嘴"。如果扩大到整个南海，我们今后的折磨还会有很多。

我们大概应对自己的心态做一些整理，使我们面对任何挑衅时都有足够的精神定力，轻易不怒，尤其不慌，真正做到举重若轻。

首先，我们作为东亚最大也发展最快的世界性战略力量，应对南海问题的解决方向有信心。也就是说，无论菲越搞什么名堂，美国有什么动作，这一切都阻挡不了中国崛起对我们捍卫领土主权意志的支持。只要中国决心不放弃南海上的岛屿，今天菲越对它们的侵占都只能是历史一个瞬间的状态。

第二，中国前些年海上力量薄弱，长期守卫南沙群岛等有实际困难，让菲越等钻了空子，这是个遗憾。对于消除它，我们需采取现实主义的态度，而不能搞理想主义，不必冲动。

第三，这次黄岩岛危机应当成为一个转折点，通过这次危机，我们不仅要巩固中国对该岛的主权，还要向所有相关方面传达明确的信息：中国该表达的善意已经表达完了，谁再向中国挑衅，我们的底线不会对它客气。

第四，中国需从容应对南海冲突，这至少有两个含义：一是我们的态度须很坚决，说一不二，不跟挑衅者啰唆。二是我们得有大国的气度，不能跟着菲律宾这样的小国做一招一式的纠缠，也不能把全社会的注意力都向冲突点集中。我们的事情很多，同时该干什么还得干什么。

我们得知道，领土争端基本是零和游戏，公说公有理，婆说婆有理，无法共识。谈判往往是缓和气氛、控制局势烈度的过程，或者帮助达成利益交换。在舆论充分开放的条件下，通过"平等谈判"解决领土争端的可能性只会越来越小。

只有在菲律宾蒙受了损失和沉痛教训的情况下，它才能"乖乖"寻求谈判桌，追求黄岩岛冲突的"不了了之"。否则谈起来也还会破裂，菲律宾过些日子就会好了伤疤忘了疼。

中菲的事情将会非常曲折，最终只能交给外交和海上执法部门处理，中国公共舆论跟踪一段时间也会跟累，转向其他热点。这是正常的。13亿人如果天天盯着菲律宾议员的嘴里又放了什么炮，反而是滑稽的。

中国正轰轰烈烈地在这个世界上发展，逐渐挽回我们过去因缺少力量或者打盹而在南海上吃的亏，我们将越来越容易做到。我们未来真正要做的是，在解决南海问题和保持中国崛起的国际战略环境之间做平衡。

我们会有很多主动性，我们做任何决定的回旋余地也会越来越宽阔。只要我们自己不用某个临时的细节为难自己，能在南海为难我们的力量必将逐渐消失。

(2012.05.11)

中国互联网不可能"开倒车"

国内首个微博社区公约于 8 日出台,本月底就将执行。联系到最近个别网络名人的微博被关闭,有人据此认为中国的互联网言论自由在"开倒车"。

这种说法是对一个复杂大问题贴简单的价值判断标签。中国互联网今天的用户量、网上信息总量以及网上意见对国家政策的触动能力,都是前所未有的。互联网需要加强管理也是社会的多数意见。中国既无"开倒车"的现实需求,也完全没有这样做的时代条件。

互联网给中国的社会管理带来了一些纷扰,但它的正面意义是压倒性的,对这一点的社会共识也是绝对的。网络蕴含的巨大社会价值和潜力正被全社会逐渐认识,它提供了公民参与的接口,创造了某种议政功能,带动了社会进步。对这一切根本就无处"开倒车"。

然而对于互联网的问题,全社会都须予以正视。不能一谈问题,一碰它,马上就被扣上"压制言论自由"的帽子。

互联网信息的社会责任质量显然参差不齐,有些制造了社会公正的突破点,创造了更有力量的舆论监督。但也有一些信息就是公然或暗中反社会的,以及反中国宪法的。靠公众的自然辨别能力应对这一切,不是中国信息安全的底线所能允许的。监管的必要性几乎不需证明。

互联网管理既是官方和业内共同编制规则的过程,也是监管与互联网各种现象相互磨合,共同促进社会适应性形成的过程。比如微博这一互联网工具的出现就是突破,微博里的各种尖锐言论亦不断构成突破,但这些突破不可能毫无边界,它们或者有不用力过猛的自觉,或者在越过极限时受到控制。

　　这种在"边界"附近的冲突是中国现阶段必然发生的。中国处于特殊的转型时期，社会结构不够稳定，这时舆论、包括互联网舆论保持一定理性仍很重要。中国社会目前承受不了所有人在大众传播平台上"想说什么就说什么"。弄虚作假的"水军"更加有害。

　　中国的政治框架与西方不同，孰好孰坏只能由历史证明。然而不同的政治框架必然有不同的舆论生态，这种区分性是一个大的现实。硬是说有些话"为什么在美国可以说，在中国就不可以说"，这种提问几乎就是抬杠。

　　今天的中国绝对不是与西方相比一无是处的国家，有很多在中国做得到的事情，在西方未必做得到。比如大多数中国人的人生方向是越过越好的，而非越过越差。这并非在每一个国家里都理所当然。

　　中国不仅会，而且必须不断前进。信息和言论的不断开放是中国前进的前提条件，也是伴生结果。前进就要有突破，突破就要有磨合，全社会应当对这种磨合的复杂性越来越熟悉，也越来越熟练。避免激烈摩擦是最理想的，这需要各方的智慧和胸怀。

　　推动中国前进的不是单一力量，而是合力。一些特别想不通的人，那些难以释怀的抱怨和委屈，往往是只看到自己的力，而看不到合力的波澜壮阔。所以我们想说，活在今天的中国并且想"做点事"的人，一定得有一点境界。

（2012.05.11）

周边民族主义比中国的厉害多了

这次黄岩岛之争,菲律宾的民族主义很突出。中国的社会情绪相对冷静得多。菲律宾人昨天在世界一些城市举行示威,中国民众大多不屑与之针锋相对,也就是在互联网上撒一些愤怒。

其实最近几年在与周边国家摩擦时,中国社会的民族主义比过去温和多了,倒是一些周边国家的民族主义不断升级。这与中国发展带给国民更多自信有直接关系。外部面对中国的自信则相应减少。

所有国家都有民族主义,对一个国家自身来说,民族主义说不上好坏,对他国来说,对方的民族主义加强了与它的对抗性,因此在国际政治语境中使用"民族主义"这个概念时,它经常是贬义的。

西方舆论现在抓"民族主义"典型时,中国总是被列在前头。除了他们成心想恶心中国外,还有一个原因是中国有让西方畏惧的行动能力。当然这其中也不乏一种偏见,即西方认为菲律宾等是民主国家,其民意是真实流露,而中国的民族主义"是受到政府操控的"。

中国国内一些西方的意识形态盟友也将国内民族主义当成重要靶子,这加剧了中国民族主义问题在世界舆论中的受关注频率。

由于对中国民族主义的舆论炒作逐渐脱离中国的真实情形,这种舆论的实际效果只会越来越差。中国近年没有国家或民间的重要行动直接同极端民族主义有关,中国国家的克制性和民间的温和性都相当稳定。

在对周边的冲突中,中国公众大体把"不打第一枪"当成天然的道义原则。"先发制人"思想在很多国家被公开列入自己的战略选项,但中国社会基本未出现这样的主张。

目前很多中国人反思一些周边国家对中国"以小欺大"的成因，要求在必要时严惩菲律宾这种自不量力的挑衅者，但这一思潮依然是战略防守性的，只是呼吁必要时以攻为守。中国社会没有对外部世界的进攻性心态，对目前的快速崛起，中国社会的真实感受是如履薄冰。

中国人的民族自信在缓慢增长，民族主义受到动员的几率则逐渐降低。尤其是中国的社会精英和知识精英们，国家的经历给予了他们克服冲动情绪的大量经验，太极思想尤其影响了他们，他们大多清楚，中国这么大的国家崛起必须有民族心胸的配合。

自信多了，走极端就会越来越少，中庸其实首先是基于实力判断的选择。当前中国需要稳扎稳打，系统、渐进地扩展利益存在。中国目前独立在南海搞深水油气勘探，私人企业被允许参与经济开发，渔政海监部门的执法船加强定期巡航，中国在借处理危机全面发展海洋经济，以及工业、科技和军事力量，这比在一两个具体冲突中压倒对手的意义还要重大。

未来南海完全有可能发生军事冲突，届时中国的行动必将十分坚决，但这同"极端民族主义"无关。中国的战略稳健将有越来越多的实力资源支撑，在很多时候我们已经用不着民族主义帮忙。

（2012.05.12）

中日韩，莫在历史过渡期犹豫

第五次中日韩峰会 13 日、14 日在北京举行。温家宝主持，李明博、野田佳彦与会。昨天最吸引人的信息是，中日韩自贸区（FTA）谈判将在年内启动。中日韩自贸区构想提出已有 10 年，但之前一直未有实质进展。

中日韩三国 2011 年 GDP 总额达 14 万亿美元，外贸总额 6.4 万亿美元，如果中日韩 FTA 建成，将成为继北美、欧盟之后世界第三大自贸区。当然，目前这只是纸上算出来的。

中日韩之间作为经济伙伴的合作前途既像是很扎实，又有些飘忽不定。三国之间的历史问题和政治不信任，比三国贸易增长速度似乎更突出。在世界经济重心明显东移之际，三国合作不缺"天时"、"地利"，但"人和"的基础当属世界比较差的。

这似乎可以怨上东亚人的"劣根性"，但当美国的驻军仍在深刻影响日韩"交什么朋友"时，这类抱怨其实过于表面。事情或许反过来看：中日韩之间有这么多摩擦，并且连相互之间的双边 FTA 都没有，中国却分别是日韩的第一大贸易伙伴，已经很不错了。

东北亚目前堪称一盘散沙，中日韩分别与东盟 10 国签了 FTA，形成各自的 10＋1 局面，韩国还同美国、欧盟签了 FTA，就是东北亚自己的 FTA 难上加难。这当然不是正常的。

仅仅从"亚洲 FTA 地图"上，也可以悟出一种无形力量对中国的排挤，以及中国的克制和不斤斤计较。中国无疑已是亚洲经济的发动机，也是亚洲政治上最有影响的国家。但中国在默默拉动亚洲，没有大张旗鼓地显示话语权，东亚的FTA谈判没有一个是中国主导的。

如果是印度处在中国的位置上，恐怕早就大喊大叫了，它大概不会像中国这样笑容可掬地捧着东盟，像"卫星国"一样围着它"10＋1"，"被它主导"。

以东北亚来说，中日韩民间活跃的经济合作在推着官方"补签"协定，东京和首尔的犹豫不决是历史过渡期的特殊表现。

美国已经没有那么大的力量，可以对太平洋另一侧人们交朋友的方式一直"规定"下去。中日韩结为更加紧密的贸易伙伴，是地区共同繁荣的不二之途。政冷经热或者演变成政冷经也冷，或者变成经热政也热，只要中国保持强大的崛起之势，后一种趋势就是绕来绕去也绕不开的。

三国困难的农产品谈判等从长远看都不过是技术性障碍，亚洲经济缺乏最终消费市场的问题也将逐渐克服。中国市场未来的前景几乎是无限的，其总容量超过美国已经可以预期。对中国的若即若离态度不太可能得到长期维持。

中日韩FTA谈判只能是水到渠成的事情，想加快没用，硬拖大概也拖不了。但日韩政府对与中国合作采取更积极态度，会使自己主动些。两国应把"在中美之间平衡"这把尺子不断与历史做精确性的对照，避免东北亚的政经迷惘剪不断理还乱。

中日韩三国相互借鉴与合作的历史渊源很长，三国合作的综合优势远远大于障碍。重要的是，那些障碍别被夸张和放大，在未来几十年，三国社会都需在互视中锻炼自己的宽容和豁达。

(2012.05.14)

美核武器重回韩国将是蠢招

据韩国多家媒体报道,美国国会部分议员计划推动在韩国重新部署战术核武器。这显然是韩美针对朝鲜发展核武器考虑采取的反对策,但它的实际效果是否就能形成准确地对冲,却很难说。

冷战高峰时期美国曾在韩国最多部署了900多件核武器,后在上世纪90年代逐渐撤出。美国如果现在把核武器送回朝鲜半岛,中俄肯定会反对,但鉴于朝鲜正在发展核武器,北京、莫斯科也不好大张旗鼓地进行阻止。

对核武器的事,朝鲜已不冷静,韩国会不会接下来陷入非理性的恐惧,进而不顾一切构筑自己的"安全",将决定半岛下一轮对峙的性质。

朝鲜拥核不受欢迎,只是外界没有制止其这样做的有效手段。然而目前东北亚抑制朝鲜拥核的大环境没有变,朝鲜新领导人真实的国家安全策略尚未展开,朝鲜未来如何平衡拥核与获得国家发展的机会,尚有很多不确定性。

如果韩国把美国核武器请回来,那么半岛的下一步会变得很确定:对朝鲜拥核的抑制将完全垮掉,三八线南北将转入公开的核军备竞赛。

韩美当然不会在这场核竞赛中输掉,朝鲜也不会输,东北亚没人会输,输的将是这一地区以往差强人意的和平保险系数。

过去朝韩对峙是"大炮级别"的,首尔被置于朝鲜火炮的射程之内。今后则不同了,美国战术核武器重回韩国后纷纷瞄准朝鲜,那一边将大搞核试验,韩国受到的威胁将是相互核威胁让人联想到的那些

"意外"。

重新部署核武器肯定会对平壤形成压力，但这些压力导致正面效果的可能性极低。韩美或许认为这样做还能给中国施压，但这些压力同样变不成北京劝导平壤的新工具。

朝鲜半岛的安全问题已经是个烂泥塘，东北亚各方的脚上都沾了点泥，一起骂朝鲜这个"泥腿子"最简单，最容易出气，而且这样做好像大家没有碌碌无为，实际干了点什么。其实制裁也好，把美国的战术核武器搬回来也好，都是把脚在泥塘里再踩两脚。

美国的核武器不回来，它也有瞬间发动对朝鲜核打击的能力。把核武器搬回来，只是对韩国人做心理按摩。但韩国人切不要忘了，当首尔感觉"完全安全"时，平壤就会觉得"很不安全"，朝鲜人很可能会为重新出现今天这样的战略态势而加快做些什么。

说到底，朝鲜半岛今天的情况让各方都感到不安，中国也一样。朝鲜老搞核试验，离中国边界不太远，中方对污染的担心从来没有平息。

然而不安就是今天东北亚人共同的命。历史把三八线和冷战的最后一角留在了朝鲜半岛，谁离它近谁倒霉。对这一点中国人懂，但韩国人似乎以为，冷战的残存一点都不应该影响他们对现代文明的享受。他们只需为韩国比朝鲜高得多的生活水平骄傲，而完全不需要为这一悬殊的差距付出代价。

仅凭中国一己之力阻止不了朝鲜拥核，当然也阻止不了韩日对核武器的未来考虑。但如果东北亚的核形势进一步恶化，中国可以也必须重新审视自己当前的核战略，确保自己的核威慑保持高质量。

在全球化时代，整个亚太地区甚至全世界都做不到对东北亚的这一乱局完全置身事外。因此谁也别对此幸灾乐祸，别想从中渔利。

(2012.05.15)

清理"三非",全国城市盯着北京

北京市今天启动百日专项活动,清理非法入境、非法居留、非法工作的外国人。这是中国首都地区第一次公开、集中清理"三非"外国人。

中国 2010 年外国人入出境共计 5211 万人次,是 10 年前的 2.33 倍。2011 年中国共清理约 2 万"三非"外国人。显然,中国正快速成为新的"三非"目的地国。

"三非"是世界性难题,是全球移民潮中没有特效药的流行病。"三非"产生的根本原因是世界发展严重失衡,穷国居民千方百计朝富国流动,他们的办法很多是个性化的,而治理只能是泛法律层面的,因此后者不可能"完胜"。

西方发达国家对"三非"治理很多年了,还是解决不了。由于 21 世纪发展中国家成为发达国家的概率只有 5%,而人员流动的刚性障碍总体上在减少,各国对"三非"人员的处置因舆论压力又不得不有所忌惮,"三非"在可预见未来得到缓解的可能性很小。

中国现在开始清理"三非",任务已经很重。首先是因为我们在这方面非常缺少经验,而且准备不足,很少资料积累,甚至北京市及各地到底有多少"三非"外国人,谁也说不出相对准确的数字。

外国公民目前已同中国人完全"混居",中国各地城市的所有街区都"有可能"出现他们的身影。对外国人的登记和管理有中国多个部门参与,要想"追踪"他们在华的工作和生活几乎不可能。

"三非"外国人多了,一些人干出非法勾当,甚至专门就是来中国

"犯罪"的，都在所难免。而防治外国人犯罪，对很多中国基层警员来说还相当陌生。

对于一个世界性难题，中国一国解决不了。但中国确需积极应对，避免被"三非"问题越拖越深。

中国基层警员要对"三非"外国人硬气起来。过去几乎所有中国人都受过"外交无小事"的教育，制止外国人犯罪总会多一层小心。还有一种可能是把对付外国人犯罪上纲，往"民族气节"上乱扯。

我们要以平常心清理"三非"，以及制止外国人犯罪。一方面，我们需习惯身边的外国人越来越多，多为他们创造在华工作生活的合法途径，拿出中国发展带来的一部分机会与他们分享，决不可像一些西方国家那样，动辄冒出排外主义。

与此同时，我们对"三非"的清理应当坚决。中国需防止过早成为移民净流入国，中国经济没有这样的承受力。这是对中外居民都负责的态度，必须现在就让世界清楚它。

我们不能指望清理"三非"像群众运动一样，来一次彻底的"扫荡"。但它应当起到切实抑制"三非"的作用，成为北京市认真、有效管理外国人的转折点。

由于管理的对象是外国人，若处理不当很容易引起外交摩擦，全国一些发达城市显然会密切跟踪北京的治理行动，从中汲取经验。

中国是对世界友好的国度，清理"三非"应尽可能不引起外界对中国从此会冷冰冰对待外国人的误读。这中间挺难拿捏的，但只要我们尽力了，就不必过于纠结一时的效果和外界反应。

我们有解决"三非"和与外国人友好相处的双重真诚，我们不可能把事情搞得很砸。

(2012.05.15)

日本对华强硬其实露出了软弱

日本首相野田佳彦日前访华并不成功，日媒称他同中国领导人就钓鱼岛和人权问题"激烈交锋"，而日本给热比娅签证，让"世维会"在日本开会显然构成了额外的挑衅。从昨天起中日举行为期两天的首轮海洋事务高级磋商，必触钓鱼岛问题，但这种气氛下，舆论都对它不看好。

今年是中日建交40周年，但日本民主党政府的很多动作与营造良好氛围背道而驰，让热衷中日友好的人心凉。

日本目前的国策就是一些短线操作的拼接，在战略上很像是晕头转向的。它仍被美军"占领"着，现在身边又冒出崛起的中国，社会情绪焦躁、灰暗，极右翼的民族主义逐渐抬头。这个国家的政治像是靠着一些自欺欺人的冲动和骄傲在混日子。

中国靠近日本，日本同中国有一些想放大就可以放大的摩擦。东京惧怕美国，惹不起有"北极熊"之称的俄罗斯，相比之下中国最复杂，因为发展快引来的妒忌和围攻也最多，于是日本一些人选择拿中国较劲，找补并安抚其日益失衡的心态。

但中国恰恰是日本重振经济的主要希望，并且是它建立区别于其他西方国家地缘经济优势的最大源泉。日本一方面刻意向中国强硬，同时越来越离不开中国，日本外交就像一个陀螺，东京在心烦意乱地不停从正反两个方向抽它。

日本对中国的强硬，并非出于其实际国家利益的真正强硬，它表现出来的更像是日本的软弱，即所谓"外强中干"。它的强硬既无公理支持，国际协助不多，更少实力支撑，属于"人硬货不硬"。

实事求是说，中国早把日本的"强硬"看穿了，它越强硬，越让我们觉着这是个小家子气的岛国。

在我们看来，野田佳彦同中国领导人谈人权，完全就是作秀表演，而且如果美欧是这方面的 A 角，日本就是模仿他们的 B 角甚至 C 角。我们很奇怪，日本社会为何不对他们领导人的这种表演难为情。

日本作为"亚西方"的社会，实在应当克制自己在亚洲新兴国家面前的"政治骄傲"。作为一个"五年六相"的国家，日本政治经验对亚洲的吸引力小得可怜，它应自重。

在中日领土纠纷中，日本无论如何都没有激进高调的道义依据。首先它是近现代史上的侵略者，没有侵略，别说钓鱼岛，连整个冲绳都不是它的。它以岛国的身份与中国大陆争大陆架，把冲之鸟礁硬说成岛，一看就是在耍无赖。

中国对待中日间的摩擦很有耐心，重视两国关系的大局。日本的对华政策则越来越被非理性情绪主导，政府完全放弃了对民意的引导，而成了民意的应声虫，不管它是理性还是非理性的。现在对华强硬似乎成了日本外交政策的主流，不对北京强硬似乎就没法在政坛混了。

中国不是日本的敌人，甚至也不是对手，中日和两利，斗则两伤，日本更伤，这些道理需要有担当的日本领导人向其国民讲述。日本领导人不应做的就像是东北亚政坛的愤青。

(2012.05.16)

英国应为卡梅伦见达赖埋单

英国辩称其首相卡梅伦14日会见达赖是"私人"性质的，并称卡梅伦有权与任何人自由见面。一位是英国首相，一位是"藏独"的"精神领袖"，世界上会有人真心把他们的见面当成"私人"的吗？"私人"这个词现在被一些西方领导人搞得很滑稽。

这当然是英国刻意设计的一个姿态。卡梅伦政府很清楚此举对中英关系是高风险的。中国决不能辜负卡梅伦先生的预期，一定要做出与之相称的惩罚性反应。

中国反对外国领导人见达赖，这一立场早已毫无悬念。前几年默克尔、萨科齐与达赖见面，都导致了德中和法中关系的剧烈震动。奥巴马前年和去年两次见达赖，也引起轩然大波。卡梅伦此次明知故犯，是西方领导人见达赖这一链条的最新延长。

达赖与"藏独"之间几乎是等号关系，中国才没有兴趣管外国领导人和谁见面，但见达赖意味着什么，已经被中国同西方之间的反复摩擦搞得清清楚楚。中国反对的是什么，卡梅伦也一点不糊涂。

中国也犯不上为这件事伤脑筋、动大气，西方领导人见达赖，中国作出强烈反应，彼此的贸易和政治往来在一段时间里受到伤害，这些都已经程序化。事实证明，中国对操作这一切更熟练，中国承受这一过程损失的能力也更强，这一次照章办理就是了。

中国应停止与英国高层交往一段时间。对伦敦即将举办的奥运会，中国应采取比原计划冷几度的姿态。中英之间的一些合作项目也应暂时放下来，拖一段时间。

这一切对中国来说都不费周折，对英国造成的影响也非"致命的"，但它们给卡梅伦政治声望带来的负分值，应当大于他用会见达赖显示"勇敢"而为自己捞取的正得分。这就足以改变他会见达赖的感受，从吃一粒糖豆变成吞下一只苍蝇。

短期减少经济合作的损失当然是双方的，但对中国来说，这是我们维护国家统一不得不付的代价。对卡梅伦政府来说，这是他们逞能遭到的惩罚。中国为维护核心利益做点付出早就习惯了，现在要让西方做出选择：他们或者养成为领导人会见达赖付出代价的习惯，或者就别没事找事，向中国人炫耀他们"自由文化的高贵"。

卡梅伦这次对"私人会见"的详情讳莫如深，似乎比德法领导人前几年见达赖时的表态要身段稍低些。但即使这样，中方也决不可抗议两声就算了。法国刚换了总统，今年又是很多国家的换届年，各方都在盯着中国对卡梅伦见达赖的反应，中国对他们必须有所警诫。

中国长期和平，但不意味着中国的国家安全是廉价的。其他大国不断为卷入战争花大钱，中国其实也省不下那笔钱，我们得用它们回击对中国国家安全的各种挑衅，这是我们这个国家虽有重重外来挑战却仍能保持和平的"价格"。

达赖别以为这是他个人的身价，那他就太糊涂了。这是中国崛起的除锈费和润滑费，是世界大国政治磕磕绊绊的特殊花销。他本人只是大家都敲顺了手、并且还能出点声的一面锣。

(2012.05.16)

舆论应回到国企民企的中间位置

一段时间以来，一些舆论针对国企的批评越来越多，而且国内外的批评似在合流。除了批评国企"垄断"、"受到国家支持"、"工资高"以外，还有人提出国企应当"私有化"、"退出竞争性领域"等非常具体的要求。

大多数批评都不是毫无根据的，但这一批评潮的最终指向本报决不赞同。我们认为国企应当不断经受批评的洗礼，不断获得市场标准、社会道义标准和国家利益标准的进步，但我们反对为国企画地为牢，剥夺它们的发展权。国企应被置于公平的市场竞争环境中，由中国越来越开放的大市场决定它们的命运。

社会舆论也应公平对待各种所有制企业，在中国很复杂的历史及现实元素中摸索"公平"的坐标。要切忌以西方当前的企业结构为理想状态，倒推什么是中国今天应有的"公平"。事实上，西方企业有其自身的结构问题和道德风险。

对国企的分析应从常识，而非某个理念出发。这些常识包括：今天中国的国企已同二三十年前大不一样，它们不再是大锅饭体制下的一口口"大锅"，竞争机制与现代管理体制在国企里已大体成熟。在企业之间，国企参与的竞争也很激烈。很多国企已成为在国内外都不逊色的真正市场主体。

国企还是公有制在中国继续存在的载体，它们的纳税表现远远好于民营企业，对尽社会责任不讨价还价。在追求经济效益的同时，它们对社会公共利益通常采取积极配合的态度。它们不善于与媒体打交道，但它们比民企更忌惮舆论，公众对它们的批评比对非国企的批评管用得多。

国企一旦垮掉对今天的中国是不可思议的，民企现在尚单独承担不了中国走向世界前沿竞争位置所必须承受的艰难任务。历史上的崛起国家也都有国有企业不可替代的贡献，如果今天中国对国企"自废武功"，西方诸国必将集体松一口气。

当然国企的问题不少，就像民企也有问题，以及我们这个国家就"很不简单"一样。国企领导层还未完全摆脱官本位体系，腐败的出事率不低，对外不够透明等，都须经历变革。有的超大型国企还遭遇世界大公司常面临的垄断质疑，这个问题须与公众认真沟通。

在政府公信力出现亏空的当下，国企和中国官方似乎在相互拖声誉的后腿。打造不仅在市场上强大、而且社会信任度高的一批国企，应当成为中国政府重建公信力的战略性突破口。

毫不动摇地巩固和发展公有制经济，同时毫不动摇地发展非公有制经济，这"两个毫不动摇"不是临时国策，而应当是持久的，不因任何蛊惑而轻易偏向一头的。目前一些舆论的批评长时间集中在国企身上，这同中国人民的根本利益背道而驰，全社会应当对之警觉，重新站回到各种所有制企业之间的持中位置。

中国高速发展是各种所有制企业都获得了快速发展的结果。民营企业改革开放以来从无到有，呈井喷崛起之势。而仅仅十几年前我们还为国企的大亏损面忧心忡忡，它们整体上走向盈利，中国求之不得。一些舆论为什么忽然因国企的成就生气甚至愤怒了，这难道不奇怪吗？

国企当自省，舆论当清醒。

(2012.05.17)

中朝须快速解决我船员被绑案

据媒体报道，3艘中国渔船5月8日在中国海域捕鱼时被朝鲜不明身份人员控制，劫持至朝鲜海域，中方29名船员被扣，劫持者提出赎金要求，并发出威胁。中国外交部17日要求朝方确保中国船员安全与合法权益。

我们认为，当前解救中国船员是头等重要的。我们同时认为，对事件发生以及解救船员的过程，中国社会应得到通报。即使为解救船员暂时不便透露细节，事后通报也应当补上。

事情涉及中国船员的生命，十分严重，这种严重性不是包括中朝关系在内任何其他国家利益可以冲抵的。我们不仅要救出这些中国船员，还应当采取坚决措施，防止类似事件重演。

现在有一些人怀疑，以往朝方有些人在陆地及海洋边境地区同中方的"摩擦"受到了迁就，为顾全中朝两国关系，这些"摩擦"常被"大事化小"，从而导致了朝方一些人胆子越来越大。希望这种说法最终被证明是没有根据的。

如果媒体的报道属实，那么此次武装劫持者是深入中国海域的越界犯罪行为，这比韩国海警"粗暴执法"的性质恶劣得多。这些罪犯必须受到追究和严惩。

我们珍视中朝友好，希望两国能有效合作，顺利解决这一特殊个案。这个事件是对中朝关系在办案层面实际合作质量的一次考验。

有一点值得中方认真理解：在互联网高度发达的今天，中朝之间的纠纷，特别是一旦朝方有人严重触犯我方利益，都是捂不住的。捂只会把事情搞得更糟，损害国家公权力在中国民间的信任。

中国维持对朝友好关系的做法应当更具主动和灵活性，留足保护中国公民生命财产安全的空间。中国在这方面有强有力的筹码，我们应当敢于使用它们。

中国应通过解救这些被绑船员在东北亚立威，任何人以及任何力量都不得威胁中国公民的人身安全。谁这样做都将遭到坚决回击，他们只会付出代价。

中朝友好应当有承受力。我们须设想一下，如果这件事发生在中国与其他国家之间，各种信息会迅速出来很多。但一遇朝鲜，事情马上变得"很敏感"，这很不正常。

我们理解朝鲜的国情有些特殊，但中国船员生命安全的重要性不会因为绑匪跟朝鲜有关就打折扣，中国公众也不可能因为涉及朝鲜就有了更多理解和耐心。如果不让公众看到处理这件事的坚决，整个中国官方就会用自己的声誉损失为朝方的问题埋单。

朝鲜政府有义务有责任迅速查处此事，确保所有中国船员安全返回。平壤应清楚中国公众对这件事的集体愤怒，他们如果希望今后得到中国的更多支持，他们就应尽量在中国民间树立好的形象。

我们期待此事得到快速解决，也期待中朝官方给公众一个完整的说法。

（2012.05.18）

中国应继续保持对菲律宾严厉

菲律宾近日向中国发出复杂信息。一方面菲官方鼓励民间力量与中国闹，一方面马尼拉提高了"谈判"和"共同开发"的调门，并派总统特使前来中国缓和双方的经贸关系。中国应继续保持对马尼拉的严厉态度，以不变应对后者的一天三变。

来自菲律宾及西方媒体的消息显示，菲旅游业和农业已经感受到同中国关系紧张的巨大压力。这很好，应让这种压力持续相当长一段时间。

中国应当给菲律宾一个明确的教训，而且要让有些想对我们也搞以小欺大的亚洲国家都看清这个教训。菲律宾主动挑起同中国的冲突，现在不是它想收手就能收得了的，它的损失已经注定，像泼出去的水一样收不回来。

马尼拉有可能就此加强同美国的联盟。让它去加强好了。这个联盟对菲律宾的发展和繁荣没什么价值，它的好处都是虚的，自我安慰的。中国就应在亚洲成全一个典型：它选择与美中两国分别结盟和交恶，让各国都看一看，这样的国家究竟能得到什么实惠。

菲律宾现在自告奋勇要做这个典型，它的确再合适不过了。

菲律宾的经济这些年一团糟，属区域经济的垫底，当年打下的一些底子已经折腾得差不多了。这个国家政治上也不够稳定，家族政治总是导致对下台领导人的清算。民族主义当前的热度并不很真实，很难长久同中国对着干。

中国目前控制了黄岩岛，保持这个局面只需多一些开销，而这是中国社会愿意承受的。在这之外，中国用不着同菲律宾高调对抗，而应对其坚决保持冷淡，就这样耗它一段时间。

同菲律宾激烈打嘴仗，中国占不到便宜。动员各自的民众，对中国不值当。对菲律宾施加经济的其他"软压力"，中国最容易调动自己的优势，也最容易击痛菲律宾，警示潜在的挑战者。

中国一直希望保持尽可能好的对外形象，包括"不以势压人"等。今后我们或许应克制自己关于自己形象的理想主义。中国不是"完人"，也没有做"完人"的大环境，为保卫自己的国家安全，我们只能手头有什么工具用什么工具，外界愿意说就让他们说去吧。

中国不是亚洲的"雷锋"，但中国也不是亚洲的"南霸天"，中国希望与周边国家实事求是地和睦相处，谁都不走极端，不搞机会主义冒险。菲律宾想对中国搞以小欺大，犯了战略错误。它或者真正回头，或者准备中菲关系长期半死不活。

让外界慢慢解读中国是谁吧。我们不需装模作样，而应正常行事，向外界发送关于我们自己的真实信息。我们没必要自我优化形象，只求少被误读。这样做亚洲第一大国，我们会轻松些，周围也会逐渐清楚如何同我们打交道。

(2012.05.18)

准备几枚报复美国的"贸易炮弹"

针对美国商务部17日对中国输美太阳能电池产品反倾销调查初裁的结果，中国商务部表示强烈不满。如果美方将此态度带入终裁，中国肯定会有所报复。

目前中美之间的贸易摩擦态势仍不利于中国，美国有美元、美军和美国市场这"三大件"，对美国的霸权形成综合支撑。而中国现在只有市场，而且它的规模仍比美国市场小不少，无法同美国打针锋相对的"正规贸易战"。

中国的产品总体技术含量仍比较低，可替代性强，这使我们经常在美国面前底气不足。此外中国厂家之间彼此过度竞争，压价出口，挣小钱挣得很苦。

调整对美出口的产品种类和价格结构说起来容易做起来难，这也使得我们同美国"对着干"缺少后续的适应力，我们的选项范围挺窄的。

但即使这样，我们也得向美国还手，做不到让美国很痛，也得让它"痛几下"。而且要让美国人清楚，中国人在贸易上打痛他们的能力的确在稳步增长。

更何况光伏产业是全世界的朝阳产业，它对中国尤其重要。美国打击中国太阳能产品的考量是战略性的，这次反倾销调查的挑头者是德国一家能源企业的在美分公司，它激发出的"德美联手"想象并非是不着边际或滑稽的。

清洁能源这一块利益美欧都在争，中国一脚踩进来，而且趟得很猛，形成"三国"。美欧联手先解决"中国问题"，比它们两方之一同中国合作的可能性要大得多。美国会因此忘记它的太阳能企业有可能在中国成替罪羊。

中国必须自卫，这与我们忍辱负重应结合着来。中国现阶段的被动是注定的，我们得从被动中一点点抠出一些阵地，垒起防御的城墙。我们不可放弃，也不可在一怒之下"豁出去拼了"。

这次冲突再一次表明我们需要加快发展中国的市场。当前中国的市场可以惩罚菲律宾，但要用它教训美国，分量还太轻。反过来美国找中国茬要"潇洒"得多。如果顺利，这个局面将在十几年后发生重大改变。

具体的中国企业、行业组织和中国商务部要与美国做一招一式的斗争，能拖美国一天是一天，我方的贸易损失能少一块是一块，这当中既要坚守原则底线，又要同美国打"超限战"。我方商业机构应少图虚名，多逐实利。

就整个中国来说，对美贸易摩擦是中美复杂博弈最显杂乱的一个片区，我们得钻得进去，跳得出来。总体上说，中美之争既是现实主义的，又是主观主义的。既是现世主义的，又是未来主义的。中国究竟在以弱搏强，还是以强对强，亦是很有意思的问题。

中国人得用哲学驾驭同美国的周旋，嚼碎今天美国带给我们的种种压力、麻烦和感受。同美国打交道太难了，很多中国商人和企业在美国吃了亏，得了教训，这些实际上是我们整个民族交的学费。美国在欺负我们，也在引导、教育我们，跟美国这样的强手玩，我们才有希望真正强大起来。

回到现实中来，中国得准备几枚报复美国商务部 17 日初裁的"炮弹"。弹药有限，尤其需要打得稳准狠。它们将打出中国日后的威慑力。

(2012.05.19)

中朝友谊应当看得见摸得着

朝鲜外务省昨天向中国驻朝使馆通报称，近日被抓扣的所有中国渔民和渔船都已获释返回。中国外交部门这两天的动作是比较快的，并且获得效果，值得称赞。

然而对于整个事件，中国有必要反思，一些漏洞需及时补上，这是中国渔民海上安全获得实际改善的前提。

中国渔民被朝方抓扣发生于本月8日，但对他们的施救在多日之后才全速运转起来。这至少暴露了两个问题，一是海上执法部门对渔民的保护较弱，朝方人员没把中方执法放在眼里，想抓人就抓人。二是该区域里保护渔民的应急机制不完善，做不到事情一发生警报就拉响，各部门进入全力施救状态。

在涉及韩国或南海的摩擦中，以及非洲沿海的反海盗斗争中，中国的应急机制要敏锐得多。给中国公众的印象是，事情一涉及朝鲜，一些清晰、成熟的做法就变得含混不清，力度不够。

这次事件应当成为处理中朝陆海边界摩擦的转折点。

中朝友谊的地缘政治基础很强大，两国都对彼此友好给予战略重视，而且可以肯定地说，朝鲜对它的实际重视决不会比中方的重视更小。对这一点中方应有斩钉截铁的认识，这是我们以实事求是态度大胆处理中朝具体摩擦的基础。

换句话说，中朝友谊归友谊，具体事上如果朝方一些人员胡来，中方决不能允许。在这方面中朝关系没有"特殊化"的空间，朝鲜必须守规矩，尊重中方的每一项具体利益，尤其要尊重中国公民的生命及财产安全。

现在中国舆论中有大量朝方人员在中朝陆海边界地区行为不端的传闻，中方似因顾全两国关系大局，制止不够坚决。中朝官方都应采取有力措施，消除中国民间的这种议论。

朝鲜这一次在中方的交涉下能较快放人，对它的形象稍有挽回。但我们很担心，这只是朝方这两天的"应急表现"，在中国官方和舆论监督不到的地方，今后还会有朝方人员做损害中方具体利益的事。

为防止朝方反复，中方应开放舆论监督，让中国民间的态度直接与朝鲜面对面。应从这一次做起，公布朝方抓扣中国渔民的真相，包括究竟是谁干的，朝方的释放是不是无条件的，等等。

我们理解外交交涉的细节有时需要秘而不宣，但我们同时认为，中国舆论希望得到的信息都属于了解这件事的基本要件，公布它们是官方的义务。

中国对外海上摩擦处在高峰期，这要求中国渔民自己一定要小心谨慎，依法捕鱼。此外中国海上执法部门须全面加强监管，尤其要加强对中国渔民的保护。国家在这方面增加投入很有必要，这既是对保护中国渔民人身安全的直接投入，也是对中国国家安全以及中国社会凝聚力的有效投入。在具体解决事情时，相关部门也要更加灵活和强硬。

我们希望中朝友谊发扬光大，但这种友谊应当不仅是国家战略层面的，而且是现实生活中看得见摸得着的。

(2012.05.21)

陈的"奇遇"是一次性大气泡

山东临沂盲人陈光诚星期六离开中国,当天抵达纽约,开始留学生涯。陈的事从一开始到现在僵持了很长时间,最后解决得又很"顺利"。这很值得思考。

西方舆论普遍把陈光诚描述成中国的反体制"英雄",一些人这两天在欢呼"胜利"。而事情的真实情形要复杂得多。陈光诚的盲人身份使西方舆论很容易拿来煽情,但中国太大,太能把热点放凉,以往不严肃的煽情都自生自灭了。

陈光诚被他的支持者们定义为"维权人士"。其实中国的维权人士很多,其中激烈者也不乏有之。但当初偏偏"僵"在陈光诚身上,而且越来越"僵",中国农村基层的一起纠纷,迅速有了国际政治的味道。

各类争议的社会事件大多在中国得到化解,但美国一些官员、人权组织及西方舆论的确从一开始就鼓励了陈光诚的对抗姿态,中国国内也有一些人把陈的事情往僵持的方向推。一些人嘴上喊要解决,但行为却在鼓励扩大事态,越僵越好。

其实陈光诚的事情是一个彩色的大气泡,破了之后什么都没有。中国的法律尚有不完善之处,如果这个气泡想要证明这一点,不用它说全中国都懂。如果它要证明中国法律越来越差,或者有等于没有,它再怎么证明也没用。中国是个法制根基差,但在不断进步、完善的国家,这是陈光诚加上美国政府、国际人权组织一起喊也驳不倒的事实。

回过头来综合看,陈光诚的事闹出这么大动静,但对中国社会稳定的实际冲击却很小。根本原因在于中国人对自己国家的认识总体上是成熟、稳定的。这些年不断出有关"异见人士"的西方舆论轰动，多数中国人已经见怪不怪，有了一定免疫力。

陈光诚到美国后，对西方的宣传价值不会比之前更高。在美国愿意讲"坏中国"故事的"原中国异见人士"已经有不少，再多一个也无妨。

美国一些政治人物围绕陈光诚表了很多态，把他抬得很高，这有点像是在害他。因为那么多"光环"戴在他的头顶，等于"逼迫"他，要他为自己完全驾驭不了的国际政治博弈去冲锋陷阵。

这种全球化及互联网时代美国在中国的"救人"剧情很刺激，但它注定只能是一次性"演出"，因为在中国对信访结果不满并认为自己受到"迫害"的人还有很多，就全国范围来说，不公正的判决肯定也有。如果美国真愿意"施救"，他们一定很开心，但我们相信，美国驻华使馆肯定不会愿意成为中国最复杂一批案子的"信访处"。

说通美国人是不可能的，但中国支持陈光诚的一些知识精英们应当有所不同。我们应共同努力，避免或减少未来出新的"陈光诚"。知识精英们应促成公众对中国复杂性的更多理解，致力于化解矛盾和对立，而不是推动死结的形成。

相信整个中国社会，包括中国基层官员们都会因陈光诚的事情变得更成熟，对打破一些特殊的僵持更不拘一格。中国需要加快改革，而改革的要义之一，就是扩大社会的弹性，减少僵持点，以及不让一个僵持点无限放大它的意义。

希望陈光诚本人在美国真正"留学"，在远离祖国的地方冷静思考过去发生的事，领悟他自己一个人为什么有了如此多"奇遇"。希望他能够在一个很容易被操纵的位置上，表现出与众不同。

(2012.05.21)

中国应扩大对"睦邻"的理解

中国与周边国家的摩擦近来明显增多,这让人产生中国周边关系是否一团糟的疑问。对这个问题,不能简单回答是。

中国在上世纪90年代之后,开始奉行同周边国家"睦邻友好"政策。那时冷战的紧张刚刚消除,亚洲国家的海洋意识仍较朦胧,而且舆论不太发达,政府间对国家关系的调控能力很强。那的确是中国推行睦邻政策的黄金期。

如今亚洲外交的面貌在发生变化,各国民众参与外交的热情和途径都与20年前有质的不同。政府对外交态度的决策权都缩水了,官员们获得的解决纠纷授权尤其很有限,现在亚洲国家的纠纷基本被各国舆论之间的冲突主导,官方力排众议拍板的可能性很小。

东亚的气氛变得相当糟糕,但仔细看,这里的摩擦大多都是老问题,新冒出的热点鲜有。这些摩擦基本处在每个国家实际战略目标的边缘位置,但由于它们都多少"跟主权"沾边,很利于各国舆论斗气、斗态度。

中国同周边国家的经济联系处于历史最好时期,亚洲对中国快速崛起总体上采取了接受和适应的态度,心理上的不适和不悦朝行动上转化的不多。现在很难说中国同一些周边国家的关系是"好的"或者"不好的",但这些关系显然都没有对中国国家复兴这一最大战略目标构成威胁。

长期奉行睦邻友好政策的中国,对一团和气的国家关系似乎有所偏爱,而且这很符合中国人的处世哲学。现在我们或许需要扩大对"睦邻"概念的理解，为周边外交创造更宽阔的思想和利益空间。

周边外交切不可有非睦即恶、非友即敌的想法。睦邻意味着能够共存及在基本国家利益层面合作。同时还能容纳摩擦和冲突。中国与周边的纠纷目前都离国家全面对抗还很远，没有突破地区和平与合作的容忍线。今天的东亚不能被认为是"危险的"。

中国作为亚洲最大的国家，对地区政治氛围还有一份独特的调控力。也就是说，中国大致可以调控与周边国家的争议强度，防止失控在环中国地区的出现。

美国"重返亚洲"增加了中国周边的政治不确定性，但亚洲国家因为美国因素而破坏中国崛起大势，或者在海上实际恶化中国领土安全形势的可能性几乎都不存在。

因此不能说中国今天的周边外交形势很糟糕，真实情形是中国今天的外交麻烦是改革开放以来最多的，这是因为中国对周边的交往量空前庞大，接触面空前复杂，而我们的目标也不像过去那么单一，只要"友好"就行了。我们现在更追求不仅符合中国国家战略利益，而且符合中国具体社会单位利益的周边关系。

中国现在是同时算大账和算小账的大国。不算大账，中国继续发展、崛起的国家战略无以实现。但不算小账，有悖外交以人为本，公众舆论很难接受。中国必须在大账和小账之间做艰难的平衡。为此，中国需要逐步把经济实力和军事实力转换为能够影响具体办案过程的外交力。

中国本身就是大国，为此中国就得像个大国，既要自己做"君子"，也能镇住域外"小人"。中国决不能做"冤大头"，但算得"过精"也有可能反丢了大利益。这样的大考，将至少再煎熬中国人几十年。

(2012.01.04)

当前更要"把朋友搞得多多的"

中国社会的分歧在增多,裂痕也在增多。反主流的一些声音在互联网上逐渐巩固了阵地。弥合分歧,扩大共识的任务很重,但对当前情况有针对性、并能产生效果的方法并不多。中国需要维护社会团结的探索和创新。

我们首先需要一个实事求是的判断:完全由官方主导中国意识形态的时代过去了,中国思想多元化的趋势是不可逆的。承认了这个现实,用新的凝聚力对冲并消化多元时代的极端性和负面性,就显得十分紧迫。

一元化时代的最大特点是,社会有完全一致的价值取向,所有人朝同一个方向竞争、进取。竞争的失败者自动处于从属地位,接受远离社会中心位置的现实。

多元化时代则大不一样。社会在价值观层面就已出现分歧,主流价值观再强大也形不成对社会的全覆盖。竞争的主流方向开始模糊,一个竞争方向的劣势者有了替代的选择。渐渐地,不同发展方向开始竞争在中国社会的影响力,谋取在社会中更有优势的位置。

官本位的思想在中国仍很强大,中国人常说的"体制内",其实是一个以官为本的大圈子。中国人对政治感兴趣,因为政治的影响力的确最大,而商的影响力至今是次一级的。通过某种形式在"体制内"有一席之地,对很多人仍具有吸引力。

当前很有成就的企业家及社会名流,大多不拒绝在官方的安排下获得参政议政的机会。而进入了这个体系的人,很少有向政治对抗方向发展的。

然而不幸的是，中国"体制内"的规模和对外接口都是有限的，有很多商业成功者、有才气并获得成功的名流与"体制内"无缘。工商界对社会的实际作用与他们的话语权尤其不成比例。可以想见，即使这些人的基本价值观同"体制内"是一致的，他们变得热衷发牢骚，或对国家主流前进方向找点别扭的概率也会大得多。

全球化时代，西方的影响大举向中国渗入，而自感被"体制内"冷落、在国家主流政治方向已无前途的人，对西方产生亲近感几乎是"很自然的"。这种结合既是思想的，也是利益上的。

中国现在已经出来一批与现行体制采取对抗态度的人，而且他们的存在逐渐合法化。他们当中的少数人因触碰法律底线受到制裁，但这样的人今后会层出不穷。

思想和利益的多元化不可阻挡，我们甚至不能说，"对抗"的存在对中国就是完全无益的。但它们带来的政治冲击对国家的确是风险和挑战。或许唯有扩大中国政治与这种多元化的结构性互动，尽可能改变它们带来的冲击力的性质，才能形成社会新的稳定和活力。

中国为此应打破目前"体制内"的边界，让国家政治资源不再固化，而与社会各个领域不断贴近。要创造合法参政议政的新途径，不断制造"体制内"与"体制外"的新接口，甚至实现体制内外的流动。

中国一直崇尚统一战线，直到今天它仍被视为法宝。然而"统战"的对象需要根据新形势不断调整，中国社会内部的"统战"或许是当前最应下力气去做的。

中国在快速发展，中国保持当前的发展态势符合绝大多数国人的根本利益，当前的一些裂痕包括一些对抗都并非不可化解。别让西方来中国搞了"统战"工作，我们不应轻易言"敌"。相反，我们要"把朋友搞得多多的"。

（2012.05.23）

脸谱上市留给中国人的回味

美国互联网巨头脸谱（Facebook）上市后惨遭破发，4天内市值缩水300亿美元。市场没有因为脸谱是个"奇迹"而跟着追捧，它的破发究竟仅仅是定价太高所致，还是预示了互联网业的什么，这是有趣的问题。

对互联网未来的预测如果直接指导商业决策，风险会高得惊人。即使在美国，网景死了，雅虎半死不活，谷歌面临多种挑战，脸谱风头正劲，但上市却意外出师不利。这里面的蹊跷，即使最熟悉互联网的人，也很难驾驭。

互联网"毁"了不少人，但又成就了更多人，它总体乐观和具体高风险的尖锐并存是以往任何实业都无法比拟的。一个特殊的情形是：互联网的成功者平均年龄在历代实业家中最低，这当中的经济及社会含义十分丰富。

脸谱破发是其现年28岁创始人扎克伯格的最新"奇遇"，这个"没想到"至少暂时不会对他本人和脸谱公司造成实质性打击。这个意外反而增加了人们对扎克伯格"幸运"印象的回味。

扎克伯格大学二年级创办脸谱，当时他有的只是创意和简单技术。要成为一家大公司，中间有多少需要很强大的力量才能推倒的障碍！他一个人显然没有这些力量，但美国的商业环境在人海里发现了他，帮他竖起无数个帆。尽管扎克伯格肯定经历了无数曲折，但他的年龄和今天公司所处的位置，还是让人觉着他和脸谱几乎像"坐轿子一样"走向成功。

各国顶级大公司的成功元素，都有大量来自社会，国家商业环境堪称最大的孵化器。因此当前互联网最有活力的公司都出自美国，的确不是偶然的。

中国这几年处处谈创新，创新的意识已经高悬于中国全社会的头顶。但真正的创新行动仍很艰难，周围没人你拉我拽，帮着扬帆抬轿子，不仅经济风险完全是创新者自己的，即使在思想和态度上，社会也懒于为创新者托底。

模仿和山寨仍是中国很多创业者的第一选择。看看中国各地的农家乐吧，往往是一家挨着一家，样子和菜品都差不多，扎堆抢夺游客。中国的IT及互联网公司其实就是放大了的"农家乐"，也是"一家挨着一家"，做着低端生意，幸亏中国网民数量庞大且增加很快，能多养活几家同类互联网公司。

创新绝不仅仅只靠意愿就能实现，它必须有赖一大堆规则和人们做事态度组成的总环境。这些既要从高端做起，也要从社会基层铺垫。比如在很多国家我们会发现，一个有特色的乡村餐馆很多年后仍在那里"别无分店"，而在中国它被效仿者淹没的可能性几乎是100%。即使在出版领域这种知识分子扎堆的地方，山寨也往往被看成是天经地义的。

中国一定要逐渐降低商业创新行为的成本，这是我们构建现代商业环境最费力也最有意义的工作，是中国现代化的"纲"。如果我们认真朝这个目标去做，我们的社会必将在未来几十年发生深刻并触及无数细节的变化。

脸谱上市头4天的破发很邪乎，但它引发的指责和恐慌与世界其他地方比都不算高。这种一定程度的镇定是社会心理厚实的表现。

不仅技术换代的时间大大缩短，反过来说，每个时间段所能容纳的成功也越来越庞大并炫目。最近的三十几年就能改变一个13亿人口的大国，未来30年，世界有无数可能性。中国的赢不是今天就已确定无疑了的。

(2012.05.24)

孔院教师若走人，美国学校最伤心

美国官员上周签发公告要求，在美孔子学院必须申请美国"认证"。公告还表示中国在美持J–1签证的部分孔子学院教师将不会得到续签，意味着这些人将被迫离开美国。该公告如果落实，在美孔子学院及孔子课堂将面临大量麻烦。美国显然在找孔院的茬。

遍布全球的孔子学院是近年迅速发展起来的。目前孔子学院加上孔子课堂共有691所，在美国有69所。这么快的发展，虽然不能说跟中国的主动推动无关，但决定性因素是世界各地学汉语市场快速膨胀提供的拉动。

除了墨西哥移民造成的西班牙语因素，汉语早已成为美国的第一大实际使用外语。孔子学院的进入与美国人的学汉语热形成契合。在美的孔子学院和孔子课堂都是应美方学校要求开设的，中国的汉语志愿者们从本质上说，都是美方学校"请来的"。

让这些汉语志愿者离开美国，首先受直接损失的是美方学校。中方损失的是文化传播，与培训汉语人才以满足美方对华交流的实际需求相比，中方的软需求没那么急迫。

这件事反映出，美方的文化自信没有中国人通常认为的那么高。孔子学院在美国推广汉语，顺便宣传中国文化，这让美国一些人感到了不安。而这样的警觉通常是文化弱势国家才有的。

美国政府的控制力显然很强，与民间需求对着干似乎也不太在乎。包括一些中国公司在美国受到种种威胁美国国家利益的指控，都在加强我们的印象：美国是个"政治挂帅"的国家。

汉语很难学，孔子学院创造了中外联合办学教授汉语的模式，获得巨大成功，加速了汉语教学在世界各地的推广。有的国家可以拒绝孔院进入或者限制其发展，但只要中国的发展继续保持强劲，它们就无法熄灭本国的汉语热。孔院可以采取技术上的积极合作姿态，但总的来说，中国用不着为办孔院而求任何国家。

中国外交部昨天表示正就孔子学院事件与美方沟通，但应看到，美国社会当前越来越旺的学汉语需求是刚性的。如果中国的志愿者被迫离境，美国的学校就得自己花钱雇汉语教师。已有多所美国大学校长公开反对政府的决定，中方用不着比他们更急。

孔子学院应继续向世界各地发展，它们迄今已经是中国对外传播文化的主力。但对一些政府不积极、不痛快的国家，孔院也可适当放慢节奏。总体是外国学校求孔院的事，西方一些舆论却要说成孔院代表中国政府求外国的事。孔院只需稍稍走慢，就可让他们听到本国学校急需中国志愿者的嗷嗷叫声。

一个国家经济发展起来，都会在意外人的尊重。但中国人很清楚，国家软实力的建立是艰难曲折的，中国作为新兴国家的"出头鸟"，尤其"难做人"。扩张很快、具体麻烦也不少的孔院是中国崛起路上一段特殊的中外交集。善意、误读及中外利益在这里搅成了一团，对它的评价注定是形形色色的。或许，世界对孔院的需求是对它最真实也最客观的总评价。

(2012.05.25)

中国外援应堂堂正正地做

中国 23 日宣布向也门提供 1 亿元人民币无偿援助，消息传到国内，一些反对声再次云集到互联网上。最近这些年，外援一直是敏感话题，如果时机凑巧，还会引起援助马其顿校车那种大的争议。

然而外交的基本理性告诉我们，对外援助是大国必须做的事。中国在经济很落后的时候就有一些外援，同时也接受外部援助。到上世纪末时，中国还是净受援国，成为净援助国是本世纪的事。

各国舆论对外援都很敏感。联合国要求发达国家对外援助到 2015 年时达到本国国民总收入的 0.7%，目前各国都差得远。美国 2011 年的外援总计 307 亿美元，占 GDP0.2%，但国内经常批评，很多美国人认为国家外援的 GDP 占比是 15%，是实际外援的几十倍甚至上百倍。即使这样，各大国都坚持一定数量的外援，这说明外援有助于实现国家利益，是各国政府的共识。

新中国早期的外援多从意识形态出发，当时全世界的外援都这样。中国当时的外援帮助巩固了同第三世界国家的关系，但阿尔巴尼亚和越南后来的反目，也给中国人留下至今难以磨灭的负面记忆。

中国今天的对外援助早已跳出意识形态框框，以国家外交利益为中心，战略规划性越来越强，与中国经济跨国发展的配合也越来越自觉。外援同时是履行中国的大国责任。但这种履行不再会走向忘我和不顾中国现实的极端。

中国处在民生觉醒的高潮期，要求国内问题优先解决的呼声很具体，有感染力，外交战略层面的理由无法到舆论场上与它们做对比选择，外援很容易成为对国内贫困发泄情绪的靶子。

对公众说用1亿元到中国山区建学校比用来援助也门更重要，在网上获得响应和掌声几乎板上钉钉，然而这的确是根本就不该做的一个对比。中国已是世界第二大经济体，利益遍及全球，中国既要山区教育的改进，也要从中东获得石油的稳定。大国切不能"一根筋"，这个笔直的道理，拿到今天的舆论场反而看上去像是歪的。

这迫使中国近年的对外援助越来越"低调"，中国做了好事正事反而不能说，或者要小声说。而一旦外援同国内某件没做好的事扎堆"赶巧了"，就会酿成轩然大波。

中国的外援规模只能逐渐扩大，不可能缩小。这层窗户纸必须彻底捅破。低调不是办法，只有用进一步的信息公开和操作透明，大大方方，才能建立起外援对反对声音的抗干扰力。

中国的外援预算不应继续保密了。应把它堂堂正正说出来，获人大批准，开始时舆论会有反对声，但应相信理性必将获胜，在公开的争论中，今天互联网上的各种冲动反而会被压倒。

对的终究是对的，在支持或反对外援的问题上，中国人合在一起没那么傻。其实在其他重大问题上，中国公众也绝非不可理喻。互联网上某些"主流声音"对中国社会的代表性并不真实，围绕外援问题，完全可以做一次戳破这种虚假的大胆实践。

(2012.05.25)

美国对华谈"人权"为何总是怪怪的

美国国务院 24 日发布 2011 年度国别人权报告，将中国直称为"独裁国家"，并称中国人权在主要领域"继续恶化"。中国国务院新闻办 25 日迅速发布《2011 年美国的人权纪录》，批评美国在人权的六个方面做得很"糟糕"。中美人权论战再呈针锋相对之势。

美国长年对世界多国发动人权外交攻势，中国是它的主要打击对象之一。随着中国舆论的开放，美国对华打人权牌的成本越来越低，轰动性却似乎在增加，这鼓舞了美国。

其实美国人很清楚，就一般性大众人权状况来说，中国这些年进步很快，中国政府为此所做的努力他们也很了解。美国继续保持对中国人权的批评态度是故意和成心的。华盛顿不仅自己批评中国人权，还在设法影响世人对中国人权的看法，破坏中国形象。

美国的做法就是抛开中国人权进步的基本面，集中讨论中国的个案。所以中国的几个"异议人士"总是被美国挑出来，作为中国人权的"形象代表"，他们同中国体制的对抗被做了更容易打动西方人的包装。从宣传技巧上讲，个案总是更吸引人，因此美国用个别"异议人士"的故事抹黑中国屡试不爽。

从刘晓波到艾未未，再到陈光诚，美国及其西方盟友包装中国"异议人士"已经像流水线一样熟练。其实这些个案都与中国大众人权状况相距甚远，他们的经历和遭遇在中国都是极低概率的，而且这些故事很多与西方发生了奇特的联系。中国人甚至搞不太清楚，这些突出的"异议人士"究竟是"不幸的"，还是"幸运的"。

普通中国人对自身人权的切实感受与美国指责形成的反差正在越来越大。当美国人同我们讲人权时，总让我们觉着怪怪的，散发着来者不善的气味。这种感觉没有错，因为人权牌的确已经成为美国对付中国的战略筹码。

美国并不是真的关心中国人权。从美国的利益讲，中国人权得到改善对美国没有实际好处，而找出中国人权的毛病，进而抹黑并压制中国对美国则很重要。在美国对华经济牌急剧变少，军事牌又不能轻易乱用的时候，美国对华打人权牌正好做到了扬长避短。

中国社会已经融入全球化，但中国的政治特色得以保留，它同世界迄今的磨合制造了中国崛起的惊人空间。但中国社会的政治自信度仍不够高，西方相对富裕小环境里的文明成果令不少人羡慕，能不能或者怎样把这些成果都搬到中国，争论很多。

让中国人全都理解要走一条"自己的人权发展之路"，这很困难。挑出一两个极端例子，来说明中国人权"在恶化"，更容易抓住公众的注意力。要让公众逐渐领悟这种"人权斗争"其实斗的根本不是人权，大概需要一个相当长的过程。

然而可以肯定地说，中国虽有些被动，但美国人权进攻的"法力"不是无边的，它会增加中国的一些麻烦，但仅此而已。中国不需为此烦恼，甚至可以大度地辩证对待外部批评，把它们同时当作加速改进人权的动力。中国应坚持实事求是解决国内问题，这样就能一点点消耗美国的战略压力。

中国公众不是傻子，大家慢慢会把真正的人权同美国人对我们要求的"人权"分开。

(2012.05.26)

绵阳紫荆民族中学是否拆得太快了

香港特区政府收回援建绵阳紫荆民族中学的200万港元，令绵阳当地政府十分尴尬。此前，绵阳当地政府未同香港特区政府商议就拆除该中学，将该址改为商业用地，招商60亿元。这笔投资对当地经济的拉动可想而知，但政府信誉的损失谁能说就更小呢？

从技术上讲，这一地方政府公信危机事件缘于沟通不够。公益事业不能由政府大包大揽，尊重社会对每一步的参与都很重要。参与的前提是协商，这会有些麻烦，影响部分效率，但这些过程同时是公益事业的本质。

香港特区政府这次很较真，其实是对其在香港社会自我信誉的保护。因为香港舆论一旦问责起来将很严厉。中国内地各级政府恰应学习特区政府的敏感，从各种细节上珍惜自己的信誉。

中国地方政府权力很大，这既是效率的源泉，也提高了犯错误的风险。绵阳紫荆民族中学主要用香港援助资金建好仅一年多就被弃用拆除，尽管"此一时彼一时"，当时着急复课，现在着急城市繁荣，但这么快的一建一拆，是否值得当地政府做一些反思呢？

而且是否可以进一步问：如此快的建与拆，以及不同援建方之一的香港特区政府商议，这两个问题是否其实是当地政府使用权力同一种作风的两个表现呢？

我们不能说绵阳政府快速推进招商引资是错的，也不能说雷厉风行应当被谨小慎微或婆婆妈妈取代。但万事都有它的对立面，政府越是有能力主导城市建设，越要尽可能考虑方方面面的感受，甚至应主动给自己找一些麻烦,也别让麻烦找上自己。

政府权力太大或政府使用权力过于随意,一直是舆论质疑或批评公权力的主要方向。实际中的大量批评并非都是理性的,但这些批评的大缘由又并非无中生有。改革的方向之一就是规范权力使用,各地政府应当跟上这个大趋势。

百密也有一疏,一旦出了问题,各地政府应坦诚检讨,这不仅是沟通,也是对待权力的一种态度。权力是人民赋予的,但为什么领导批评就"有则改之无则加勉",而公众批评就可以辩解搪塞呢?

领导一挂帅社会就响应的时代过去了,今后不仅香港民众可能继续较真,中国内地民众对公益事业也会更较真,对政府做的其他事也一样。对来自社会的各种挑剔,政府唯一能做的就是尊重它们和把事情真正做好。谁都可以喊委屈,唯独政府没有权利做这样的抱怨。

中国各地中小城市已被拉上全球化及全国化的大平台,同一个政治标准和道德标准不断向权力运行的每一个角落扫描,中国各地政府的做事规范都需要上台阶,谁上得慢谁就有可能被舆论"抓典型",尴尬甚至出丑。

绵阳紫荆民族中学的事应当成为中国各地官员反思及学习的样本,我们希望今后类似的样本越少越好。

(2012.05.26)

唯联合国有权确认叙惨案元凶

叙利亚霍姆斯省胡拉镇 25 日发生严重暴力事件，共有 92 人被杀害，其中包括 32 名儿童。联合国强烈谴责这一事件，但没有指出灾难的制造者是谁，称有待进一步确认。叙利亚政府同样谴责这一事件，并称武装恐怖分子是元凶。叙利亚反对派和西方齐声宣称事件系叙利亚政府所为，目前有西方借这一事件加强外部干涉之势。

屠杀平民无疑是反人道主义的罪恶行为，我们强烈希望联合国最终认定肇事方。而且我们认为，也只有联合国的认定才是权威的，而叙政府、反对派及西方大国都属于当事方，它们的说法都不能成为国际社会采取进一步行动的依据。

在叙利亚获取真相并不容易。在舆论对攻中，目前叙利亚政府的抗辩能力最弱，因此对叙政府的声音，联合国不应忽略。从动机学角度看，完全看不出制造这一惨案对叙政府有任何好处。相反能够利用这件事加强自己主张的，是打击、压制叙政府的那些力量。

这件事的背景性及根源性原因，是叙利亚当前的失控和混乱。叙利亚国家前途不明朗，巴沙尔政府的力量仍很强，但反对派逐渐壮大的趋势明显，而且现在又出了独立于叙政府和反对派的"第三方力量"，黎巴嫩的一些力量也在卷入，叙危机已成真正的"混战"。

有这样的混战，人道主义灾难无可避免。叙利亚需要结束混乱，重建秩序，但外部一些力量特别是西方的对叙政策是鼓励该国继续乱下去。

西方把巴沙尔政府下台当成彻底结束叙利亚混乱的先决条件，但这一要求违反叙利亚政治现实，推动它的过程只能拿叙人民的苦难当燃料。西方的实际做法就是让反对派逐渐强大起来，耗掉巴沙尔政府的力量，这从人道主义角度看非常可怕。

突尼斯的本·阿里下台用了一个月，穆巴拉克用了 18 天，卡扎菲也只拖了 8 个月。而巴沙尔政府在强大外压下已经坚持了 14 个月，仍无败象。这表明该政权有民意基础，这一政治现实应当成为国际社会处理叙局势的重要基础和出发点。

西方不做调查就一口咬定叙政府是新惨案的制造者，表明它们已经不准备在叙利亚问题上讲理。要求巴沙尔下台是西方的政治决定，而不是出于关心叙利亚人道主义形势和该国人民福祉的决定。

"民主"正越来越多成为西方在世界各地实现政治及经济利益的一种名义，其实用"人道主义"做这样的名义，西方更熟练，经验也更丰富。从前南斯拉夫到中东，西方已经不止一次这样干过，一方面鼓励、挑动当地政治力量的不和，然后以人道主义的名义发动军事干预，除掉西方想除掉的人或政权。

胡拉惨案有可能成为西方进一步干预叙利亚局势的借口，从而导致重大改变。中俄两国应密切关注联合国调查和各方态度，坚决反对干涉主义的歇斯底里升级。

美国实际在叙利亚打的是全球布局牌，它要通过打掉巴沙尔政权来孤立伊朗、削弱俄罗斯。华盛顿的目标太大了，因此未必就能实现。它还是应当回到叙利亚局势本身，恢复"民主"和"人道主义"的纯净。

(2012.05.28)

知识分子应敢于在舆论场说真话

中国以互联网为中心的舆论场在形成一种偏激的强制力，要求公开发言者把批判体制作为基本价值取向。营造这种氛围的人未必很多，但他们很活跃，形成了声势。不少人感受到了压力，说话变得很小心。还有一些人主动配合之，打造自己"民意英雄"的形象。

中国知识分子的说话环境一直不太好，曾在很长时间里受到政府的强有力控制。改革开放以来，来自政府的控制在减弱，在知识分子集中的地方（如大学）尤其变得很弱，但来自舆论场这股势力的压力则快速增加。

这造成与舆论场接近的一些人，走向所有言论都"批判化"的极端。似乎他们看到的所有现实都是负面的，说的每一句话都愤愤不平，都在控诉"公权力"。这同绝大多数人的真实生活和感受显然并不一致，因为通常一个人不可能从未受惠于国家的进步，眼前永远都一片漆黑。

进步而复杂的中国具有多面性，很多人对它的感情同样是复杂的，爱它，但也会恨铁不成钢。这本来很真实，但却不被舆论场上反体制的强制力所接受。那股势力只欢迎"恨"，而不允许"爱恨交加"。

有人认为这种极端的舆论力量是对官方舆论的有效平衡，认为它有总体的建设性，有助于中国社会真正多元化的形成。

但真实的情况是，这种舆论倾向的强制力在明显过头，它没有表现出有自我修正的愿望和能力，而且在西方的鼓励和支持下，出现恶性膨胀之势。它开始打击异己，试图建立话语霸权，并且开始实际影响很多中国知识分子的行为。

我们这里所说的知识分子，不包括"知识官员"和"知识商人"，而特指直接依靠发现、积累并传播知识为生的人。

现在的危险是，舆论场上的偏激力量已经开始控制知识分子当中的很多人，形成对他们的权威。本应以知识和求真为生的人，开始在舆论压力下"挑着说话"，为取悦舆论说"半真半假的话"，甚至直接说假话。

说真话难，中国知识分子的这个老问题如今有了新的缘由。一些人对求真的放弃来得很快，人们没有看到有什么强有力的抵抗发生。

中国需要一批有勇气、有水平的知识分子站出来，敢于同当前不健康的舆论倾向公开斗争，敢于在舆论场上反对西方价值观对中国社会的简单灌输，帮助中国公众建立符合国家现实的价值判断体系。

知识分子可以赶别的时髦，唯独政治的时髦不能赶。当前西方对中国大搞"政治挂帅"，互联网上跟着起哄的人不少，知识分子应当表现出定力，不重复他们在中国历史不同时期曾反复表现出的软弱和摇摆。

知识分子应当努力说真话，这个"真"至少有三个含义：一是与具体事实相符，二是真心话，三是它们应当自然多元，而不是为了某个目的组织得高度一致。

互联网渐渐成为中国舆论的主导性载体，然而它的价值取向与中国社会的真实价值取向有差距，而且这个差距在扩大。对此政府需要反思，然而在政府影响舆论的能力随着国家改革必然下降时，民间一些力量必将承担起更多的责任。

今天舆论场对"真"的定义是扭曲的，扭转这种扭曲，离开知识分子的大规模参与不可能做到。

（2012.05.28）

中印争夺缅甸之说让人啼笑皆非

印度总理莫汉．辛格今天结束为期3天对缅甸的访问，印度媒体以及欧美媒体都将辛格此访与中国的利益往一起扯。意思是：印度准备高调发展印缅关系，这将使中印对缅甸的"竞争"浮出水面。

不知道中国在缅甸的外交官是否这样想了，反正中国社会压根没把辛格的访问当一回事。中国要同印度争夺缅甸，这种说法在我们听起来啼笑皆非。

尽管有中国公司因缅甸近来的变化受了损失，也有中国的生意人希望能把缅甸的商机独揽在手里，但这都是商业利益层面的具体好恶，完全不代表中国人对缅甸的普遍态度。大多数中国人愿意缅甸开放、民主，我们不希望它是只同中国交好而排斥世界、由军政府控制一切的奇怪国家。

中国自己就是完全开放的，我们对独霸一个国家的对外交往不感兴趣。这样的国家关系不正常，因此不可能持续。而且历史已经证明，这种关系给中国带来的麻烦常常大于带给我们的好处。

不仅缅甸，我们也欢迎朝鲜对外开放，同韩日、也同美国发展正常国家关系。

中国有缅甸不因对外开放而削弱对华关系的自信。中国是缅甸的邻国，也是它经济、政治及军事力量最强大的邻国，我们鼓励它去国际大舞台上寻找自己国家利益的最佳配置，我们坚信，中国在缅甸国家利益中所占有的突出位置，不会因为缅甸的扩大开放而改变，我们相信缅甸人不傻，他们对这一点看得比其他人都更清楚。

我们很愿意看到印度及西方国家向缅甸投资,把缅甸带向繁荣。这只会给邻近缅甸的中国省份创造新机会。我们倒是有点担心那些国家与缅甸合作"只打雷不下雨"。

印度一些媒体很喜欢炒作"中印竞争",不知道他们是否在通过这样的炒作满足与中国平起平坐的感受。普通中国人对印度的了解就是几部电影、边界新闻和中国背包客从印度传回的零散信息,印度还远未进入中国主流社会谈到"竞争"时能够想到的国家。中国人对印度的期望尚停留在"友好"和"少找点麻烦"的阶段。

目前印度吸引中国人注意的都是些对抗性信息,我们对印度做什么都拿中国当目标、做借口既不理解,也不愉快。我们认为一个国家建立自尊和骄傲的过程未必只能是这样的。

祝印缅关系发展顺利,也祝印度越来越好。我们认为它们的发展和进步都对中国的利益无害。对于这些发展有可能给中国带来具体的不确定性,我们很坚定地认为,中国很大,而这些不确定性相对很小,中国有足够的能力应对、消化它们,并顺势找到各方都赢的新空间。

(2012.05.29)

反腐败是中国社会发展的攻坚战

铁道部原部长、党组书记刘志军昨天被宣布开除党籍，其涉嫌犯罪问题移送司法机关依法处理。这一消息再次触动了公众关于腐败那根最敏感的神经。从全国范围看，腐败官员落马的消息的确不断冒出，给人贪腐者"前赴后继"之感。没少抓，但像是抓不完。这究竟怎么回事？

中国显然处于腐败的高发期，彻底根治腐败的条件目前不具备。有人说，只要"民主"了，腐败问题就可迎刃而解。然而这种看法是天真的。亚洲有很多"民主国家"，如印尼、菲律宾、印度等，腐败都比中国严重得多。但中国很可能是当前亚洲"腐败痛苦感"最突出的国家。

这跟中国"为人民服务"的官方政治道德在全社会深入人心有关。但现实是，市场经济冲击了它的落实，敷衍甚至背叛它的官员从各种制度的缝隙中不断漏出。中国是全球化很深入的国家，发达国家廉洁的高标准已被中国公众见识，这些不同时代、不同条件下的信息强行压缩在中国舆论场上，痛苦和纠结因此无法释怀。

腐败在任何国家都无法"根治"，关键要控制到民众允许的程度。而要做到这一点，对中国来说尤其困难。

新加坡和中国香港地区实行高薪养廉，美国的参选者很多是富人，一般人当了官后积累名望和人脉，卸官后可以通过各种"旋转门"把这些积累全变成现金捞回来。而这些路在中国都是死的。

给官员大规模提薪，中国舆论断不会接受。官员退下来后一转身利用影响和人脉赚大钱，制度就不允许。让富豪们去当官，更让人觉得

"变味"。中国官员的法定工资很低，一些地方官员的福利常常通过"潜规则"实现。

整个中国社会现在都有些"潜规则化"，医生、教师这些涉及公共福利的行业也在流行"潜规则"，很多人的法定收入不高，但有"灰色收入"。

哪里是"潜规则"的边界，这点并不清楚。这也是当前腐败案较多，而且有些是"窝案"的原因之一。民间流行"法不责众"的说法，一旦有哪个官员相信了此说，并且以为"别人和自己一样"时，他就已经十分危险了。

必须对腐败分子进行严厉查处，决不姑息，这可以极大增加腐败的风险和成本，起到必要的震慑作用。官方必须以减少腐败作为吏治的最大目标。

民间须坚决加强舆论监督，提高官方推进反腐败的动力。但民间也要在大道理上理解中国无法在现阶段彻底压制腐败的现实性和客观性，不举国一起坠入痛苦的迷茫。

写这些话，决不意味着我们认为反腐败是不重要的、可以拖延的。相反，我们认为反腐败确应成为中国政治体制改革所要解决的头号问题，它也是整个国家的共同追求。

然而我们认为，反腐败不完全是能够"反"出来的，也不完全是能够"改"出来的，它同时需要"发展"帮助解决。它既是腐败官员自身的问题，也是制度的问题，但又不仅仅是。它还是中国社会"综合发展水平"的问题。

反腐败是中国社会发展的攻坚战，但它的胜利同时取决于其他战场上对各种障碍的肃清。中国不会是其他方面很落后，唯独官员们很清廉的国家。即使一时是，也持久不了。反腐败是中国的突破口，但这个国家最终只能"综合前进"。

(2012.05.29)

西方才是叙乱局的主要责任方

胡拉惨案似在将叙利亚推向新阶段，CNN28日一篇题为"只有俄中才能阻止叙利亚大屠杀"的文章宣称，俄中对巴沙尔政府的支持是叙利亚局势动荡的重要原因。这种陈词滥调自俄中就叙利亚议案投否决票以来，在西方媒体上一直绝于耳。

然而这种话完全说反了。如果真要在叙问题上找一个责任方，它一定是西方。对叙利亚危机西方从一开始就泼油添薪，推着局势朝失控的方向走。胡拉这样的惨案在叙今天的乱局中迟早会发生，华盛顿和欧洲大国的政府应当承担主要道义责任。

俄中两国主张通过和平手段解决叙冲突，这是对叙利亚人民痛苦最小的变革选择。但西方把巴沙尔政府下台作为结束叙冲突的先决条件，这差不多等于把和平之路堵死，逼叙利亚各派去战场上决一雌雄。

西方是叙局势迄今发展的主导者，俄中是平衡力量。一旦失去俄中的平衡，叙利亚必将走向全面战争。俄中被西方骂，恰恰说明俄中的作用使上了劲，只是俄中的用力方向让西方不愉快。

俄中追求的东西简单明了：叙利亚和平，两国关注的是局势本身。西方则只要符合其利益的叙利亚及中东政治安排，因此巴沙尔政权下台是第一位的，和平是第二位甚至可以是末位的。

西方的手段是制造叙利亚局势生变。首先通过政治及经济制裁孤立巴沙尔政权，同时扶持反对派，强行制造叙内部力量对比的此消彼长。其目的是把越来越多承受不了制裁的百姓推向反对派，最后给巴沙尔政权致命一击。

然而巴沙尔政权并非没有执政根基，它的支持者至今有该国一半民众。铲除这个根基的过程对叙利亚人民来说苦不堪言，西方的这一战略是建立在叙人民的血肉之躯上，是对叙2000多万民众命运的绑架。

在有了西方干涉利比亚造成大量人员伤亡的前车之鉴后，俄中不会再在叙问题上由着西方乱来。这种随意干涉别国内政的做法一旦合法化，世界将会出现一长串以颠覆政权为目的的战争，历史怎么评价它们我们不知道，但它们无疑是当代人的梦魇。

西方如果以为它们的价值观和意志应当成为世界政治的统一模具，并且为了推行他们的标准可以使用任何手段，那他们就不应指望俄中会成为合作者，相反，俄中一定会挡它们的道。

西方在冷战结束后其实并没有真正赢过，它们颠覆了一些小政权，但政治收益往往是短线的，相关国家内部拒绝在政治上服从它们的根源并未消除。所以就有"半吊在那里"的阿富汗和伊拉克，有从埃及到利比亚的不明朗。西方的干涉活动常常跟主要大国时任领导人个人及其所属党派当时利益有关。

叙利亚局势如今已乱成一团，俄中应劝说叙政府军对在冲突中使用重型武器尽量克制，也尽可能阻止、拖延西方对反对派的武装。西方舆论会因此攻击莫斯科和北京，但让它们攻击好了，俄中本来就没指望它们赞扬。然而历史会证明，俄中的做法无愧于叙利亚人民，也无愧于国际社会对和平说出来的以及没有说出来的向往。

(2012.05.30)

坚定不移走人民币国际化道路

中国外汇交易中心29日宣布，自2012年6月1日起银行间外汇市场将完善人民币对日元的交易方式，发展人民币对日元直接交易。这是我国首次开展除美元外人民币与别国货币的直接交易，被认为是人民币国际化战略的关键一步。

中国经济总量已经接近美国的一半，一般预测认为，中国将在未来15到20年追上美国经济总量。然而中美经济的实际力量差距比规模数字所显示的要大得多，除了我们的创新能力弱，缺少核心技术和品牌外，中国的金融弱势其实是最危险的。

中国金融弱，首先就弱在人民币上。人民币至今基本上还是中国国内货币，虽然持人民币在一些国家银行能兑换当地货币，在与我接壤的有些周边地区甚至可以直接"花"人民币，但这都是皮毛级的。人民币同其他任何货币的关系都要通过美元，美元是中国与世界经济之间的"独木桥"。

"独木桥"的风险可想而知。因此人民币国际化虽然同时有很多"坏处"，但这早就不是"搞或不搞"的问题，而是方式和时间表的问题。

实际上人民币在结算层面的国际化已经开始迈步，而且走得不算慢。2009年7月开始试点用人民币结算外贸，2010年共结算中国外贸有5000亿，约占外贸总额的2%。去年是2.58万亿，约占9%。今年预计达到3.74万亿，约占15%。中国希望这个数字到2015年能占外贸总额的30%左右。届时美元的直接风险将得到很大规避。

但人民币与日元直接交易，是人民币新一轮更高层面国际化的开始。人民币只有继续完成同欧元、英镑等国际货币的直接交易，克服这一过程对自身的风险，并能证明给外部带来的利益大于风险后，才能逐渐建立国际信誉，在国际外汇市场上站稳脚跟。

美元占全球外汇储备的60%以上，各国储备每一美元都意味着分给美国一点利益。人民币一旦最终挤进国际储备货币的行列，意味着真正动了美国的奶酪。因此第一，中国有这个本事肯定很不容易。第二，美国在这当中增加中国挤进来的难度，是对美国人来说天经地义的。

中国为此需要变得更加不怕风险，敢于承担责任，为了人民币成为国际货币的大利益，勇于做一些国内舆论未必能理解的国际付出。

在现行国际货币体系下，迄今的中国货币政策中有相当多的成分是对美国货币政策的被动追随，或对其负面冲击的被动冲销。推进人民币国际化重要目的之一就是尽可能消除这种被动。但随着我们越来越多地从货币霸权国家那里赢回货币政策主动权，我们的货币政策也越来越不能单纯考虑自己，而是需要兼顾贸易伙伴的利益及感受。

中国社会的金融知识普及率很低，舆论又处在开放不久跃跃欲试的兴奋期，对贸易平衡、国际援助等，决策机构与公众的沟通难度非常高。中国金融政策制定部门的授权必须足够大，以确保他们未来的工作不被突如其来且很不专业的舆论所质疑左右。

人民币彻底国际化是一项时间跨度很长的伟大工程，它看上去与我们日常生活无关，却将极大改变中国全部经济运行的内外环境。这需要强有力的决策能力，也需要坚定的政策延续性。犹豫、软弱和非经济因素的政治干扰都可能将中国推向错误。

人民币国际化道路和归宿不会与日元命运相同。日元上世纪80年代的国际化与日本经济后来的衰退形成"巧合"，人民币背后的经济前景更宏大，政治因素更牢靠，我们的"运气"也因此应当更好。

(2012.05.30)

美国若趟乱亚洲，累的不只中国

美国国防部长帕内塔5月30日启程访问亚洲，除了在新加坡参加香格里拉安全会议，还将访问越南和印度。这已是他不到一年里第二次来亚洲，他的"二进宫"成了美国"重返亚洲"有些"急匆匆"的最新象征。

其实美国从未离开亚洲，奥巴马政府使用"重返"的概念，只是想说布什政府把亚洲"忘了"，而他这一届在做把美国战略重点从中东十年反恐拉出来的"拨乱反正"。

对亚洲来说，中国崛起带来的经济实惠不少，但中国是世界、当然更是亚洲的最大变量。能有美国主动愿意"回来"对中国因素做"平衡"，在一定程度上受欢迎几乎是天然的。

然而亚洲变化的不只是中国。这里是新兴国家扎堆的地方，各家都同时有多个方向的抱负。想在经济上借中国的势，想在国内政治上摆脱这些年的混乱或迷惘，还想在解决领土纠纷上尽量多捞好处。

亚洲纠纷不断，而且经常陷入僵局，但各国的总意愿都是发展和繁荣，没哪个国家真有折腾的兴趣。亚洲当前民族主义高涨，但它的寄托物都不是国家的战略目标，而是些很具体的国家间摩擦。因此这些民族主义并不扎实，并非各国公众情绪的真正核心。

这样一来，美国"重返亚洲"同地区国家对它的欢迎虽然表面上一拍即合，但绝非是抱成一团的亲密。亚洲国家有太多需要认真拿捏的"度"，跟美国走近但又不能贴得太近，对中国搞防范但又不能伤了对华友好和合作。

美国自己也是"摸着石头过河"搞"重返"的，它希望周边国家与中国离心离德，但又不愿意它们真的在海上同中国冲突，把自己卷进去。因此华盛顿的表态有时清楚有时模糊，而且经常前后矛盾。

亚洲这盘棋已经有点被美国趟乱了，但这一乱，累的不只中国。各国都累，美国也一样。它把驻军挪来挪去，安抚这个再安抚那个，它从中得到的最大收益是对焦虑中国崛起的安慰，并没有什么别的实际兑现。

中国应静下心来，同美国在亚洲做战略周旋。我们的麻烦虽然更直接些，但它们都不能真伤着我们。只要我们对环境乱了，麻烦来了这一现实"习惯了"，就会发现我们并非处在什么特殊的时期，我们处在中国崛起总体顺利又有大量具体麻烦的正常路上。

美国在亚洲说几句话，来几艘军舰，调几千军队，对洪流一般的中国崛起来说，如同扔进来几个沙袋。中国应该自信，并让亚洲国家看到我们的自信。这样亚洲内部的相处就不会被沙袋溅起来的浪花冲得歪七扭八。

欢迎美国继续在亚洲发挥建设性作用，中国越自信，就会越有心情利用美国的作用，而不是抵触它。

新加坡曾有学者说：1000年后中国肯定还在亚洲，但我们不知道100年后美国是不是还在这里。这是句大实话，只要中国保持发展势头，我们就用不着提醒周边国家记住它。

(2012.05.31)

中国经济转型的决心需要很坚定

中国今年以来的实际经济数据同计划数据是近年来最接近的之一，但招来的"失望声"似乎也是最多的。最近全球舆论界纷纷猜测中国是否会出台"2.0版4万亿刺激计划"，新华社前天明确否定了这种猜测，亚太股市全面下挫。

情况表明，中国经济增速应当降下来的口号虽然喊了多年，真到下降临头，社会的种种不情愿就开始上浮。中外其实都有嘴上不明说，但却把中国经济再朝"高增长"推的动力。

中国不走4万亿刺激经济增长的老路，并非当时那样决策就错了。此一时彼一时，当时的情况很危急，不被美欧金融危机拽下深渊是那两年中国经济的头等关切。但那个关头过去了，今天中国经济的困难显然不是"危机型"的。

中国今天更多处于"常态"中。国内经济问题如消费拉动还不够高，投资规模有波动，都不是新的。出口难做也并非头一次遇到。再拿几万亿出来搞刺激，其产生正面作用的空间比上一次要小得多，而负面作用即使仅仅是上一次的重复和叠加，也够中国呛。

我们既然决心搞转变增长方式的经济转型，就应把这个决心坚持下去，不能刚遇到一点困难就发生动摇，在到底要什么的问题上患得患失。

老增长方式持久不了而且负面性难以消化，这个判断经过了千锤百炼，我们不可因为转型的风险大，就回到老路上躲避风雨。

中国社会正逐渐形成一种不该有的"潜共识"，那就是，中国经济的高增长必须不间断持续下去。似乎中国人的福利、中国的社会稳定，甚至执政党的合法性都系在"中国经济保持高增长"上。

中国经济需提高增长的质量，要维持资源利用的可持续性，以及任何国家不可能永远高增长，这些话显然不是所有人从一开始就说得发自肺腑。

中国决不可把这个国家的"正确性"以及全社会运行的支点完全放在高增长上，因为历史上的确没有过连绵不断的高增长，某种形式的经济危机任何经济体都领教过，中国实在没有理由把自己当成"神"。

中国经济这一轮的一帆风顺经历了较长时间，但我们不应放弃承受力的建设，无论经济本身，还是社会心态，包括政治结构，都应有能力承受一段时间内的经济不景气，这样的宽松量是中国向前走必须有的弹性。

一个好的社会运行体系就是能抓住发展的机遇，同时在节奏的任何位置点上都能游刃有余，在高峰大张旗鼓，一到低潮就乱成一团，这种"打摆子"型的国家不会有前途。

中国现在不仅有空间和资源，而且也还有时间建立"全天候"的发展适应性。中国经济在今后一些年仍将是世界最好的之一，中国城市化和人民对更美好生活的追求将提供源源不断的动力，短时间内各种问题都可能发生，但长期的经济向好确定无疑。

要把实事求是带向经济计划的制定和对社会预期的引导上。过去30多年，中国经济堪称世界性传奇，但中间的大问题也出过。今后30年很可能还是这样，每一段具体时间内都问题重重，但连起来看，所有嘈杂最终都汇成中国向前走的咚咚脚步声。

社会永远有具体的抱怨和不满，以及失望，但要让社会有整体的乐观和信心，与中国的宏观真实情形相对应，这是世界发展最快的大国必须认真做的。

(2012.06.01)

中国应反对朝鲜将拥核"宪法化"

朝鲜日前宣布已将建设"有核国家"写进宪法，美韩公开表示反对。中国不应同美韩等合为"一股力量"压朝鲜，但中国也有必要对朝鲜的做法做公开批评，明确反对朝鲜试图将"有核"合法化。

拥核看起来已是朝鲜的既定方针，朝鲜的目的是熊掌和鱼两者兼得，既要拥核，又要维护自己的其他利益，因此在核问题上退一步、进两步。它前些年就是这样过来的，金正恩新政权大概会将这套国家策略作为政治遗产继承下去。

中国应为阻止或延缓朝鲜拥核做出努力，即使不管用，也要公开反对朝鲜拥核的每一个危险动作。在对朝问题上，两国友好史应成为帮助彼此坦率沟通的资源，而不应变成限制中国表态的历史和意识形态包袱。

朝鲜拥核一旦事实上"合法化"，必将再次刺激日韩的拥核冲动，并有可能带来台湾也要求核武化的连锁反应。那将是中国大陆面临的最大挑战。中国必须在台湾拥核之前完成统一，否则这一历史窗口何时重开将遥遥无期。

中国应对美国反对东亚国家拥核的态度给予肯定。美国反对朝鲜拥核虽然是自身利益使然，但客观上压制了韩日的核武要求，抽走了多米诺骨牌中关键的两张。制止核扩散应是中美在东亚合作面最多的领域之一。

中国应坚持核不扩散条约的基本原则，反对朝鲜的核武装选择。中国公开反对朝鲜将"有核国家"写入宪法很可能不会有实际效果，但这会加强整个地区反核扩散的氛围，也有助于塑造中国负责任大国的形象。

不应让朝鲜的各种过激行为绑架中国，中国应保持在原则问题上不断向朝鲜亮明立场的自由。处好中朝关系的"常识"应是友好相处，互相尊重对方的战略利益和安全关切，而现在的问题是朝鲜不断出轨。必须让朝鲜在两国关系上回归"常识"。

对朝关系是复杂的政治，但中国一定要坚守原则和底线，不被各种包袱和一些想象中的战略关系误导，力求从意见到举措的务实。朝鲜应逐渐对此适应，两国关系不能永远"敏感"下去，从长远看那会误导两国对彼此的战略判断。有些该放到桌面上的话不妨就放到桌面上，相信中朝关系能受得起这种实事求是的洗礼。

朝鲜把"有核国家"写入宪法尚属"文攻"，现在最应防止其搞第三次核试验，假如平壤再次通过"退一步，进两步"策略强行突破这一底线，那将是东北亚安全难以承受之重。除了内部劝说，中国应把反对声现在就大声讲出来。

中国这些年的半岛政策总体上是对的，稳定中朝关系的大局对一言难尽的中美复杂博弈很重要。由于形势在变，中国在维系中朝关系的方法上做些调整大概无可避免。

中国有充裕的资源可以用来支持这种调整，我们需要这样做的意志。我们比朝鲜的战略关切多得多，这意味着站得更高。对朝鲜拥核采取更严厉的态度绝不仅仅是为了中国的利益，因为中国为地区负责，包含了为朝鲜负责。朝鲜虽然不高兴，但我们应当有信心，它能够接受并适应中国的做法。中朝关系没那么脆弱。

(2012.06.02)

不同美国斗力，要斗智慧斗胸怀

美国防长帕内塔在新加坡香格里拉论坛上重申美国"战略东移"，并宣布美国战舰的60%将部署到太平洋。他同时否认此举意在遏制中国。他的否认虽然很可能不是"100%的假话"，但全世界都不会有人敢把它当真话听。

还是说"战略东移"吧，美国喊它不只一年两年了，随着中国崛起，谁在美国的位置上大概都会这样做。中国既然要发展，就得承受这个压力。中国带来了世界格局的深刻变化，这种变化令很多力量惴惴不安，他们的不安会转化成一些行动，最终压力都会返回到中国。

客观而言，美中目前的博弈方式是人类历史上霸权国同崛起国之间最文明的。中国对利益范围扩大的处理很克制，美国也未因防范中国而公开撕破脸皮。现在要防止两国对最坏情况的准备成为中美关系的主导内容。

从中国方面说，我们需要针对美国的部署做认真的反部署，但不应一提中美关系想的就是这件事。从长远看，美国有可能把更多军事力量部署到亚太，那又怎么样？中国必须像美国人说的那样，最终拥有在近海的绝对反介入能力，包括反航母能力。美国航母在中国周边海域的实际威慑力只会越来越低。

除此之外，中国应有足够的信心，中国崛起是挡不住的，其实美国搞战略东移也是对中国崛起没有办法时的无奈安排，有自我安慰的因素。中国崛起的内容如此丰富，怎么可能是调动几只军舰就能遏制的。如果真那样，未来的国际关系倒会简单得多。

中国将在未来很多年里劣势于美国,中国的结盟能力也将大大逊于美国。中国前进一步,来自美国的压力就会上一个等级,如果美国仅仅搞些"小动作",我们就感觉压抑得喘不过气,那我们就应该趁早向西方屈服,华盛顿怎么说我们就怎么做。

中国没必要对美国硬碰硬,或者说硬碰硬是中国与美周旋的下下策。中国的上策是让美国的军事部署派不上用场,而把两国的博弈尽量朝中国力量增长更快的方向引。中美经济的发展趋势是你中有我,我中有你,这种搅成一团的拉扯对弱的一方更有利。

中美目前没有直接军事冲突的紧迫威胁,但都对它的出现有所担心。这种担心不应被刻意转变成存心要打一仗,以此证明自己国家"有力量"或者"有骨气"的愿望。

但这些不意味着中国可以允许美国的对华防范性部署肆无忌惮。中国需要多探索一些阻止美国介入的方法,并为此做不厌其烦的细致工作,从而增加美国部署的地缘政治和地缘经济成本,令其投鼠忌器。

我们必须清楚,崛起时代的中国安全是很昂贵的,中国保持和平,有可能不比打仗的经济成本更低。为阻止美国的"战略东移"在中国周边扎根,彻底改变亚洲的国际关系环境,中国就得准备做些付出。

美国直接用军事力量摧毁以中国崛起为中心的亚太运行图的可能性很小,但美国会利用军事压力造势,扰乱亚太国家对局势的判断,制造中国犯错误的机会。如果中国发展不下去,表层原因将五花八门,但美国的遏制将是根源性缘由之一。

中国不与美国斗力,要斗智慧,斗胸怀,斗坚持。中国的体量这么大,遏制中国根本无从下手。时间一年年过去,光是中国市场的逐渐变大带给世界的好处,就能帮我们大忙。中美的博弈形势绝不仅仅看谁在太平洋的军舰多。

(2012.06.04)

中俄协作应超越"盟友"或"非盟友"

俄罗斯总统普京今天起对中国做国事访问，并参加上海合作组织元首峰会。这是他重任总统以来首次访问中国，也被广泛认为是他上任后首轮大跨度出访的真正重头戏。

中俄关系自然成了世界媒体分析普京此访的核心议题，几乎无人怀疑它在普京的六年任期内将得到新发展。

西方在同时压制中国崛起和俄罗斯的复兴，这从一定程度上推动了中俄的走近。仅仅从国际战略格局看，中俄全面战略协作伙伴关系就像炉子上有一壶水，即使中俄不添柴烧它，都会有人"帮"着添柴。

然而中俄关系不光是外力决定的，中俄两国的战略深层利益重合度高，两国都有较强的政策延续机制，确保了中俄战略合作一直没有发生大的意外。过去二十年中国有过领导人交替，俄罗斯则经历了三任总统，但中俄关系向上走的趋势却超级稳定。对于两个相互完全独立的大国来说，这的确很难得。

"全面战略协作伙伴关系"，这是中国对外关系中定语最长的之一。中俄不是盟友，但在伊朗、叙利亚等重大热点问题上有了特殊的"协作"，现在看来，未来的这种协作只会增多，而且它已成为国际社会对中俄外交一项相当稳定的预期。

中俄对相互支持和借力越来越不隐讳，这是对的。曾有过一段时期，中俄都担心彼此走得过近，或者过于张扬彼此的走近，会消极影响各自同西方的关系。而实际情况是，中俄越紧密，西方越不敢小瞧它们当中的任何一个。

中俄应把两国全面战略协作逐渐打造成国际关系的基础塑造力之一。随着两国国力的不断发展和恢复，两国有能力阻止世界秩序的单极化，不让西方大国当前对世界政治的主导继续随心所欲下去。

重视发展中俄关系已经成为两国领导层的跨代传统，今后需把对方对本国重要性的认识向两国精英和普通民众层面进一步推进。而这项工作对两国来说大概都非"举手之劳"。

中俄关系至少还有以下几个问题和障碍。一是西方对两国的知识精英都有较大影响，西方挑拨中俄关系不乏工具和手段。二是中俄的民间具体摩擦呈上升之势，两国目前靠大事化小来解决，依法公平处理的渠道尚不通畅，更未成为习惯。三是两国彼此仍存有戒心，两国社会对对方的不确定性都有一些想象。

这三个困难都几乎是不可消除的，发展中俄关系不仅意味着多搞合作项目，它的其中一个含义是增强两国对彼此具体利益摩擦的承受力，以及两国民间在冒出突发事件后，能从较为激烈的情绪很快恢复常态。

中俄都有较长时间的舆论控制传统，对两国间出现的问题，喜欢低调处理。这种方式今后很可能失效。两国应让对彼此友好的战略理性在民间真正扎根，出一次问题，让两国关系通过对其处理得到一次巩固。

普京是中俄把全面战略协作伙伴关系进一步做实扎牢的机遇性关键人物，这次访问有打开这个机遇大门的意义。希望他不负众望，有能力把他对中俄关系的战略性理解传递给俄罗斯社会。中国人也应抓住这个契机，将我国这一全方位的外交战略屏障做面向未来几十年的巩固。

（2012.06.05）

美馆应积极回应环保部的呼吁

环保部5日呼吁"个别驻华使馆"停止向中国社会发布PM2.5监测数据,认为该监测不符合国际通行的要求,既不严谨也不规范,做这样的公布违背了维也纳外交关系公约和领事关系公约。环保部同时提到了"不干涉他国内政"原则。

环保部虽然没点名,但谁都知道指的是美国驻华使领馆。美国驻华使馆自行监测PM2.5数据去年年底以来激起轩然大波,成为中国国内一些人指责官方监测数据"有假",以及声讨官方推动环保不力的"持续证据"。

美国使馆公布的数据只是本馆区的空气质量,而且是非专业性监测,它的"不严谨不规范"的确是事实。而对中国空气质量做监测和数据发布,也确是中国政府的公共权力。环保部要求美使馆停止发布数据,在法理上是站得住脚的。

有一种批评认为,美使馆搞PM2.5监测并公布数据有很大的"私心",因为它想为其馆员们多争取美国政府的驻外使馆人员空气污染补贴。从利益上说,不排除他们有愿意把中国空气质量往差了说的动机。

无论是这种"私心",还是出于要给中国社会制造话题的"公心",美使馆都开创了中美关系史上的一个先例:外交官能持续影响中国公众的某个关注方向及态度,而且这种影响是通过用片面信息刺激中国公众情绪实现的。

在中国舆论的现实环境中,美使馆信息的片面性被淡化了,相反它被很多人当成"更真实、更准确"的监测,尤其成了互联网舆论认识空气质量这一复杂问题的出发点。自PM2.5成为热点后，中国的环保问题显得更加紧迫。

必须承认，美国使馆的行为客观上促进了中国环保向更高目标迈进，捅开了一些中国公众过去不熟悉的问题。或许也是因为这一正面效果，中国官方和媒体都没有在一开始抱怨美使馆什么。

然而事情在逐渐变味，中国环保部门在加快推行更高精度的监测，但美国使馆有很多漏洞的做法却成了"标准"，中方公布的数据被一些舆论不断拿来同美使馆数据对照，造成更严谨的做法不断被美馆有缺陷的监测干扰。

此外美使馆这样深度卷入中国社会内部的争议，而且持续这样干，显然有意将这种违反外交公约的做法常态化，逼中国默认。对此中国确实无法接受，因为这意味着给美使馆今后公开干预中国内部事务开一个口子。

然而昨天环保部没点美国的名，中方是否决心就此事对美馆依国际法进行交涉不很明朗。即使这样，如果美国使馆消极回应，继续我行我素，将给中方出一个很大的难题。因为中美的这个冲突通过环保部昨天声明实际已经公开化。中方目前没有自然消化美方行为的软实力，大概只能想其他办法阻止之。否则就将外交丢脸。

对此次纠纷，中国官方自有值得自我反思之处。为什么美国使馆一个不完整的数据能有这么大的力量，有这么多的追随者，并有很多中国媒体愿意炒作配合。根本原因在于舆论对官方环保数据一直信任度不高，官方的公信力在互联网时代出现了亏空。

公信力的问题需要中国官方下大力气逐渐解决。但眼下，中方面临既然提出要求，就要实现这个要求的考验。这是国际政治常识。如果环保部昨天只是通过不点美国使馆的名发发牢骚，讲一些环保监测的原理，那完全可以找一种更恰当的方法和场合。

(2012.06.06)

上合组织不会做北约的"陪练"

西方舆论高度关注正在举行的上合组织北京峰会，一些评论大谈它冲着美国和北约的"对抗性"，甚至有媒体将它称为"东方的北约"。这不仅是冷战思维，而且是小心眼的。

美国的精英们在表现"霸权"的心理脆弱。在他们眼里似乎什么都是挑战。中国和平崛起是战略威胁，中俄及中亚一些国家搞区域合作也需高度警觉。历史上的大国对抗史看来让他们刻骨铭心，淡化对抗甚至设计些超越对抗的东西，对他们来说都是邪门歪道。

上海合作组织的初衷就不是为了对抗谁，如果它有这个潜在政治目标，在美国和西方对世界安全领域呼风唤雨的时代，发展的阻力就会大。因为这样做没有前途，是成员国拿自己的地缘政治利益下毫无意义的赌注。

上合组织在有一大堆"明显障碍"的情况下居然很顺利地发展了起来，根本原因在于它契合了这个复杂地区各成员国求发展、想稳定的愿望，它实事求是，能合作什么合作什么，意见不一致的暂时放一放，各国的利益都因该组织锦上添花，没有谁失去什么。

上合的迅速成型显示，意识形态和价值观，以及围绕地缘政治的不同理解和雄心，都不是国家间开展双边及多边合作的真正障碍。国际关系正从对政治权力毫无节制的追求中慢慢走出来，一些新的元素和方向则从旧国际关系的疆域和废墟上逐渐成长。

比如西方媒体经常议论中俄"争夺"上合组织的主导权。这是典型老套的思想方式。中俄单独"主导"上合组织会有什么好处吗？一个简单的事实是,中国和俄罗斯各自国家的战略关切及困难,都不可能通过"主导"这个组织来解决。

上合组织是本世纪成立并最能与"朝阳"这个词相配的国际组织,一些国家特征完全迥异的地缘政治主体都对它表现出兴趣。它的生命力就在于抛弃了旧思想和旧套路,它根本就没想成为西方预言它"搞不成"或"前途不妙"的那个"北约"的同类物。

上合组织应坚持自己的发展宗旨,不受西方一厢情愿的评论的干扰,坚持面对本地区的现实,对所有成员国的利益只做加法,不搞减法。同时要坚持它的开放性和包容性,同本地区或部分重合地区的其他国际组织良性互动。

上合组织的新合作不需强推,而应尽可能追求水到渠成。随着中俄的快速崛起和复兴,以及中亚国家发展的不断再启动,地区合作尤其是经济合作的现实需求必将绵延不绝,加强上合组织也将获得顺势而为的巨大机会。

上合组织搞好了,中国安全就有了陆上纵深性保障,国家发展更有了西方和东亚之外的开放面。因此为推动上合组织的稳定发展,值得中国花一些精力,投入一些资源。

北约现在很尴尬,无所作为,它就会被淘汰。但盲目作为,北约只会到处受质疑。它似乎很想抓上合当它的对立面,彰显自己"仍然有用"。

然而上合组织显然不会做北约的"陪练"。这一地区的人们现在满脑子都装着现实主义的东西,能把"军事同盟"这一浪漫设想与"上合"连在一起的,只有神话。

(2012.06.07)

高考表现了整个国家的复杂性

世界最壮观的升学考试这两天正在中国举行。915万学生同时走进31万个高考考场，这相当于两个挪威的人口同时参考。中国能把这么大规模的考试组织下来，保持规则的较高水平执行，这在一定程度上告诉我们，中国社会的现代化质量或许不像我们通常认为的那么低。

高考是中国社会比较真实的一面镜子。它把全国的大多数人都直接或间接卷入，而且向全社会的渗透比较均匀。中国的整个教育体系实际上是以高考为中心，向两端发散的。而中国社会阶层的演变及人们从下层向上一层运动，高考都是最关键的枢纽。

高考是对公平原则执行最严格，但也是从最初设计就含有不公平因素的超级社会系统。它包含了中国人对公平的向往，和对在现阶段无法完全实现公平的无奈。高考的录取工作不断堵塞以权谋私的渠道，而且效果斐然。但"关系"的钻营也很顽强，它在规则的边缘像挤牙膏一样寻找机会。

高考被置于绝对舆论监督之下，对高考制度的利弊争论也是中国各种讨论中最充分的。高考的弊端很清楚，但真正改掉它们，却面临可能导致更多弊端的困境。一些初衷善良的改革设想因在执行中被扭曲而难以为继，并使新改革措施的出台更加艰难。

中国的高校这些年大规模扩招，初高中教育变化很大，学前教育和课外教育十分繁荣。但就是高考这个"纲"变不了，一些小的修改从未动摇它的本性。

高考对整个国家的复杂性有很强的表现力。你无法简单说高考到底好还是不好,我们似乎是在各种弊端之间选了一个相对最不坏的。我们都认为高考应当改,但经历了或听说了种种曲折之后,大多数人又认为高考的基本精神是应当坚持的。

高考本身是相对公平的竞争规则,而且不断得到完善。但高考规则的运行环境遇到了社会其他变化的侵蚀。中国的基础教育在分化,城乡的不同出身以及家长不同的钱权能力,对不同考生应试准备质量的影响越来越大。高考公平不断在制度上受到保障,但实际却被渐渐打了折扣。

很显然,在整个社会的公平得不到改善时,单独保障高考的公平有难度。社会的不公平会从不同侧面围攻高考,从而使农村孩子和穷困家庭的孩子一流大学入学率不断降低。

然而尽管高考有种种问题,但高考对中国现代化的贡献,对国家和社会综合进步的促进都有目共睹。高考对这个国家早已不是应不应当保持下去的问题,讨论的方向只能是它应当怎样改。

人类社会的自我治理总是充满艰难,对中国这样竞争激烈的人口大国来说,高考究竟在扮演什么性质的角色,或许最终从历史学的角度,而非社会学的角度才能看得更清楚些。

对中国这个国家大概也是一样,我们对它的各种问题争论不休,但对它的总体评价只有在更高的、历史的角度上才会更加公允。

(2012.06.08)

打击阿基诺执政应成对菲斗争核心

菲律宾总统阿基诺三世昨晚见到奥巴马,他的美国之行被普遍看成在对抗中国问题上的"求助之旅"。美参院本周通过一项议案,要求美国政府帮助菲律宾提升防卫能力,这又被菲媒体解读为美国的官方态度。菲律宾舆论对阿基诺访美期待很高,似乎他此行可以为菲律宾的恣意妄为上一份特殊安全保险。

菲律宾当权者一直在向菲公众灌输:菲可以通过借美国之力实现其全部领土主张,阿基诺是带领菲律宾人制服中国的爱国主义英雄。在经过 轮激烈摩擦后,菲律宾对南海问题的对抗性思路没有变。

必须指出,这是美国与马尼拉上层默契配合对菲律宾人的联合欺骗。如果菲律宾对解决领土纠纷不做以小欺大的妄想,保持理性和克制,它就是安全的。如果它决心铤而走险,用武力对抗中国,那么美国什么样的支持也保护不了它。

如果美国提供一些军事支持就能让菲律宾以为有了与中国敌对的资本,那么这种支持只能是对菲律宾安全的实际破坏。因为说到底,菲律宾应远离对中国的挑衅和逼迫,说得更通俗些,菲律宾海军不能逼中国揍它。

阿基诺政权正在尝试将"反抗中国"用于巩固执政。在美国,攻击中国是竞选者们只赚不赔的法宝,在与中国有利益摩擦的亚洲国家里,今后也会这样吗?

中国与菲律宾打口水仗毫无意义,直接海上冲突短期内大概也不会有。当前对中国实际危害最大的,是阿基诺政权对挑衅中国的反复展示。马尼拉在破坏中国与东南亚国家友好相处的氛围和环境。阿基诺政权成了四处讲中国坏话的一支喇叭。

中国不太可能改变菲律宾人已被煽起的民族主义情绪，也不可能让美国不再来南海添乱。但对阿基诺这个挑头者，中国应从打击他的执政入手，让他最终因无理对抗中国在政治上吃亏，而不是真的"赚了"。

这是中国当前比较难做，但却最应当做的。中国影响菲律宾政治的手段虽然有限，但中国决非手里什么牌都没有。至少我们应当坚决冷淡阿基诺政权，较长时间停止与马尼拉高级官员接触，拒绝它的特使访华，继续抵制菲律宾的香蕉，不向菲派旅游团，等等。

黄岩岛的危机中方没必要急于解决，我们应静下心来接受它的长期存在。但通过这件事，我们要让东南亚的政治家们真正都看清楚，借与中国的危机在国民面前炫耀"爱国主义"，对他们个人及所属政党究竟好处多还是坏处多。

这应成为对菲斗争的核心。中国现在最应防止亚洲出现一种政治操作模式，即在美国支持下可以通过对抗中国在政治上长期获利。

在美国"重返亚洲"之前，亚洲持反华立场的政治家最近十几年很少有长期执政的，冷战之后的东南亚尤其没有。反华只应为东南亚的政治家和政党减分，而不能为他们加分，这一点中国必须竭尽全力做到。

就菲律宾来说，打击阿基诺执政的支持率应当成为中国这一阶段对菲政策的主要执行方向。阿基诺面临的政治和经济难题成堆，个人权威完全靠的是父母传给他的那点底子，他今后出错、乃至栽跟斗的机会还有很多。

(2012.06.09)

钓鱼岛，与日本斗不能被气着

日本6名国会议员昨天参与钓鱼岛海域的"海上垂钓大会"，故意刺激中国舆论。他们钓的不是鱼，而是中国公众有怒气却无处撒的窘境，以及它带给日本右翼的快感。

钓鱼岛是中日主权争议地区，但对中方不利的是，它处于日本的实际控制下，这给日方做各种操作"气中国"带来了方便。客观说，如果中日仅仅拿钓鱼岛"斗气"，日方是有些优势的。

日本社会近年来对同中国"斗气"很热衷，最大的原因是日本国运走衰，跟中国别的斗不过，最容易斗的就是"气"。此外由于中国越来越树大招风，与中国"斗气"比过去更容易吸引眼球，因此搭"气中国"台的人逐渐增多。

随着中国实力变强，实质性的反制工具显然在增多。这使得日本政府层面同中国"斗气"逐渐投鼠忌器。比如近几任日本在任首相都不再敢公开参拜靖国神社，这是中国实力的胜利。

但日本议员层面的反华挑衅行为中国尚没有力量进行抑制。除非中国拥有能够绝对影响日本社会的软实力，否则不管日本政府怎样"守规矩"，一些右翼议员的反华行为还会照样出格和猖獗。日本一些人对中国的反感和"不服气"总体看会保持一定的表现量。

压住日本右翼在现阶段不可能，但中国社会也有对日本大量的"气"需要释放，中国过去在"气日本"上比较克制，今后应适当开放，官民都可以做，从而保持中国社会对日情绪的平衡。

比如，钓鱼岛虽由日本控制，但中国除了派执法船过去宣示主权外，还可以搞出很多名义上的安排，跟日本斗法理，斗民众支持。比如《环球时报》曾提出成立钓鱼岛独立警备机构，任命相关官员等。中国民间还可以搞"钓鱼岛日"，在一些城市命名"钓鱼岛路"，这种动作可以要多少有多少。

对昨天参与"海上钓鱼大会"的6名国会议员，以及其他积极反华的日本政客，中国还可对他们个人进行制裁，比如不允许他们进入中国。

在与日本做一招一式斗争的同时，中国人必须同时保持大的理性和清醒。比如我们需要知道我们的国家并非无所不能，远做不到事事让对手屈服，否则我们就有可能越斗越气，总觉着自己"输了"。

其实日本近年来在中国面前的挫折感很多，日本右翼因中国总体上还较落后而有傲慢的一面，但同时又对中国的快速发展和欣欣向荣生出各种"羡慕嫉妒恨"。现在应是日本右翼焦虑不安的时候，而不应是中国人。

钓鱼岛离中国很近，不像南沙离得远，中国在钓鱼岛跟日本斗什么都有用不尽的资源和手段。这几年中国在钓鱼岛附近的海上宣示主权行为在增加，我们应当派更多的渔船和执法船去，不怕与日本摩擦。其他手段也应跟上。但很重要的一条是，我们不必因为这些摩擦把自己气着。

一些日本人总觉着他们国家民主，弹性大，两国政府斗，中国强；两国社会斗，中国斗不起。今后中国人要用行动改变他们的印象。中国有胸怀与日本开展各种合作，同时也有的是资源和耐心与那部分敌视我们的日本人"玩"，而且有一点日本人大概都很清楚：时间在中国一边。

(2012.06.11)

中国当前的对叙政策应坚持下去

由于俄罗斯外长拉夫罗夫日前表示，如果叙利亚人就巴沙尔下台达成一致，俄罗斯将"乐于支持这样的结果"，西方便有分析人士引申说，俄罗斯对叙立场有可能改变。中国也有亲美人士在互联网上宣称，中国应及时就对叙立场改弦更张，以免"被俄罗斯卖了"。

但拉夫罗夫同时说，俄决不会同意安理会通过对叙动武决议，这与中国的态度高度一致。说俄罗斯已经改变对叙立场，是很不专业的分析和评论，甚至是西方一些人故意放出来扰乱舆论的小把戏。

无论俄罗斯还是中国，都从来没有说过"不允许巴沙尔下台"。中俄共同反对的是外部力量干涉叙国内的政治发展，强逼巴沙尔下台。中俄均主张叙利亚各方通过谈判决定国家的政治进程，并决定巴沙尔政权以及他本人的命运。

俄中对叙立场高度接近是两国各自的国家战略利益和基本外交思想决定的。俄中都有可能根据局势发展调整具体表态，对协调这些调整，两国不缺相互沟通的愿望和渠道。

中俄两国是彼此独立的全球性战略力量，在西方试图把其主导的政治秩序向全世界推行时，俄中进一步的战略靠近既合乎逻辑，也经历了长时间磨合，并非仓促草率之举。中俄近年来对国际冲突的看法基本一致，具体分歧难免，但只要国际大战略环境不变，这些分歧不会大于两国的合作。

叙利亚是俄罗斯的"近邻"，其在叙的利益关切也要比中国更多，因此它在具体事上的表态虽有时"灵活"，但在反对军事干预上，它很明确，在抵制西方压力时位置更靠前。中国因原则立场与俄罗斯一致而积极与俄协调具体步骤，有利于加强中俄战略互信，并在伊朗等中国利益更突出的问题上获得莫斯科的支持。

不能排除叙利亚局势剧烈转折和巴沙尔政权被最终推翻的可能性。但中国不能因这种变数的存在现在就放弃对武力干涉的原则性反对。别的可以因时因势而变，但这个态度不能变。巴沙尔即使下台，反对外部武力干涉原则也不会跟着丢脸。

事实上，叙反对派已经访问过中国。中国本来就没有把自己的对叙政策同巴沙尔的个人命运绑定。中国现在和将来都会承认叙利亚的现实，而它今天的现实是巴沙尔政权仍是叙全国最大的政治力量，仍有一半叙国民反对用武力推翻他领导的政府。

西方随时都想在中俄之间搞离间，他们知道中俄国内都有少数视与西方的价值认同高于一切的人，他们试图与这些人结为在国际重大问题上的价值同盟，他们事实上在做到这一点。

然而中国反对西方军事干涉的外交原则在中国公众中支持率很高，因为这一原则是中国国家利益的真实反映。少数为西方干涉叫好的声音只表明一些人对西方的盲从和不自信，在很多时候这是少数人展示亲西方的刻意表现，是赶"同西方保持一致"的"价值观时髦"。这些声音根本就不是严肃的争论。

在叙利亚问题上讨西方的好，无助于减轻西方对中国的压力。西方挤压中国的根本原因是中国崛起，一张讨好的脸和对西方的一时帮腔改变不了中国同西方的战略关系。我们对此切不可有幻想。

(2012.06.11)

延迟退休，一个捂不住的现实难题

人保部计划下半年启动弹性延迟退休的调研，这一引来巨大争议的福利改革看来最终不会"光打雷不下雨"。延迟退休在欧洲多国引发激烈社会冲突，中国会实现平稳过渡吗？

最近几天针对这一设想的网络投票结果都是否定性的。反对者据分析主要是两大人群，一种是希望早些拿到退休金、自行安排以后生活的普通劳动者。二是担心晚退休者挤占优质工作岗位、从而影响自己前途的年轻人。应当说，他们的愿望和担心都有道理。

但有一点也是很清楚的，人保部把这个"爆炸性设想"推出来，是中国正逐渐走向老龄社会这个大现实逼出来的。这是中国全社会必须面对的现实难题，它不可能是少数人或者某个"既得利益集团"别出心裁搞出来的。

中国人均预期寿命已经进入 73 岁的较高水平，比印度高 8 岁。与退休金关系密切的中国城镇里，人均寿命更长。而在人均预期寿命七十几岁的国家里，中国的法定退休年龄目前是最低的之一。女性在 50 岁就法定退休，这在现代国家里几乎是不可思议的。

退休早，意味着社会要向退休者提供更长时间的养老保障，社会保障体系的负荷因此更重。中国退休年龄定得较低，一是新中国建国早期人均预期寿命只有不到 50 岁，二是当年中国的城市职工人数很少，绝大多数国民都处在退休养老保障体系之外。

现在的养老形势完全变了，领退休金的人越来越多，每人平均领退休金的年限也拉长了，而年轻人参加工作的平均年龄变晚，这使得退休者队伍的扩大趋势将越来越猛,逐渐压过新就业者的增加趋势。

这个现实问题是中国上下必须直面的,人保部现在就把它提出来,供全社会充分讨论,承受各种愤怒情绪,我们认为,这样做比捂着问题,用寅吃卯粮、透支子孙的竞争力来讨好公众,是一种更负责任的表现。

欧洲一些小国尚可以靠借贷和外援搞社会福利,中国这样的世界第一人口大国,所有社会福利只能源自社会成员的创造和集体积累。中国人的福利意识正在快速觉醒,但在很多时候,欧美最好的福利标准被拿来做了参照坐标。这同中国的社会实际生产水平严重不对接。

发展民生成为中国当下社会运行的核心目标,这当然很好。长久以来,中国社会福利一直都在很低的水平线上,中国人如今关注福利其实是对过去的一种补课。然而,中国人的福利观一定要扎根经济发展的现实,提高福利不可搞"大跃进"。即使中国有意,也不可能成为放大上百倍的"大希腊",因为决不会有一个大一百号的"超级欧盟"为中国输血。

希望中国弹性延迟退休的计划能够设计得更缜密,也能最终推行得更顺利些,而不像欧洲国家那样伴随大量非理性抗争。中国的体制应有助于公众对国家实际情况的了解,扩大社会对这个问题的共识。对一旦推行这一制度所遇到的具体问题,国家也应更有能力予以化解。

延迟退休将是未来若干年中国的大事,中国会以多少社会及政治代价做好这件事,将是这个国家标志性很强的试金石。

(2012.06.12)

美国人说制裁，中国人听烦了

美国 11 日宣布因印度、土耳其等 6 国及台湾减少了从伊朗进口石油，美将不会对它们进行制裁。这样一来，在与伊朗有大宗石油交易的国家中，只有中国尚未进入美国的"豁免名单"，《纽约时报》称，这形成了美中之间的"潜在冲突"。

中国人很讨厌听美国人谈"制裁"。反对伊朗拥有核武器，中国这一态度跟美国没有区别。但中国人讨厌必须按照美国人规定的办法去做，因为这种做法同美国利益扣得严丝合缝，而中国的利益则被抛到一边。此外，美国说是反核扩散，但这当中藏着颠覆伊朗政权的私货。

中国需要从伊朗购买石油，世界最大新兴市场的石油交易，不能因为美国打个招呼就停了。美国设计这一招，从善意想，是把中国的难处"忘了"。从国际政治的正常逻辑去分析，美国这样做是"成心"，它要一石两鸟，甚至一石多鸟，既削弱伊朗，又搞掉中国一个稳定的石油供应源。

制裁能限制住核武器的研发吗？朝鲜的例子摆在那里，伊朗再弱，抵御制裁的能力也只会比朝鲜更强。而且现实是，伊朗极力否认研发核武器，外界也没有它在搞核武器的确凿证据。伊朗现在还是《核不扩散条约》的成员，并且同意讨论浓缩铀的问题，现在美国强化对伊朗的制裁，等于拆 6 国与伊朗谈判的台。

美国是在指责萨达姆政权拥有大规模杀伤性武器上出过大丑的，美国和西方媒体淡化了美国的那次虚假宣传。以大规模杀伤性武器为由的兴师问罪，最后在"推翻萨达姆独裁政权"上找补回了"正义性"。

伊朗核问题会不会是伊拉克"情报错误"的最新版本呢？对伊石油禁运是要勒住德黑兰的脖子，它最终升级为战争的可能性很大。从美国对伊朗的一贯态度来看，现在很难分清华盛顿最不能容忍的究竟是伊朗拥核的危险，还是德黑兰政权本身。

我们反对用制裁这种只会伤害人民的做法对付有7000万人口的伊朗。特别是在没有联合国决议支持的情况下，美国的制裁更应被看成"诸侯当道"的野蛮行为，中国不会加入这个行列。

美国真要因继续购买伊朗石油而制裁中国，惩罚中国的相关企业，我们显然也不是赤手空拳。美国及该国的一些势力经常把"制裁中国"挂在嘴边，这些威胁已经把中国人的耳朵磨出了茧子。就大多数中国公众来说，他们最想回敬的一个词就是"呸"。

然而中美在多数情况下不是互相展示犄角的两只公牛，两国现在都有很大本事搞"斗而不破"的游戏。而且围绕伊核的谈判是6国对伊朗，中国只是其中一方。我们是想说，如果中国政府不得不与美国政府就伊朗问题顶一次犄角，它不会因此受到中国主流社会的批评。

美国绝非是万能的。仅仅就阿富汗和伊拉克来说，它一个也没拾掇干净。世界很多地区近年大动荡，哪儿都少不了美国，但美国一个新样板也没有树起来。它似乎只是通过一次次惩罚、搞乱别国，释放并消费自己的潜能，用这个只有它才能推动的过程，维持自己作为世界霸主的生存之道。

但美国要搞垮伊朗，这个赌注下得过大。它这一次能够获胜的概率比以往几次要小多了。

（2012.06.13）

大月份堕胎应当坚决制止

据财经网等报道,陕西安康一位怀孕7个月的母亲,在镇干部的"反复思想疏导"下终止了政策外二胎的妊娠。这件事在互联网上引起强烈反响。怀孕6个月以上就属于"大月份妊娠",国家政策明确禁止引产。安康这件事如果属实,属于严重违反政策,应当受到谴责。

计划生育总体上促进了中国社会的良性发展,它不等于"一胎制",也不是"一刀切",它在中国一直以省为单位制定政策。但基层也的确出过不少过激的案例,增加了整个计生工作的复杂性。

过去的事过去了,无法用今天的道德放大镜去看历史。但时代在变,计划生育的道德环境在变,中国的人权观念也在快速发展。在这种时候,推行计划生育的方法需要与社会道德的演进更加协调,决不能再搞公众无法接受的过激手段。

基层政府必须在观念上与时俱进,了解这个信息化世界对社会每一个角落的快速卷入。今天的基层政府一方面要做好事情,同时必须有宽阔视野,坚决提升开展工作时不能突破的各种底线。

中国在以跳跃的方式获得人权和多方面进步,很多人道主义观念通过全球化和互联网技术在进入中国,或者得到强化,与此相关,大量压力沉降到基层社会,带来中国社会治理机制很多环节的紧张,形成实实在在的倒逼。

基层政府必须对这种倒逼顺势而为,将压力变成动力,实现工作方式的较快改善。像7个月的胎儿被引产,政策上就不允许,无论基层干部的初衷是什么,出现的原因是什么,它的发生都是对政策的破坏。它发生在今天尤其是对社会舆论的刺激,伤害了计生工作的形象。

有人或许会说,计划生育没点"狠招"根本做不了,"文明计生"是站着说话不腰疼。这种观念在今天尤其要不得。计生的总形势早与30年前有了深刻变化,不顾一切超生的压力呈下降趋势,把计生工作做在前面有了更多可能。对于已经出现的"大月份妊娠",我们只能接受。这是全社会的道德要求。

当然,我们同时反对因安康的这一案例,否定整个计划生育带给中国的正面影响。计划生育是在特殊年代形成的特殊政策,它的执行过程一直伴随着种种微调。它的负面效应虽然逐渐显现,但计生对中国功大于过仍然是学术界的严肃主流看法。

对不再搞计划生育,严肃学者中支持的人也不多。真实情况是很多人支持调整具体计生政策,对如何调整,大家存有争议。

互联网上全盘否定计划生育的声音是非理性的,一些人拿日本人口密度高来证明中国可以"随便生",甚至宣称"30亿人也不怕"是非常幼稚的。日本、香港等人口高密度地区的总人口都不多,而且发展早,形成了使用全世界资源养活域内人口的局面。而中国内地人口基数太大,13亿人的现代化都在同世界争资源,世界接受不了人口规模更大的、富裕的中国。

一是一二是二,大月份堕胎应当谴责并坚决制止,同时这种谴责不应针对整个计划生育政策。计生使今天的中国少了4亿多人口,它正在有序调整,并面临中国人口老龄化等新情况的考验。

(2012.06.13)

"全面内战"是叙利亚人民之不幸

联合国副秘书长拉德苏 12 日宣称叙利亚已经进入"全面内战"。这是联合国对叙利亚局势首次使用这样的评价。

说到内战,通常是指各方实力大致相当、而且各自都有稳定地盘的全面军事对抗。目前叙反对派在实力和根据地这两点上都与政府军尚不对称,说叙利亚现在已是"全面内战"有点勉强。但叙利亚的冲突在扩大并且失控,越来越像"内战",却是不争的事实。

悲剧就在这里。叙利亚本来只有局部小冲突,在外界压力下,巴沙尔政权承诺全面改革,并且实际做了修宪,落实民主进程。但西方对这一切视而不见,把巴沙尔政权立即倒台作为头号政治目标,并不惜把叙利亚的和平和 2000 多万人的福祉作为赌注押了上去。

并非叙利亚所有人都反对巴沙尔政权,直到今天,仍有至少一半叙利亚人在支持它。强行改变一个国家人民的政治意愿,为实现它推动一支武装力量的从无到有,并且使用这支军队同政府军对决,想想看这是一个多么血雨腥风的过程。虽然这当中并非没有叙利亚的内因,但西方对这一过程一直起着关键性的推动作用。

在新的宪法下,巴沙尔政权实际上已同过去有所不同。西方今天推翻它的真实目标已经不是"民主",而是削弱伊朗以及俄罗斯对阿拉伯世界影响等地缘政治考量。

叙利亚"全面内战"如果按照目前的态势不断走下去,推翻巴沙尔政权很有可能。但那要死多少人!他们知道自己不是因为"民主"而死,而实际成了地缘政治博弈的牺牲品这个实情吗?

中国没有兴趣也无道理维护巴沙尔个人一定在台上执政。中国支持叙利亚人民拥有自己的选择权。中国一直呼吁叙各方谈判，坚决支持安南计划，就是希望结束流血冲突，开启政治进程，真正由叙利亚人民的多数意见主导这个国家的变革。

中国实际上是离叙冲突最远的大国，中国在叙利亚的利益卷入没有任何其他大国深，也没有操纵叙利亚未来的动机和野心。中国现在是更容易做到"旁观者清"的一方。我们清楚看到，"理"已经在叙利亚局势中没有位置，巴沙尔政府似已无退路，反对派和支持它的西方现在也已下定决心。叙利亚面临大家都已破釜沉舟的殊死战争。

可惜了安南的调解方案，也可惜了那个国家曾经有过的和平机会。中国没有力量劝说其中的任何一方屈服或后退，但我们更没有道德权利去支持其中的一方大开杀戒，通过在战场上置对手于死地而较快实现浴血的和平。

我们仍应高举政治谈判的旗帜，它再不管用也比杀戮的旗帜要好。同时中俄两国都应从叙局势的一步步悲剧性演变中汲取对亚洲腹地的教训，两国决不能允许叙利亚模式东移，在中亚及两国周边其他利益关切地区上演。

叙利亚内乱再次表明，一个小国如果被外部强权盯上，它的国内意见又无法统一时，它的命运很可能是悲惨的。叙利亚这一轮战争不会彻底改变它的地缘政治特殊位置，它最多像一块烙饼翻一次面，但仍将在火上烤下去。

(2012.06.14)

敲打英国挪威是中国的"规定动作"

中国取消了中英之间的多项部长级会晤，并且拒签了挪威前首相邦德维克一项来华参加国际会议的申请。中方没有对这两件事做特别解释，但外界纷纷认为中国是在报复英国首相卡梅伦今年5月会见达赖，以及报复挪威诺委会2010年给予刘晓波和平奖。我们认为，舆论的猜测很可能是对的。

英国政府和挪威"诺委会"的相关行为都对中国的核心利益构成了触犯，中国是大国，大国应当有"脾气"，做适度反制甚至惩罚很有必要。如果中国毫无反应，那样的麻木会让世界看不起，等于是对恶意挑衅中国的纵容。

西方一些政府和势力对中国政治施压已经差不多成了"流水线"，会见达赖，给中国"异见人士"授奖轮番上演。他们这种事做多了，实际冲击力在递减，中国社会渐渐变得皮实，见怪不怪。如今西方再大的行动，实际上也不能把中国怎么样。

客观而言，西方的挑衅也刺激了中国的一些思考，有时能对中国的一些工作产生歪打正着的推力。

但即使这样，对西方干涉中国内政必须做坚决的抵制性回应，这不仅是中国政治主权的条件反射，也是中国确保国家道路设计权掌握在自己手里的"规定动作"。

世界各种文化的相互影响有些是在对抗中实现的，不能因为中国改革开放以来总体上吸收了西方的一些人权观念，就在具体案例中听任西方摆布。中国只有顶住了西方压力，才谈得上学习西方，而不是被西方征服。

英国和挪威,一个人口6000多万,另一个只有不到500万。它们的那点西方政治经验中国人早已很清楚,但中国13亿人口社会治理的浩大工程却是它们根本无法想象的。它们想手把手地教中国怎么做,说好听点叫天真,说难听点就是狂妄。

它们需要为自己的天真或者狂妄付出代价,这是中国在国际政治中立威必须做的追究。中国没想把两国一下子打趴下,中国没那个力量,也犯不着为一个达赖或刘晓波搞得惊天动地。但让英国和挪威相应"难受",中国不仅有力量,而且可以信手拈来。

中英合作的放缓势在必行,中挪自贸谈判已经搁浅,中国对这些带来的部分损失都不难承受,它们对中国来说都属小case。此外,挪威前首相邦德维克及诺委会的那些人应当长期甚至永远被拒绝进入中国。中国不就这些做特别解释是对的,行动是大国的真正语言。

中国的软实力处于弱势,在反制外部挑衅方面少说多做是恰当策略。对外界的攻击,中国公众的分辨力越来越强,互联网上的一些对外应和决非中国的社会主流意见,中国政府在对外斗争中尽可以坦然些,该坚持时不需退让,该豁达时不必敏感,中国公众在乱纷纷的信息中分得清大的是非。

达赖可不是PM2.5,在干涉中国主权问题上西方休想骗取中国社会的同情。同样,西方把各种奖项都给了中国"异见人士"同一类人,这是巧合吗?中国公众可不傻,西方也千万别以为孔子老聃以及三国英雄的后裔们,是他们可以用一个价值观符号就能耍弄的愚蠢之辈。

(2012.06.15)

中国需要加强在外太空的存在

神舟九号飞船定于今天升空,预祝这次任务的执行圆满成功。

中国载人航天已经走到建立空间站这一步,成为航天"第二梯队"的佼佼者。但跟航天员已能在太空生活1年多,以及把探测器送到银河系边缘的一流太空成就相比,我们还有很多路要走。我们能一直往前走吗?

应当说,中国并没有摆出在太空技术方面全面追赶美俄的姿态,而且我们的确没把中国发展航天事业放进一个与美俄竞争的战略框架。中国航天首先是量力而行的,即使业内人士,也从未听说有过在多少年内"赶上美俄"的官方规划。

但对外太空重要性的认识已在全人类"一体化"。外太空已是人类现实生存空间的一部分,也是人类拓展生存环境的最大纵深。有人认为外太空的综合开发将彻底改变人类的生活面貌,使迄今为止的全部科学技术缩小到宛如小学生的一堂课。

中国作为有大量社会发展现实任务的大国,必须处理好解决当前民生问题同谋取国家未来更好战略位置的关系。任何只顾一头不顾其余的选项都是短视、不清醒的。

中国目前需要适当加大航天投入,原因是,第一,中国目前航天技术的总规模和总积累仍比较小,中国目前做的事大多是美俄几十年前就做过的,前面的经验很多,中国航天有较清晰的"下一步",而且实现这些"下一步"的技术比当年要多得多,也可靠得多。

第二,今天已经可以看得很清楚,中国的战略完整性急需外太空的补足，中国巩固这几十年的战略收获，不仅需要拥有更多海洋和空中的行动能力，也需要这个国家在外太空的更多存在，形成对国家利益多层面以及多支点的伸张和保护。

第三，人类有可能处在开发外太空技术井喷式发展的前夜，开发外太空的各种规则也在酝酿之中。中国作为资源匮乏的大国，只有拥有了在外太空行动的较强能力，才谈得上实质参与这些利益攸关规则的制定。

从今天科学技术及前沿经济加速发展的现实来看，我们面对来自外太空的各种紧迫很可能就是不久之后的事，今天的很多人都将经历国家对那些问题的抉择。因此今天发展航天技术绝非是"前人栽树后人乘凉"，完全不关当下人利益的事，它就是我们当代人"自己的事"。

但造空间站再怎么重要，与国民利益的关联也没有盖安居房那么直接、一目了然。因此在中国舆论快速开放的当下，对航天事业不理解不支持的声音也越来越经常能够听到。在未来，国内争议的阻力兴许会超过西方杂音带给中国航天事业的骚扰。

还没有过一个发展中国家走向航天探索的最前列，中国在逐渐靠近那个既光荣、又将承受各种争议的位置。13亿中国人的视野是不同的，但作为一个整体，它的心胸和魄力将受到外太空大尺码的测量。

1957年第一颗人造卫星上天时，它更多被看作一个政治符号，没人想到GPS通信系统会在短短几十年后出现。神舟系列将带给未来的中国什么，我们只能慢慢想。

希望三名航天员此次太空之旅给我们带来启示，也祝愿他们此行顺利、愉快。

(2012.06.16)

埃及刚开启走向未来的漫长过渡

埃及总统选举第二轮投票昨天结束，因为两位候选人一名是穆巴拉克时期的最后一位总理，另一位是宗教势力穆斯林兄弟会推选的，世界舆论议论纷纷，埃及的选举气氛也很低落，几乎没有"革命终于胜利"的喜悦。

这次选举实际上真正拉开了埃及走向未来的漫长过渡。穆巴拉克时代的大量经济和社会问题还没来得及触动，选举只是国家混乱之中的短线政治博弈。全世界的观察家们都倾向于相信，这个国家还要折腾很久，才能真正走上"正道"。

埃及是个很典型的例子：民生的长期荒废积累了社会不满，民众对民主或许能解决一切的期望导致了革命。当民主政治的高难度操作突然降临这个国家时，发育不够成熟的埃及社会又明显力不从心。

埃及有可能因为这场革命而最终实现国家的新生，如果从大历史的角度看，埃及今天经历的一切或许都是值得的。因为毕竟推翻了穆巴拉克的专制，为迎接民主经历的痛苦再漫长，也不会是永远的。

然而大概没有任何一个国家的任何一代人真正愿意为大历史献身。政治如果只为大历史考虑，而不是首先为当代人的利益负责，在现代国家里都难以为继。埃及革命实际上也不是为"民主理想"发动的，它源于人们相信民主会带来现世的好处。

当民主造成长时间的无序和动荡时，人们的希望就会破灭，社会就会从对理想的狂热滑入失望以及更大的愤怒，国家就会在民意的混乱冲突中随波逐流。

埃及的教训绝不是在不该发生革命的时候走向了革命,而是一长串的错乱。它在早期该改革的时候没有改革,发生革命的时候没有切实可行的目标和样板。革命必然伴随失控,而对重建秩序,社会又在价值观这一最基本层面严重分裂。

埃及革命既未产生一位有号召力的领导人,也未产生一个强有力的现代政党。大革命之后的第一次总统大选,得票最高的只有不到25%,这足以说明革命未洗礼出任何新的政治凝聚力。尽管有美国等输血帮忙,这个国家今天犹如一盘散沙。

埃及的事情在清楚告诉我们,在一个不发达的社会里,革命无助于经济及社会问题的解决,再好的制度设计也难以执行。欠发达社会的最重要使命是发展,只有经济及社会变化逐渐沉淀,才能与政治进程相互促进,实现国家的稳定进步。

政治的终极意义应当是民生,但政治很容易脱离民生而自成一体,变得漫无边际。很多第三世界国家的所谓民主政治,都因缺少经济和社会成果的支撑,而走上"邪路"。一些国家的民主政治搞得热火朝天,比西方发达国家还"民主",但它不仅不帮助民生,反而长期构成对民生的破坏。

埃及能给世界以正面启示,还是最终成为世界各国政治的负标本,眼下没有定论。祝这个曾是阿拉伯世界相对最世俗的国家能交好运。

(2012.06.18)

中国发展离不开前沿项目的拉动

庞大的中国总是有看上去很矛盾的事情发生，神九发射成功标志着中国航天事业又往前迈进一步，但这个国家地面上各种落后和不公平的事情层出不穷，令人唏嘘。因此不断有人主张，全社会都应把资源和注意力集中在解决社会不公平上，无论是神九上天还是蛟龙深潜6671米，都不应是今天的中国花大力气去做的。

在今后很长时间里，这样的声音会一路伴随中国，而且它们对国家发展高科技或组织重大社会工程的阻力有可能越来越大。中国在这方面的舆论争议强度或许最终达到甚至超过一些西式民主国家，因为中国当前的国内和国际环境都极不寻常，内外压力正逐渐汇合。

中国主流社会必须担负起支持国家综合发展，包括在大投入的高科技领域追赶西方一流国家的责任。解决现实民生问题早已是国家资源投入的主要方向，民生战略在中国只会越来越巩固。但把民生战略同国家一些前沿项目对立起来是很愚蠢的逻辑，中国必须防止这样的糊涂有一天占据舆论的上风。

中国的进步必须同时有"推"和"拉"。以民生为中心解决各种落后和不公平，会改善中国社会的基础，一点点增加中国前进的社会力量。这个过程必须是持续的，它虽漫长而分散，但会逐渐对国家往前走形成无孔不入的推力。

但任何社会的进步都需要科学及社会工程大突破的拉动，在过去一个多世纪里，铁路网及高速公路网，电脑及GPS的应用一次次创造了社会进步的新空间，也强行推动国家治理的新标准。中国一直处于对发达国家的追赶中，但有没有航天技术及高铁的中国，它的民生纵深及各种内在动力是不一样的。

一个文明、现代、民主的中国，既是通过基层改造打磨出来的，也必须有国家层面战略追赶及创新的拉动。后者是大视野、大战略，是中国从低起点向上跨越的重要力量源泉。因为有了国家的战略性努力，细节的进步会有更多相互支撑，中国进步才不会有短腿。

由于基层不公平和侵犯人权的事件仍有很多，把优先解决它们与做国家级战略突破刻意对立起来，这样的口号既简单又响亮，并且常常像是从道德高地上发出的。而分辨它的荒谬却需要多一些的思考。

中国带着几个世纪积累的落后和混乱对世界文明奋起直追，整个民族在经历了几次急躁病的恶果后，目前对国家复兴总体看有了较强的现实主义和均衡意识。但这种均衡追求很容易被打破，无论是中国内部的社会多元化，还是外部对中国崛起的反弹，都在为中国非主流声音的逐渐走强提供动力。

当前中国舆论场上的很多主张乍听上去都是对的，甚至是义正词严的，但它们往往附带了冲击国家整体发展的特殊能量，因而同时又是偏激的，需要人们对其有客观辨识能力，从而不让这些声音左右国家前进的大方向。

中国近年来的际遇显示，在改革开放搞了几十年之后，中国今天最薄弱的层面很可能还是思想。我们需要了解和认识世界的启蒙，也需要看了世界之后的消化。中国最终必须是敢于探索的自信国家，而迄今能够支撑我们自信的资源显然少而又少。

(2012.06.18)

成功多了，中国人才能逐渐自信

神九与天宫一号昨天交会对接成功，中国航天事业向前迈进一大步，整个中国的航天技术能力又优化了一个重要细节。中国人非常关心外太空的这次进展，但没有人认为神九是整个国家的"里程碑"。中国人都清楚，这个国家要追赶世界先进水平的地方太多，神九只是新跨上的一个台阶。

细看中国相对于西方发达水平的落后甚至让人沮丧。即使中国当前最引以为傲的技术进步，也都是在西方标准和成果的引导下实现的。中国仍处在全面学习和追赶世界先进水平的阶段，我们还做不到在人类的科技领域另立山头。

但最近几十年，中国的确是步子最快也最稳健的后来者。中国的落后是多方面的，但中国的进取也很像是多方位的。航天只是最容易看明白、参照系最明显的中国技术进步缩影。与神九发射前后脚进行的蛟龙深潜试验，是这个道理的最好注脚。

其实今天很难有一件"喜事"能让中国社会高度兴奋起来，当年建成一座长江大桥，发射一颗人造卫星而举国欢腾的场面，很难再出现。中国人今天对"喜事"的解读，已经有更多的参照维度。

中国当前对世界先进水平的追赶，政治大环境显然不如从前"给力"。冷战时期的科技重大攻关都有明确的政治目标，它向民众的解释也很公开。今天中国已经不可能把科研同政治强行捆绑，为避免刺激其他国家，中国经常"少说多做"，对所有重大项目尽力保持低调。

中国是真实能力和受关注度不太相称的追赶者。一方面中国的经济规模早早"世界第二",造成树大招风。另一方面中国的经济及科研质量还很低,无法与美国这样的力量对抗。这样的困局将在很长时间里困扰中国。

我们需要很多很多的"神九"和"蛟龙",直到有一天中国在制定全人类的科研方向和标准时走到前沿位置。在这之前,中国有时就像西方收割机后面的拾麦穗者一样,受到嘲笑和奚落。我们必须心中有数,而且坚韧。

今天的中国似乎正站在一个十字路口。我们或许向世界证明,过去的落后只是中国人打了一个盹,它只是中华文明史中一个值得汲取教训的瞬间。或许世界将向我们证明,中国启迪全人类的时代永远过去了,最近几十年的所谓"中兴"才是虚假的瞬间,中国太大了,不可能整体现代化,它只能在落后或半落后的状态中追赶。

一次次具体成功在积累中国的国运,也在积累中国社会的自信。中国不需要小国那种可以被突然激发的举国激动,中国需要宠辱不惊,相信一步一个脚印的力量,相信"山不转水转"对大国力量的公平。

天宫一号并非完全意义上的空间站,但谁都看得出,中国迈过了空间站技术的主要难题。它对中国的综合意义很显然是弹性的,这些意义需要中国进一步干出来,而非已经现成。

中国社会的多元化进程似乎在把国家的力量搞得很零散,但这很可能也是一个假象。中国必须继续是团结的,有重大行动能力的。这是所有中国人的真实利益所在,因为实际上没有什么人可以在中国崛起的这一轮对外竞争中真正做到置身事外。

(2012.06.19)

世界金融"重切蛋糕",再难也要推动

G20 峰会重点讨论了金融危机和 IMF 增资问题,这些讨论都涉及了国际的金融格局。金融秩序代表了各国经济利益最高层面的分配机制,它的任何调动都可能改变或影响下游经济的利益关系,因此各国都慎之又慎。

以 IMF 和世界银行为核心的世界金融系统,目前仍由美欧主导。发达国家特别是美国对金融的控制力,与这些国家实体经济的能力越来越不相称。以金砖国家为代表的新兴国家在实体经济领域快速崛起,但金融待遇相当滞后,这是当前不合理国际关系的根源之一。

新兴国家获得更多金融权力,比获得更多市场份额要难得多。金融权力说到底就是政治权力,美国等发达国家必然"死守",不到实在混不下去,不会答应重新"切蛋糕"。

中国等新兴国家一定清楚,美国的特殊金融权力是其综合国力、包括它的战争经历共同塑造的。动美国的奶酪既很麻烦,也需付出一些代价。对 IMF 增资,应算最平等的付出了。像人民币国际化这种高风险的事,中国也得有勇气去做。

中国扩大金融话语权的前提和基础在于继续扩大实体经济和对外贸易规模,但中国的对外援助能力以及中国的政治信誉都需齐头并进,甚至中国的军事能力如何也不是与此无关的。而且即使这样,中国的金融竞争力也很可能是各种竞争力中来得最晚的。

中国面临的挑战在新兴国家中带有普遍性,金砖国家能否做到加强合作,对它们争取更多的金融权力将是决定性因素之一。如果金砖国家真能像倡议的那样组建"金砖国家银行",将它们的大部分国际金融业务通过这个银行运作,将对发达国家的金融表现构成强大压力,后者就得为拉住金砖国家做必要妥协。

但金砖国家加强合作从愿望及口号变成不可动摇的现实,还有很长的路要走。如果比速度,金砖国家发展成一个有效组织未必就能跑过世界格局的其他变化。

中国人现在同时需要雄心和耐心。世界现有金融秩序明显不合理,美国从中占尽好处,众怨纷纷。中国的经济规模越大,如果缺少金融话语权,吃亏的风险越高。因此我们必须下大力气搞清楚其中的诡谲,联合其他国家追求金融平等。

但我们的确是世界金融博弈的新手,实体经济是从低端搞起来的,在世界资本市场上该怎样使用我们的贸易盈余,我们不仅缺经验,而且抗风险的金融杠杆大多不在我们手里,很难同美国这个金融霸主"来硬的"。美国有拉各国帮它办事,而它对局面保持"控股"的丰富经验。与新兴国家不同,它的手段配套齐全,各种控制力能够相互支撑。

当然了,中国与美国、以及新兴国家与发达国家的金融关系十分复杂,不能认为双方是铁定的对手,这不符合实际。双方是前者争取更多权利,而后者仍想多占甚至独占利益的"合作—斗争关系"。今后怎么发展还很难说。

让美国及西方发达国家让出更多利益,这是世界大多数人的愿望。世界经济的核心权力不能由少数国家操控,这也是全球化时代国际事务民主的题中之意。这种改变多难也要推动。很多具体的努力不断积累,终将水到渠成。

(2012.06.20)

希望美国彻底改变百年前的心态

美国 18 日正式就 100 多年前的排华法案做出道歉，美国国会的决议案值得欢迎。这件事告诉我们，直到 100 年前，西方的社会政策中仍有大量野蛮的东西，而在当时，英美等西方重要国家的精英们曾相信自己是文明的。

一个问题是，西方今天彻底"文明"了吗？西方当下的精英们大概是这样认为的。然而未必，西方主流价值体系仍有强烈西方中心主义色彩。文化歧视扮演了对种族歧视的某种传承。

美国今天对中国的态度，远不是建立在客观评价体系之上的。美国相当一部分精英对中国充满偏见，这种偏见和百年前美国人对在美华人的偏见有不少相似性。美国舆论常用"专制"甚至"独裁"这样的标签概括中国，不愿细究中国蓬勃发展的内在原因。

再过若干年后，美国的未来精英们回头看今天美国舆论对中国的压制和诋毁，很可能也会觉着今天美国精英们做过了头。

偏见常来源于优越感，而对绝对利益的追求会让偏见走向极端，并在不受限制权力的帮助下升级为违背文明的行为。

当年华工赴美促进了美国经济的发展，但华工后来的增多也带来了一些就业压力。美国人对华工的态度完全是实用主义并且自私自利的，他们只想要华工带给美国的好处，而拒绝为获得这些好处承担必要的付出，所以就出现了后来的排华法案。

今天美国国会似乎在以同样的自私自利对待世界。他们清楚中国的发展是人权进步的最大源泉，但他们不断给中国发展出难题，下绊子。

因为他们不仅不希望中国的发展损害美国的现有地位，而且他们认为美国应当调动各种力量阻止中国对美形成挑战。

人类政治文明在不断演进，对个人权利的尊重逐渐形成全球公德，对族群的尊重也在逐渐发展，但对国家的尊重还处于最初的摸索中，根本原因是世界秩序依然是民族国家之间的强权模式，所有人和族群仍以国家为单位进行利益最大化的竞争。

美国需要有更多的"觉悟"和公益心，才能更正常地对待中国。但世界没有促成美国这些"觉悟"的力量，美国利益左右着世界舆论的价值判断方向，美国有能力把错的说成对的，把正常的说成不正常的。

中国人大概不能对美国的"新觉醒"抱太多指望。美国国会的这一次觉悟已经为我们送来足够多的信息。那是个同样会犯错误的国家，美国的对外态度有可能很不靠谱，甚至极端。当涉及我们自己时，尤其需要对它的甄别。

尽管如此，美国国会18日的决议案依然值得赞扬，它代表了人类理性的进步，以及道德强制性虽然缓慢但却坚实的扩大和加强，人类处于充满希望的进程中。

(2012.06.20)

逐政治强人易，铲强人政治根基难

埃及前总统穆巴拉克命悬一线，他注定作为埃及的一名重犯死去。这是他个人的悲哀，也是埃及国家动荡的一个象征。

穆巴拉克的前任萨达特总统1981年在阅兵式上死于刺杀，穆巴拉克作为中东战争的英雄执掌埃及直到不久前，但他的结局并不比萨达特更好。埃及总统选举结果定于今天揭晓，两名候选人在这之前都已宣布自己胜选，这预示着埃及未来领导人仍将处在政治斗争的风暴里，至少其政治生命的安全系数不会太高。

领导人命运的大起大落，尤其是领导人不得善终，这在政治动荡的国家里相当普遍。在欧洲著名的火药桶巴尔干地区，南斯拉夫及塞尔维亚领导人的个人命运不断续写被暗杀、被废黜以及被清算监禁的悲情剧。韩国前总统朴正熙也死于暗杀，印度的甘地家族和巴基斯坦的布托家族各出了两位死于非命的总理。东南亚很多国家的总统位置和卸任后的审判席是"直通车"关系。

如何对待最高权力一直在考验很多国家。从领导人到国民都对最高权力建立理性认识，并共同使用好它，这的确很难。发生悲剧的原因经常是，领导人和社会都认为最高权力可以决定一切，从而将国家的命运完全绑定在一个人的去留甚至生死上。

一个政治强人被推倒常常给国家带来希望，但机会成本有可能是一代人甚至几代人的正常生活，而且结果很不确定。由于在现代政治不发达的国家里，人们没有其他更稳妥的解决办法，因而领导人命运和国家稳定"同归于尽"往往成了"被迫选择"。

如果对穆巴拉克的悲剧做些总结，我们或许可发现几个重要的政治陷阱。

第一，对于很多动荡的国家，政治强人体制有很大诱惑。它能带来立竿见影的社会秩序，也能保障领导人个人的执政利益，包括其人身安全。但这很可能是饮鸩止渴，无论社会的利益还是领导人个人的利益，都缺少跨代延续的可靠性，出现坏结局的概率很高。

第二，驱逐政治强人比铲除强人政治根源容易得多。强人政治通常有国家一系列深层问题相对应，结束强人政治意味着这些问题的同时释放。赶走政治强人实际也是认真解决这些问题的开始，而非它们的一笔勾销。

第三，只有高质量的民主政治才能给社会带来好处，低质量的民主政治和强人政治实际是国家能力匮乏这一硬币的两面。推动经济及社会层面的基础建设对提高国家政治质量永远是至关重要的。

保持国家权力的充分有效并同时限制它，实为世界性难题。迄今只有西方国家过去的成功获得较广泛认同。西方制度做到了严厉制约权力，但被削弱了的西方政府能否带领国家强有力应对当前及未来挑战，这个问号正越来越大。

随着全球化的推进，特别是信息在世界不断加速传播，带有专制色彩的强人政治在全球范围内逐渐式微。解决"后专制时代"的权威匮乏，正渐渐成为有普遍性的政治问题。从政治上看，世界处于一个大的过渡期，权力过分使用和被过度削弱的情况并存，聪明的国家需要对准自己的问题下力气，不可轻易学别人的样子随大流，赶时髦。

穆巴拉克能多活几时已不重要，他的最后价值，或许就是提供一个机会让人们做思考：他本人和埃及为什么走到这一步。

(2012.06.21)

三沙市锻炼全中国的意志和胆略

中国民政部上周宣布设立三沙市，管辖西沙、中沙和南沙群岛。这不应仅仅看做是中国对越南21日通过《海洋法》后的被动应对，它更是中方为维护南海主权的主动之举。

2007年就传出中国要设立三沙市，遭到越南的抗议。此次设立地级三沙市，有充分铺垫和准备。这超越了对外主权宣示，而是表达中国管理南海岛屿及相关海域的决心，并标志着这种管理进入新阶段。它比越南通过一部法律更有分量，因而值得全体中国人为之鼓掌。

中国在南海问题上的主动性是越菲等国"倒逼"出来的，设立三沙市是一个重要标志：越菲的挑衅不仅会遭到中国的坚决反制，而且它们会带动中国对南海的系统性重视和投入。今后如果它们不自我克制，必将在南海遭遇一连串的挫败。

中国海上钻井平台的重大突破以及"蛟龙"深潜试验的成功，都证明中国已经拥有海洋大国的实力，与南海有关的海上和海底技术储备，远非需借助外国技术和资金的其他声索国可以相比。中国有能力加强在南海的国防存在、科技存在、经济存在和人员存在，如果把南海纠纷变成纯实力对抗，胜负没有悬念。

过去中国在南海问题上投鼠忌器，顾虑很多。我们担心被孤立，担心被西方制裁，也担心国际形象受损。通过最近与越菲的几轮摩擦以及同美国介入南海的针锋相对博弈，各种顾虑在一一卸掉，中国上下目前对在南海维护主权的决心和信心都很坚定。

既然三沙市已立，我们就应放手去做，不再理会越菲等国的抗议和反应。它们是南海对立升级的主动挑起者,南海已经回不到过去,中国应敢于迎着未来的不确定性往前走。南海冲突的节奏和烈度不应由越菲等国操控,中国应坚决把这个主动权夺回来。

过去在中外很多人的印象中,中国的南海前沿基地是海南岛,而非南海诸岛。设立三沙市不仅凸显了中国在南海的真实存在,还把我们的前沿重心一下子延伸到南海腹地,拓展了我们应对南海问题的战略纵深。

三沙市应当比一般的地市有更多外事自主权,被允许较为独立地开展对越菲等国的具体斗争。日本、韩国的地方政府在外交上很活跃,成为相对独立的对外斗争资源。虽然这同中国的国情有距离,但日韩的做法值得中方思考并借鉴。

三沙市下一步如何发展,将是全中国的一大课题。首先它不应是一个"外交动作",而应是一个真实的政治、经济、社会及国防行动,它应带来对三沙的实际综合开发,使三沙成为中国的名城。三沙强大,中国在南海就更主动。三沙和平,中国的和平就有了一大块保障。三沙一旦有战事,也没什么可怕的。三沙市应成为锻炼全中国意志和胆略的地方。

我们一定要想清楚一个问题:南海局势最糟糕的局面是什么。是发生战争吗?未必是。还有更糟糕的,那就是越菲等国越来越嚣张,它们在美国的帮助下形成以小制大的成熟模板,最终在中国周边打造起捆住中国手脚的锁链。而中国内部则信心大挫,怨声载道。

跟菲律宾在黄岩岛对撞了一次,中国没失去什么。设立三沙市应成为让外界适应中国在南海坚决维权的新契机。不适应者就让他们去叫,去闹,中国如此强大,看最后谁拖得过谁。

(2012.06.25)

阿拉伯世界不会做任何"亚文明"

埃及穆斯林兄弟会候选人穆尔西以51%的微弱得票优势，当选埃及历史上第一位非军人总统。尽管穆尔西一直强调自己的世俗理念，但路透社还是将他称为"伊斯兰教总统"。在只有51%投票率中获得51%的"擦边优势"，并且在几乎没有民主传统的埃及耍，显然挺悬的，埃及未来的不确定性带给全世界媒体极其五花八门的表情。

埃及从一个军人政治传统极强的国家转化成民主国家，怎么说也是历史性进步。但它能否缩短甚至摆脱从"专制"到"民主"大体定型之间的阵痛性过渡，是令人惴惴不安的问号。希望埃及人走运。

一个已经明了的结论是，埃及以及整个中东的这一轮革命，西方做不了说一不二的编导。无论穆兄会是否真会变得世俗些，穆尔西的当选今天对西方仍意味着高风险。没有人敢断言埃及和阿拉伯世界的未来。最忧心忡忡的是以色列人。

中东事态迄今为止的进程显示，西方有能力引导甚至发动"革命"，但西方的力量不足以控制政治转型的方向。阿拉伯土壤中那些根深蒂固的文化及政治元素，最终只会成就和它们一拍即合的那些种子。

中东不是欧美，同西方的价值观截然不同。华盛顿的大中东计划在伊拉克花了无数钱，并且搭上几千条美国士兵的生命，但伊拉克仍然很"阿拉伯"，美国人的钱和生命越来越像在那里打了水漂。

埃及革命前就是很世俗的阿拉伯国家，但它现在似乎撞到了"西方化"的天花板。它很努力想跳得更高些，但它终究跳不过去。

阿拉伯文明很可能给地球上留下了一个永久的战略板块，今天它既无法"美国化",更不可能"俄罗斯化"或者"中国化",它不会是未来的任何一种"亚文明"。

民主化同时是释放阿拉伯世界的文化及政治特色的过程,较早民主选举的巴勒斯坦产生了哈马斯政权,埃及大选结果必将鼓舞其他国家的穆斯林兄弟会。阿拉伯人在有了选择权后,最先做的一件事似乎是"找回自我"。

世界各大力量都有分享中东革命成果的机会,它们决非被西方所垄断。中国切不可认为那里的变故意味着那个地区同中国的疏远,真实情况是,那里的权力结构在改写,国际关系变成了流动售货车,但这种困难对所有外部力量都差不多。

中国与阿拉伯国家的未来关系取决于两大块资源,一是中国的实力,二是中国与阿拉伯国家利益的相通性及价值观之间的友善能力。在这两大资源上,中国比西方更有竞争力。

"阿拉伯之春"向外扩散革命的能量已经衰落,那里已不太可能成为世界其他地区"追求民主"的样板。世界逐渐开始以超意识形态的眼光看待阿拉伯地区过去的十几个月。中国尤其应当这样,我们会因此在与阿拉伯国家的新政权打交道时更自信。

美国在控制不了埃及局势时就顺其自然,这种应变方式无论是出于自信,还是无奈,都值得中国战略界思考。退一步海阔天空,但退一步的目的不是要退第二步,而如何把退的那一步补回来,这的确既需要实力,也需要智慧。

(2012.06.26)

中国在南海上既要坚决又不焦躁

中国海洋石油总公司日前宣布在南海地区对外开放九个海上区块，供与外国公司合作勘探开发。此外海南省宣布将西沙群岛的四个区域划定为文化遗产保护区，这些普遍被外界解读为中国加强在南海地区维护主权的"组合行动"。

这些决定连同设立三沙市被集中公布，确实形成了"组合"。但看看越南菲律宾等在争议海域早已进入开采的油气井，就知道中海油现在才划定这九个对外合作区块，代表了中国在南海上多么大的克制。中国是南海地区有绝对优势、却决非咄咄逼人的国家。

中国曾长期主张"搁置争议，共同开发"，但越菲等置之不理，各自单独采取激进行动，导致了南海今天的局面。

中国有能力在短时间内改变南海地缘政治形势，越菲等国必须对此有清醒认识。美国是南海的战略玩家，但它不是越菲可以随意调动的力量。中美在南海的博弈是两国全球战略关系的一个局部，它取决于这一关系的总体性质，而不会以越菲的意志为转移。

然而中国没兴趣在南海上与越菲做高密度的纠缠，中国作为大国的关切遍及亚太甚至全球，南海只是中国的核心利益之一。如果越菲的挑衅达到一定的强度，出了格，它们必须准备迎接中国相对集中的、并且是强有力的回应。

中国外交部昨天表示，中国的南海立场"没有变化"，这不像是外交辞令。其实从几十年前中越发生海上冲突，直到今天，中国的立场的确是一贯的，变化的只是中国应对变局的节奏。

黄岩岛事件已经清楚表明，向中国发动强硬挑衅必遭回击，而且结果决非挑衅者愿意看到的。越菲如果以为它们有办法让中国忍气吞声，就大错特错了。中国有句话说，"不是不报，时候未到"。把它放到南海也是适用的。

有人分析，越菲或许会针对中国的最新举措采取报复性行动，那就让他们做去好了。但他们必须清楚，他们一定会招来中国新一轮的反弹，中国珍惜南海的和平与稳定，但不会为此单独承担并包揽本应属于其他国家的责任。南海紧张一轮轮升级下去，最先承受不起的肯定不是中国。

中国社会正逐渐对南海问题建立起耐心，既支持政府采取坚决的维权行动，也清楚南海的问题没有快刀斩乱麻的解决术。虽然互联网上有很激进的声音，但政府这一段时间的行动和表态，获得的实际支持度非常高。

中国周边的很多问题到了新的爆发期，在战略上既坚决又不急不躁，这样的态度既是中国的战略设计，也是各种现实的麻烦和复杂将中国人逼出来的。

(2012.06.27)

社会公平和发展必须是"亲兄弟"

中国人的民生意识这几年快速觉醒,对社会贫富差距、城乡差距的不满也在不断积累。追求社会公平成为舆论的压倒性导向,这一切对中国校正发展方向提供了持续动力。

与此同时,发展的重要性谈得少了。这似乎有一定自然性。舆论场在帮助人们形成一种印象:国家已经相当富裕,分配不公是发展民生的最大障碍。社会应将绝大部分精力集中到重新制定分配制度上,只要这个问题解决了,民生的大多数问题都将迎刃而解。

这种看法在价值取向上当然没错,分配不公的确是中国社会非常突出的问题,政府必须下大力气解决。但重要的是,不要让这些讨论把发展的重要性挤到墙角。

分配不公不是民生问题的全部,解决分配不公需要有发展的强有力配合,社会对发展的注意力不应被削弱。中国每个阶段的改革都有侧重点,但发展永远不可缺位,它是确保改革稳健并成功的基础性动力。

中国的民生问题很多,加强分配的公平,有助于缓解矛盾,扶弱济贫。但如果发展慢下来,再重视民生,也只能在现有水平上拆拆补补。只有发展能创造更多的民生资源,带来活水,从而促成社会总财力与人民生活之间的水涨船高。

一个简单的比较是,改革开放之前的中国社会较大程度上实现了公平,但那种低水准公平对应的生活十分清苦。后来无论是农业联产承包还是工业绩效改革,做的头一件事就是打破那种落后的"公平","多劳多得"成为社会公平的新标尺。

然而几十年发展下来，对差距的厌恶重新成为社会的主流感受。造成差距的原因十分复杂，站到全人类的高度上去看，是今天的中国还不具备在快速发展的同时自然进行公平调节的能力。中国现在要做的不是停顿下来进行公平改革，而是需要创造机制，把与发展同步进行的公平调节能力真正建立起来。

这是非常难做的一件事，世界很多国家都在这个问题上吃过亏，有过惨痛教训。有些国家只重效率，一溜烟发展，结果导致反复的社会大动荡。有些国家干脆发展不下去了，长时间坐地纠缠"重新分配"，结果越分越乱，越闹越穷。多数西方发达国家其实也都有这方面不堪回首的记忆，有的今天就身陷其中。

中国创造了发展的奇迹，现在必须创造新的社会公平奇迹。如果把发展比喻成足球，社会公平比喻成球门，中国必须在快速带球中，甚至通过凌空抽射把球送进球门。中国决不能指望得到一个静悄悄、毫无干扰的点球。

只有实现了社会公平的发展，才是真正可持续的发展。社会公平比石油、煤炭和其他原材料更重要，公平是中国社会最重要的政治环境，它是社会活力的激发器和润滑装置。缺少公平的发展，注定是脆弱的和长久不了的。

发展也重要，公平也重要，其实中国最需追求和坚持的是它们之间的平衡。中国太大了，只顾一头有可能形成巨量偏差，调整将很吃力。平衡本身就是对社会各种需求和利益做出兼顾的公平。

中国下的是一盘大棋，发展民生的受益者比西方总人口多得多。这不是一个口号、一个政策就能带起来的，它必须是大量纷繁复杂工作的跨世纪积累，是大调整和细致调整的相互配合，是全体人民的艰苦努力和奋发图强。此外，我们还得有好的运气。

(2012.06.27)

用敷衍了事回应美国"最后期限"

今天是美国要求世界各国配合封杀伊朗石油贸易的最后期限,大多数国家承诺削减或停止从伊朗购买石油,从而得到美国的"制裁豁免"。中国目前是唯一没有进入"豁免名单"的大国,美国是否会宣布制裁坚持对伊石油贸易的中国国有大公司,备受瞩目。

首先,中国不太可能对美国的威胁屈服。这一是因为中国大街上的每十几辆车中,就有一辆烧的是伊朗石油。二是中国本为大国,奉行对伊朗友好政策,只有联合国的决议可以约束中国对伊态度,除此之外任何强权的指令都对中国无效,只要做大国,中国就必须坚守这条底线。

然而美国的实力摆在那里,它的金融制裁可以对中国大公司造成实际伤害,与美国硬顶显然并非最佳选择。所以中国一直在表态上保持低调是对的,在伊朗问题上,实际有表态和真实做法"言行不一"的很大空间。

因为奥巴马政府同样不想同中国"来真格的",这对美国经济同样意味着巨大风险。中国不是赤手空拳,一旦美国大规模制裁中国国有公司,一定会有美国的在华大公司当垫背的。

奥巴马很清楚,为赢得连任,他首先要把对伊朗制裁搞得很逼真,让共和党的罗姆尼挑不出毛病。但如果这个节骨眼上发生中美大规模贸易战,同样是他政治生命的丧钟。

中国政府现在应当做的是对美国的要求"打哈哈",也就是敷衍了事。北京不应强硬得像冲着奥巴马的脸啐唾沫,也不可能向华盛顿表决心。

接下来的事，中国应顺其自然，坦然接受并应对。如果美国真的大规模并实质性制裁中国相关国有大公司，那我们只能接招，坚决反制，与美国做一次经济损失的"等价交换"。

这是很麻烦、甚至令人讨厌的事，但如果真绕不过，就让我们踏踏实实地承受一次，看看中美的制裁较量到底能把我们伤到什么程度。也许它不像今天一些人想的"那么"可怕。

中国国有大公司在伊朗投资的有不少，但其中也有些似乎比国家更怕麻烦，有的已经主动停止或减少同伊朗交易。这大概也是中国"顺其自然"的一部分，但在大是大非上，国有大公司必须配合国家整体利益，不能它们自己的利益先行。

美国能吓住世界那么多国家，关键是它的确控制着全球金融命脉。美国启动对伊朗金融制裁后，境外很难通过银行向伊朗转账，运送伊朗石油的油轮找不到保险公司，金融封锁就像是套在伊朗脖子上的绳扣。美国力量之强大，以及它的国际动员力之高，值得中国警醒。

中国必须在发展实体经济的同时，为摆脱美国的金融控制积蓄力量，中国不仅要能在贸易上与美国角力，还要逐渐培育在金融上报复美国的能力。否则，中国将永远处在美国的下游。

中国需要智慧，也需要意志。中国对美国的反抗不可能等到"全准备好了"再做，中国得有没准备好也能在对美国关系中"顺其自然"的坦然，我们如果对现有的所有坛坛罐罐都惧怕打碎，我们就等于被美国"拿住了"。

是福不是祸，是祸躲不过。不主动惹美国，美国非要惹上来也决不怕它，中国不是小国，这是中国对美战略应有的哲学。

(2012.06.28)

安康引产事件新波折令人深思

陕西省安康市严肃处理妇女大月份引产事件的相关责任人，态度明确，措施坚决，反应也算得上及时。但26日西方各大媒体又报道称，地方政府派人到医院"看守"当事妇女，她的丈夫欲上北京见律师被阻拦，当地村民还对接受外媒采访的这个家庭打出"驱逐卖国贼"的横幅。这件本应冷下来的事又在外媒上热了一轮。

外媒称村民打横幅受到基层政府的鼓励，是否属实不得而知。但事情的这些后续发展的确值得深思。本来一个单纯违规引产、处理也很清晰的事件出现似曾相识的复杂化，中国的基层现实与外媒之间像是存在一条制造这种复杂化的"流水线"。

中国基层的问题很多，这在短期内改变不了。境外一些势力很愿意中国出事，甚至会寻找机会在中国制造麻烦，这也改变不了。西方舆论喜欢报道中国的丑事，这是它们的天性，连中国国内舆论也在被传染。总体看，西方处在通过舆论掺和中国内政最方便的时期。

中国对此当然很不舒服，但"干涉点"涉及中国民生问题时，对抗这种干涉切不可成为官方的主要工作方向。无论是PM2.5，还是这次计生违规，我们的工作重点都必须是解决自己的问题。

在安康市已经采取正确态度的情况下，又出新风波，原因大概不是单一的。然而害怕事情在媒体上炒来炒去，是中国各级政府的普遍心态。这可以理解，但很多基层政府完全没有化解舆论的经验，往往会采取自以为有效的"控制"手段，从而把事情越搞越糟。

互联网已经改变了官民在舆论中的相对位置，如今普通人发布信息的资源几乎像官方一样丰富，也一样有效。准确地说，在信息层面，普通人已经是"控制不了的"。

大月份引产的事，错就是错了，基层政府唯一应当采取的态度就是处理相关责任人，向公众坦诚道歉。当事人合法接受采访、打官司，官方为求事件平息只能以平等的方式做劝解，决不可强行阻拦。任何基层政府在类似情况下都必须保持这份清醒。

安康的后续风波表明，有些干部大概并没有真正认识到事情的严重性，心里不太服气。此外他们对采取一些小动作会产生什么样的后果完全不了解。

当然，这件事不仅仅是安康基层组织的问题。尽可能"压住"坏消息已经成了中国很多官员的共同潜意识，一些人往往没有以真诚态度驾驭坏消息并赢回正面形象的能力和自信。改变这种情况无法通过一两次反思就做到立竿见影。

然而必须看到，官方这方面的进步的确在发生，现在问题是这种进步的速度仍然滞后。互联网上的舆论风气总体对官员们不利，从而使官方做更大调整缺少信心。外媒的扰乱通常会带来额外的紧张。

与舆论沟通是今后中国官方面临的最大考验之一。舆论会越来越乐于揭丑，这既不代表中国真的很丑，又不代表具体的丑多了可以不在乎。"出事"的中国基层政府在通常情况下应得到实事求是的对待。中国需要更全面的基层政府和官员评价体系，错就是错了，但功过应分清。这样会让基层官员在遇事时精神从容些，而不是满脑子想的都是如何"堵"，以至于越堵越乱。

(2012.06.28)

有点"孤独"是中国崛起的正常境遇

美国主导的环太平洋军演今天开始举行,包括俄罗斯、印度在内的22个国家参演,比上一届多了8个。中国没有收到邀请,是安理会五常及亚太大国中唯一"落单"的,具体原因有很多,但它向外传递的表层信息挺明显的:中国有些"孤独"。

稍懂军事的人都知道,参演的国家越多,这种例行的军演离真正的军事意义就越远。这是美国第23次环太平洋军演,创了参演国家总数的纪录,它更像是美国外交和政治能力的奢华展示。这次军演要告诉世界,美国仍是全球唯一超级大国,它的自身实力和对世界的动员力都没有对手。

美国把军事当外交资源频繁使用,其他所有大国都做不到。美国海外基地的军官们同时也扮演外交官角色,带给各国无形的压力和影响。各国对美国的追随和逆来顺受,多少都包含了对美国军事能力的膜拜或畏惧。

美国环太平洋军演现在有扩散美国影响力的明显意图,这个意图同俄罗斯、印度宣示其在亚太存在的意图搭上了关系,如果中国也加入其中,那么这个军演就大得跟没搞差不多了,跟开个什么国际大会没什么两样。

中国遥望这个军演,当然不会舒服,但这种不舒服应像要出门游玩正好碰上下雨般不愉快一样很快被忘却,而不应长久影响我们的心情。看上去宏大的环太平洋军演,其实是美国的一个"小动作",是美国因种种现实问题长期郁郁寡欢时给自己办的一次大派对。

中国得习惯美国为我们刻意制造的一些"孤独"场合，这是中国逐渐真走向"世界第二"后的正常境遇。崛起和强大的代价之一就是会失去一些同情和拉拢，它们会逐渐被警惕和防范取代。这是中国羸弱时没有想到过的，中国的崛起很猛，这种境遇的到来也显得突然。

中国得有对眼前处境一笑置之的战略胸怀。因为如果我们掉进去苦思冥想，就会觉得美国在引导亚太形成一种地缘政治氛围，它不仅压迫中国，同时鼓舞了美国的盟友和与中国有摩擦的国家。我们会觉得这次军演巩固了美国的中心位置，映衬了中国的"边缘化"。

然而无论美国有没有这样的意图，中国被"边缘化"的亚洲地缘政治都不可能成立。因为如果中国"边缘"了，这个"边缘"太大，会反过来导致"非边缘部分"的畸形。实际上，除了中国人自己怀有这样的警惕外，大概还真没有谁现在有将中国"边缘化"的野心。

中国有可能最终因保持强劲发展，逐渐促成一种新的国际关系环境，与美国坚持维护的国际秩序形成交叉。两者是非对抗性的，但中国对国际关系的扎实营造将比环太平洋军演有更多现实意义。

中国无意与美国搞实力对抗，而是大力推与美国的新型大国关系。参演的其他21国，也没有一个愿意中美在太平洋对峙，美国自己大概也有人不愿意。环太平洋军演所代表的方向，与美国实际要解决的那些问题对不上号，美国人自信几天，之后只能重回老样子。

中国应当相反，我们不舒服几天，自省几天我们的差距，发现一些美国值得学习的地方，然后就可精神充沛地投入新一轮发展。促成中国快跑的合力也不会变。

（2012.06.29）

美对华"豁免"验证中国实力增长

美国28日宣布，给予中国与伊朗当前石油贸易免遭制裁6个月的"豁免期"，这一决定避免了美中直接外交冲突和可能的贸易战，它被广泛看成中美相互妥协的结果。

然而美国表现出的"政策灵活性"显然更大。由于被"豁免"的国家达到20个，美国国务卿希拉里28日高调宣扬其制裁伊朗的"成果"，然而事实是，封杀伊朗石油出口远没有做到，很多被"豁免"国家减少从伊朗进口石油都是做做样子，美国更像"见好就收"。

中国也有"减少"从伊朗石油进口的表面动作，可以让奥巴马政府放大了去应对国内要求制裁中国的声音，但中国外交部昨天的表态也坚持了自己的原则，强调中伊石油贸易"合情合理合法"，不会遵从美国对伊朗的"单边制裁"。

这个结果相当不错，中国既保住了利益，也没丢颜面，还没同美国闹僵，中国的胆略和智慧都发挥得恰到好处，堪称近年来对美最漂亮的博弈之一。

不能简单说这是中国的"胜利"，但这是中国实力可以支撑中美战略性分歧的一次重要验证。就像中国不想同美国对抗一样，中国的实力已迫使美国忌惮同中国对抗。美国可以制服中国的手段不多且效果有限，它已不能指望中国屈服，而只能寻求同中国相互妥协。

中国今后同美国打交道应当更自信，抵制美国的压力应更坚决，对让步更吝啬。我们应当大胆说出自己的态度，展示自己的核心利益和底线，而不必从一开始就顾忌美国的反应。

当然我们应对美国的实力同时保持清醒。美国仍是唯一超级大国，对美斗争的策略有时和原则一样重要。这次的敷衍既是让步，也是坚持，结果的实惠最值得追求。中国不能同美国斗气，成心刺激美国。必要时对美做妥协，这样的战略回旋只会增加对美博弈的弹性。

中美关系当前的复杂性是以往大国从未经历的。国际关系史上大国或者敌对，或者结盟，或者很少往来，而中美经济交往紧密得超过盟友，政治对立和军事警惕又逐渐绷紧，双方必须总结、控制摩擦，逐渐达成某种默契，被舆论炒热的焦点，能在关键时刻被两国官方的冷静浇灭。

自信的中国更容易对外讨价还价，更能打好"原则"这张特殊的牌。美国的具体外交政策经常拐弯，这既是无奈，有时也是滑头，或者是务实。没有外交总是胜利的国家，进进退退是外交之常事。中国逐渐成外交大国，对进退的理解应当更新。

尽管有发挥的艺术问题，但中国外交实力总体上一定是与中国综合国家实力相匹配的，大规模落后和大规模超前都不太可能。这次对美博弈得高分，实际是中国实力增长的高分。

美国如果调集资源全力对付中国，中国很难扛住。但问题是美国不会。美国追求全球霸权，它对中国只能是又拉又打的关系，它离下集中精力对付中国的决心有很远距离。中国要利用这个距离坚决维护自己的利益，扩展自己的行动能力。同时要避免做过头，"逼"美国收缩其他战线与我们战略对撞。这是中国历史上最大的"太极"，我们必须打好。

(2012.06.30)